CLV

John F. MacArthur

Wenn Salz kraftlos wird

Die Evangelikalen im
Zeitalter juckender Ohren

CLV
Christliche
Literatur-Verbreitung e.V.
Postfach 110135 · 33661 Bielefeld

1. Auflage 1996

Originaltitel: Ashamed of the Gospel

Postfach 11 01 35 · 33661 Bielefeld
Umschlag: Dieter Otten, Bergneustadt
Satz: CLV
Druck und Bindung: Ebner, Ulm

ISBN 3-89397-249-8

Denn ich schäme mich des Evangeliums nicht, denn es ist Gottes Kraft zum Heil jedem Glaubenden, sowohl dem Juden zuerst als auch dem Griechen.

Römer 1,16

So schäme dich nun nicht des Zeugnisses unseres Herrn, noch meiner, seines Gefangenen, sondern leide Trübsal mit dem Evangelium, nach der Kraft Gottes … um welcher Ursache willen ich dieses auch leide; aber ich schäme mich nicht, denn ich weiß, wem ich geglaubt habe, und bin überzeugt, daß er mächtig ist, das ihm von mir anvertraute Gut auf jenen Tag zu bewahren.

2. Timotheus 1,8 und 12

Denn wer irgend sich meiner und meiner Worte schämt unter diesem ehebrecherischen und sündigen Geschlecht, dessen wird sich auch der Sohn des Menschen schämen, wenn er kommen wird in der Herrlichkeit seines Vaters mit den heiligen Engeln.

Markus 8,38

Inhalt

Vorwort zur deutschen Ausgabe

Die Verweltlichung der Kirche ist nicht unbedingt ein neues Problem. Schon gar nicht eine nur amerikanische Zeiterscheinung. Von der Zeit der Apostel an hat der Feind Gottes in allen Jahrhunderten erfolgreich versucht, Unkraut unter den Weizen zu streuen und der Kirche durch Anpassung an die Welt die Glaubwürdigkeit und geistliche Kraft zu nehmen.

Es gab nur relativ kurze Zeitabschnitte – oft waren es Zeiten der Verfolgung – in denen die Christenheit durch ihre Treue und ihren Gehorsam Gott gegenüber der Welt Wegweiser und Orientierungshilfe sein konnte. Im allgemeinen war sie ein vom Zeitgeist getriebener Windbeutel – mehr oder weniger bedeutungslos und nur selten eine Herausforderung für ihre Umgebung.

Bereits vor etwa 150 Jahren klagte der bekannte dänische Philosoph Sören Kierkegaard:

> »Oh Luther, du hattest 95 Thesen: Entsetzlich! Und doch im tieferen Verstand: Je mehr Thesen, desto weniger entsetzlich. Die Sache ist viel entsetzlicher: Es gibt nur eine These: Das Christentum des Neuen Testamentes ist gar nicht da …«[1]

Damals bestand die Verweltlichung der Kirche vor allem darin, daß man sich mit einer rechtgläubigen Sonntagsfrömmigkeit begnügte, die keine Auswirkung auf das Alltagsleben der Christen hatte. »Geistlose Weltlichkeit«[2] nannte Kierkegaard diese »Entartung des Protestantismus«.

Heute – an der Schwelle des 3. Jahrtausends – würde der dänische »Querdenker« fast in jedem evangelikalen Magazin eine Fülle von Anregungen für seine satirischen Artikel über die Verweltlichung der Christenheit finden.

John MacArthur, ein besonders in den USA und im englischen Sprachraum bekannter Autor und Prediger, zeigt in diesem Buch, wie in der Gegenwart der Pragmatismus im evangelikalen Lager eine Renaissance erlebt und als Erfolgsrezept für Gemeindewachstum und Erweckung gepriesen wird.

Unter Pragmatismus versteht der Autor die Strategie, auf die Wünsche und Bedürfnisse der Zuhörerschaft zu reagieren und das zu bieten, was gewünscht wird. So wie in der Wirtschaft Marktforschung betrieben wird, um auf die Wünsche und Bedürfnisse der Käufer mit einem gewinnträchtigen Produkt reagieren zu können, findet diese Methode nun auch in den Gemeinden immer mehr Zustimmung:

»Der Kunde ist König!«

»Der Zuhörer und nicht die Botschaft ist wichtig!«

»Hauptsache es klappt!«

Die Frage heutiger Verkündiger und Pastoren lautet immer weniger: »Was lehrt die Bibel, was hat Gott dem Menschen zu sagen?«, sondern: »Was kommt an, was möchte der Mensch heute von uns hören?«

Deshalb redet MacArthur zu Recht vom »Zeitalter juckender Ohren«. Er zeigt in diesem Buch, wie Pragmatismus dazu führt, daß wichtige biblische Themen immer weniger gepredigt und unbequeme Begriffe wie »Sünde«, »Buße«, »ewige Verdammnis« usw. verschwiegen und schließlich relativiert werden. Deshalb lohnt es sich, über seine Beobachtung: »Falsche Lehre und Weltförmigkeit gehen immer Hand in Hand, wobei die Weltförmigkeit voranschreitet« (S. 23) nachzudenken.

Wenn wir zur Zeit noch in Westeuropa über »christliche« Bodybuilder, Jongleure, Clowns, Trickkünstler, Showmaster, Gewichtheber usw. in amerikanischen Evangelisationsveranstaltungen lächeln und uns – Gott sei Dank! – ein »christlicher« FKK-Strand noch undenkbar erscheint, darf man die Augen nicht davor verschließen, daß der in den USA praktizierte Pragmatismus mit etwas Verspätung auch über den Ozean in unsere Breitengrade schwappen wird. Gemeindewachstumskonzepte, Studienfahrten zu entsprechenden Kirchen in den USA, Kongresse und eine Menge Literatur zu diesem Thema sind ein Beispiel dafür.

Auch eine aufmerksame Beobachtung der bei uns üblichen Evangelisationsversammlungen, Jugendkongresse und anderer Großveranstaltungen zeigt deutlich, daß der Unterhaltungswert einer Veranstaltung immer wichtiger wird als die verkündigte Botschaft.

Ein Beispiel: Vor wenigen Jahren hätte man sich noch empört, wenn man in der Gemeinde gewagt hätte, aktuelle Sportereignisse auf Großbildschirme zu übertragen und dazu einzuladen. Doch vor der letzten Fußball-EM wurde diese Methode empfohlen, um Kirchenfremde in unsere Gemeindehäuser zu bekommen. »Euro '96 – Die Fußballparty in der Kirche« – so war die vom Evangeliums-Rundfunk (ERF) initiierte Aktion überschrieben.

Tatsächlich sind laut »idea« etwa 250 Gemeinden – darunter auch zahlreiche als »konservativ« bekannte – der Empfehlung gefolgt, um mit der Übertragung der Europameisterschaft, oft verbunden mit Bratwurst-Stand und Tombola, Außenstehende zu erreichen.

So konnte man wenige Tage später in der evangelikalen Presse lesen:

»Im Wetzlarer Fernsehstudio des ERF waren am Sonntagabend 250 Besucher, deren Jubel keine Grenzen kannte. Mit einer Polonaise tanzten sie durch den Saal und starteten nach der Überreichung des Cups … zu einem Autokorso durch Wetzlars Innenstadt.«[3]

»Auch nach Spielende wurde für die Besucher der Großleinwand-Fußballparty noch einiges geboten wie Grillfest, Disco, Gespräche über Gott und den Ball.«[4]

Vielleicht brachte der »Mannheimer Morgen« die Sache auf den Punkt, wenn er seinen Bericht unter der Überschrift »König Fußball auf dem Altar« brachte.

Männer wie MacArthur, die im Gegensatz dazu die Notwendigkeit biblischer Lehre und biblischer Methoden betonen, werden oft als Störenfriede der evangelikalen Eintrachtszene belächelt oder abgelehnt.

Dieses Buch zeigt – und das wird für viele Leser interessant sein – daß es im 19. Jahrhundert C. H. Spurgeon, dem »Fürsten der Prediger«, ebenso ergangen ist. In den letzten Jahren seines Lebens hat er seine Stimme gegen die Verweltlichung erhoben und wurde dadurch zu einem Außenseiter, der mitleidig belächelt wurde. Allerdings ist heute – ca. einhundert Jahre nach dieser notvollen »Down-Grade«-Kontroverse – für jeden sichtbar, welcher Seite Gott den Stempel seiner Zustimmung und seines Segens aufgedrückt hat.

Gott gebe, daß dieses Buch dazu beiträgt, daß uns die Augen dafür geöffnet werden, auf welcher Talfahrt wir uns befinden und unsere Bereitschaft wächst, eine neue Orientierung in dem alten, unveränderlichen Wort Gottes zu suchen.

Wolfgang Bühne

Vorwort

Überall herrscht Gleichgültigkeit. Niemanden interessiert es, ob das Gepredigte wahr oder falsch ist. Eine Predigt ist eine Predigt, einerlei von was sie handelt; nur, je kürzer um so besser.

Charles Haddon Spurgeon[1]

Diese Worte schrieb Spurgeon vor mehr als einhundert Jahren. Er hat damit auch den Zustand des Evangelikalismus am Ende des zwanzigsten Jahrhunderts dargestellt.

Letzten Sommer stand ich an seinem Grab in London – einem schweren Grabstein, mitten auf einem Friedhof, der zwischen einer Straße und einem großen Gebäude eingeklemmt ist. Hätte ich keinen Führer gehabt, so hätte ich die Stelle nicht gefunden. Spurgeons Name und der seiner Frau sind dort eingemeißelt; aber man findet keinen Hinweis auf das, was er war. Der gewöhnliche Besucher könnte den Grabstein übersehen (ringsumher stehen größere und eindrucksvollere), und wenn er ihn erblickt, nicht ahnen, daß es das Grab eines Mannes ist, der zu seiner Zeit vielleicht bekannter und einflußreicher als der Premierminister Englands war.

Wie ich da so stand, konnte ich nicht anders, als zu denken, wie nötig die Kirche heutzutage solche Männer wie ihn braucht. Spurgeon fürchtete sich nicht, unerschrocken für die Wahrheit einzutreten, selbst wenn es bedeutete, ganz allein zu stehen. Das Wort Gottes zu verkünden war seine einzige Leidenschaft. Er sah, daß die Kirche die schlichte Predigt immer weniger ertragen wollte und daß einige Prediger es mit alternativen Verfahren und Kurzpredigten versuchten. Darin erkannte er eine große Gefahr, und seine Bedenken stürzten ihn in einen Kampf, der schließlich zu seinem Tode führte. Genau hundert Jahre vor meinem Besuch wurde er hier begraben.

Vergleicht doch einmal Spurgeons Haltung gegenüber der Predigt mit der vorherrschenden Meinung unserer Tage! Es besteht tatsächlich ein diametraler Gegensatz zwischen dem, was Spurgeon verteidigt und den Ansichten, die vor einigen Jahren in einem Artikel einer gern gelesenen christlichen Zeitschrift geäußert wurden. Ein bekannter Prediger drückt dort seinen Abscheu vor langen Predigten aus. Aber nun komme ja bald der Januar, und da verspricht er für das nächste Jahr Besserung. »Das bedeutet dann, weniger Zeit mit dem Hören langer Predigten zu verschwenden, um dafür mehr Zeit zum Ausarbeiten kurzer Botschaften zu gewinnen«, schrieb er. »Ich habe gemerkt, daß die Leute auch ganz armselige Theologie verzeihen, wenn sie nur mittags rechtzeitig nach Hause kommen.«[2]

Leider drückt sich in diesen Worten haargenau die vorherrschende Meinung im modernen Gottesdienstbetrieb aus. Schlechte Lehre wird geduldet – eine lange Predigt sicherlich nicht. Die rechte Zeit für den »Segen« ist für den durchschnittlichen Kirchgänger weit wichtiger als der Inhalt der Predigt. Das Sonntagsessen und die Befriedigung der Zunge stellen wir über das, was wir sonntags lernen sollen und über die Nahrung für die Seele. Langatmigkeit ist eine größere Sünde als Ketzerei.

Die Kirche hat die weltliche Philosophie des Pragmatismus eingesogen, und wir fangen an, die bitteren Früchte zu ernten.

Was heißt »Pragmatismus«?

Pragmatismus ist die Behauptung, Bedeutung und Wert einer Sache werden durch ihre praktischen Konsequenzen bestimmt. Er ist nahe verwandt mit dem *Utilitarismus*, dem Glauben, daß alles, was nützt, auch gut ist. Für einen Pragmatiker und Utilitaristen ist jede Technik oder jede Methode gut, wenn sie nur den gewünschten Erfolg hat. Wenn's nicht funktioniert, muß die Sache schlecht sein.

Der Pragmatismus wurde am Ende des vorigen Jahrhunderts als Philosophie entwickelt und populär gemacht durch den Philosophen William James, zusammen mit anderen bekannten Intellektuellen, wie John Dewey und George Santayana. James aber gab dieser Philosophie Gestalt und Namen. Im Jahre 1917 veröffentlichte er eine Reihe von Vorlesungen unter dem Titel: *Pragmatismus: Ein neuer Name für manche alte Denkgewohnheit*. Damit begründete er eine ganz neue Betrachtungsweise von Wahrheit und Leben.

Der Pragmatismus hat seine Wurzeln im Darwinismus und im innerweltlichen Humanismus. Wesentlich gehört zu ihm, daß alles nur relativ ist. Darum verneint er, es gäbe etwas absolut Richtiges oder Falsches, Gutes oder Böses, Wahrheit oder Irrtum. Der Pragmatismus beschreibt Wahrheit als das Nützliche, Sinnvolle und Hilfreiche. Vorstellungen, die nicht zu funktionieren oder nicht sinnvoll zu sein scheinen, werden als falsch verworfen.

Was ist falsch am Pragmatismus? Schließlich gehört zum gesunden Menschenverstand eine gehörige Portion von Pragmatismus, oder etwa nicht? Wenn ein tropfender Wasserhahn zum Beispiel wieder einwandfrei funktioniert, nachdem die Dichtungsringe ausgewechselt wurden, ist es vernünftig, in der alten Dichtung das Problem zu sehen. Wenn eine vom Arzt verschriebene Medizin böse Nebenwirkungen hat oder nicht hilft, mußt du dich nach einer wirksamen Abhilfe umsehen. Solche schlichten pragmatischen Tatsachen verstehen sich im allgemeinen von selbst.

Wenn aber der Pragmatismus benutzt wird, um zu entscheiden, was gut oder böse ist, oder wenn er eine bestimmende Lebensphilosophie wird und Theologie und Seelsorge beherrscht, dann gerät er unweigerlich mit der Heiligen Schrift in Konflikt. Geistliche und biblische Wahrheiten lassen sich nicht dadurch bestimmen, ob sie »funktionieren« oder nicht. Wir wissen zum Beispiel aus der Bibel, daß das Evangelium oftmals keinen positiven Widerhall erzeugt (1. Kor. 1,22; 2,14). Andererseits können satanische Lügen und Verführungen äußerst effektvoll sein (Matth. 24,23; 24,2; 2. Kor. 4,3-4). Die Reaktion der Mehrheit ist kein Beweis für Echtheit (Matth. 7,13-14), und Erfolg ist kein Maß für Vertrauenswürdigkeit (Hiob 12,6). Der Pragmatismus als leitendes Prinzip der Seelsorge ist ein »eingebauter Fabrikationsfehler«. Ihn als Wahrheitstest zu verwenden, ist nichts geringeres als eine satanische Verführung.

Trotzdem – eine alles verschlingende Woge feurigen Pragmatismus fegt durch das evangelikale Lager. Traditionelle Methoden – vor allem, was die Predigt angeht – werden beiseite geschoben oder geringgeachtet. Dafür gibt es neue Dinge wie Schauspiel, Tanz, »Anspiele«, Varieté, volkstümliche Psychologie und anderes. Die neuen Methoden sind möglicherweise »effektiver«, weil sie größere Massen anziehen. Und weil für viele das Hauptkriterium zur Erfolgsbeurteilung die Menge der Anwesenden geworden ist, so wird alles, was Leute anzieht, kritiklos für »gut« gehalten.

Das vielleicht deutlichste Zeichen für den zunehmenden Pragmatismus ist in den stürmischen Veränderungen zu erkennen, die den Gottesdienst in den letzten zehn Jahren revolutionierten. Einige der größten und einflußreichsten Kirchen der evangelikalen Szene rühmen sich heute, Sonntagsgottesdienste anzubieten, die absichtlich ausgelassen und lustig und nicht mehr ehrfurchtsvoll gestaltet sind.

Genauso schlimm ist es, daß die Theologie von der Methodologie auf die hinteren Plätze verwiesen wurde. Ein Autor hat geschrieben: »Früher waren lehrmäßige Aussagen der Grund für die Existenz einer Denomination. Heute ist die Methodologie der Leim, der die Gemeinden beieinanderhält. Die Ansichten der Geistlichkeit definieren sie und ihre denominationelle Existenz.«[3] Es ist unglaublich, aber viele meinen, dieses sei ein positiver Trend und ein großer Fortschritt für die Kirche der Gegenwart.

Offenbar denken einige Kirchenführer, daß die vier wichtigsten Dinge der frühen Kirche: die Lehre der Apostel, die Gemeinschaft, das Brechen des Brotes und die Gebete (Apg. 2,42) eine zu eintönige Agende für die Kirche von heute seien. Die Kirchen lassen Theater zu und Musik, dazwischen Erfrischungen und Unterhaltung, Selbsthilfeprogramme und ähnliche Veranstaltungen, alles, um den gewohnten Sonntagsgottesdienst und die Gemeinschaft zu überbieten und beiseite zu setzen. Tatsächlich scheint in der Kirche von heute alles in Mode zu sein *außer* biblischer Predigt. Der neue Pragmatismus sieht die Predigt – vor allem die auslegende Predigt – für überholt an. Die schlichte Darlegung der Wahrheit des Wortes Gottes wird für intellektuell minderwertig, anstößig und ganz und gar nutzlos gehalten. Uns wird jetzt erzählt, wir erzielten bessere Resultate, wenn wir zunächst die Leute amüsieren, ihnen Erfolgstips und psychologische Ratschläge geben und sie so umwerben. Wenn sie sich dann bei uns wohlfühlen, werden sie sich darauf einlassen, biblische Wahrheiten – wenn auch nur in minimalen Dosen – anzunehmen.

Gemeindeleiter wälzen Bücher über innovative Verkaufsmethoden auf der Suche nach neuen »Gemeindewachstumsstrategien«. Viele theologische Seminare haben den Schwerpunkt ihres Lehrplanes von Bibel und Theologie auf technische Fragen und Gemeindewachstumstheorien verlegt. Alle diese Trends zeigen ein zunehmendes Einschwenken auf den Pragmatismus.

So führt Martyn Lloyd-Jones aus:

> Diese Vorschläge, das Predigen zu mindern und dafür verschiedene andere Dinge zu treiben, sind natürlich überhaupt nicht neu. Die Leute scheinen zu glauben, dieses sei alles ganz neu, und es sei das Markenzeichen der Moderne, die Predigt zu verachten und gering zu schätzen. Die einfache Antwort darauf lautet: Nichts ist neu an der Sache. Die aktuellen Formen mögen neu sein; aber grundsätzlich ist gar nichts Neues daran. Tatsächlich ist es das besondere Kennzeichen dieses ganzen gegenwärtigen Jahrhunderts.[4]

Ist der Pragmatismus wirklich eine ernste Gefahr?

Ich bin überzeugt, daß der Pragmatismus dieselbe schleichende Gefahr für die Kirche unserer Tage darstellt, wie der Modernismus vor fast einhundert Jahren für unsere Väter. Der Modernismus war eine Bewegung, die die »höhere Kritik« (das war der Versuch, zu beweisen, daß die Bibel nicht das Wort Gottes ist) und die liberale Theologie einführte, durch die alle übernatürlichen Aspekte des Christentums geleugnet wurden. Aber der

Modernismus zeigte sich anfangs nicht als offener Angriff auf die orthodoxe Lehre. Die ersten Modernisten schienen es vor allem auf die Einheit zwischen den Denominationen abgesehen zu haben. Dafür waren sie bereit, die Lehre weniger wichtig zu nehmen, weil sie glaubten, die Lehre sei der Spaltpilz in der Kirche, und eine zerrissene Kirche würde in der modernen Zeit zur Bedeutungslosigkeit verurteilt sein. Um das Ansehen des Christentums zu heben, versuchten sie die christlichen Lehren mit den neuesten Anschauungen der Wissenschaft, der Philosophie und der Literaturkritik zu verbinden. Der Modernismus begann als Methode, entwickelte sich aber bald zu einer eigenen Theologie.

Die Modernisten sahen die Lehre als etwas Zweitrangiges an. Sie betonten die Brüderlichkeit und die Erfahrung und dämpften lehrmäßige Differenzen. Die Lehre – so glaubten sie – müsse fließend und anpaßbar sein – ganz gewiß aber nicht etwas, um das sich zu streiten lohnt. Im Jahre 1935 gab Murray uns seine Einschätzung eines typischen Modernisten:

> Der Modernist rühmt sich oft der Ansicht, ihm gehe es um das Leben, um die Grundsätze der Beziehungen untereinander. Und er setze die Prinzipien Jesu auf allen Lebensgebieten in die Tat um, individuell, in der Gesellschaft, in der Kirche, in der Wirtschaft und in der Politik. Sein Schlagwort lautet: Christentum ist Leben, nicht Lehre. Und er meint, orthodoxe Christen oder Fundamentalisten, wie er sie nennt, beschäftigen sich nur mit der Bewahrung und der ständigen Wiederholung längst überholter Dogmen eines festgeschriebenen Glaubens. Diese Anschauung macht aus der Orthodoxie in seinen Augen eine kalte und leblose Versteinerung des Christentums.[5]

Als die Vorläufer des Modernismus gegen Ende des achtzehnten Jahrhunderts auftauchten, machten sich nur wenige Christen Sorge. Die hitzigsten Kontroversen waren in jenen Tagen einige relativ kleine Angriffe auf Männer wie Charles Spurgeon, Männer, die versuchten, die Kirche vor dieser Gefahr zu warnen. Die meisten Christen – besonders die kirchlichen Leiter – waren für diese Warnungen völlig unempfänglich. Immerhin, es waren nicht Leute, die von außen neue Lehren in die Kirche einschleusen wollten, sondern Menschen aus den verschiedenen Denominationen, und noch dazu gelehrte Theologen. Man traute ihnen nicht zu, das Herzstück der orthodoxen Theologie und das Wesen des Christentums angreifen zu wollen. Zersplitterung und Trennung schienen eine viel größere Gefahr als der Abfall vom Glauben zu sein.

Welche Absichten die Modernisten anfangs auch gehabt haben mögen, ihre *Ideen* wurden, wie die Geschichte gezeigt hat, zu einer großen Gefahr für die Orthodoxie. Diese Bewegung brachte immer neue Lehren hervor, die praktisch alle wichtigeren Denominationen während der ersten Hälfte dieses Jahrhunderts schwächten. Indem die Bedeutung der Lehre heruntergespielt wurde, öffnete der Modernismus dem theologischen Liberalismus, dem moralischen Relativismus und blankem Unglauben die Türen. Die meisten Evangelikalen neigen heute dazu, das Wort »Modernismus« mit völliger Leugnung des Glaubens gleichzusetzen. Dabei dürfen wir nicht vergessen: Das Ziel der frühen Modernisten war einfach, die Kirche »moderner«, einheitlicher, nützlicher und in den Augen eines skeptischen Zeitalters akzeptabler zu machen.

Genau wie die Pragmatiker heutzutage.

Wie die Kirche vor einhundert Jahren, leben wir in einer Welt rascher Wechsel – immer schnellerer Fortschritt in den Wissenschaften, in der Technologie, in der Weltpolitik und in der Erziehung. Wie die Brüder jener Generation, sind die Christen heute offen für Veränderungen in der Kirche, ja, sie brennen darauf. Gleich ihnen damals, sehnen wir uns nach Einheit unter den Gläubigen. Und gleich ihnen fühlen wir, wie feindlich die Welt der Ungläubigen uns gesonnen ist.

Leider besteht mindestens noch eine Parallele zwischen der heutigen Kirche und der des neunzehnten Jahrhunderts: Viele Christen nehmen überhaupt nicht wahr – oder wollen nicht einmal sehen – daß schwere Gefahren die Kirche von innen bedrohen. Doch wenn uns die Geschichte eines gelehrt hat, dann ist es dies, daß die verheerendsten Angriffe auf den Glauben immer als feine Irrtümer begannen, die sich innerhalb der Kirche entwickelten.

Wir leben in einer unsicheren Zeit. Da kann es sich die Kirche nicht leisten zu schwanken. Wir dienen Leuten, die dringend eine Antwort brauchen. Wir dürfen die Wahrheit nicht herunterspielen und das Evangelium nicht abschwächen. Wenn wir uns mit der Welt anfreunden, machen wir uns zu Feinden Gottes. Wenn wir weltlichen Ratschlägen folgen, dämpfen wir die Kraft des Heiligen Geistes.

Diese Wahrheiten werden in der Schrift wiederholt bekräftigt: »Wisset ihr nicht, daß die Freundschaft der Welt Feindschaft wider Gott ist?« (Jak. 4,4) »Liebet nicht die Welt, noch was in der Welt ist. Wenn jemand die Welt liebt, so ist die Liebe des Vaters nicht in ihm« (1. Joh. 2,15).

»Ein König wird nicht gerettet durch die Größe seines Heeres; ein Held wird nicht befreit durch die Größe seiner Kraft. Ein Trug ist das Roß zur

Rettung, und durch die Größe seiner Stärke läßt es nicht entrinnen« (Ps. 33,16-17).

»Wehe denen, die nach Ägypten hinabziehen um Hilfe, auf Rosse sich stützen, und ihr Vertrauen auf Wagen setzen, weil ihrer viel sind, und auf Reiter, weil sie zahlreich sind; und die auf den Heiligen Israels nicht schauen und nach dem Herrn nicht fragen« (Jes. 31,1).

»Nicht durch Macht und nicht durch Kraft, sondern durch meinen Geist, spricht der HERR der Heerscharen« (Sach. 4,6).

Wodurch war Israel im eigentlichen Sinn ein Licht der Welt (Jes. 42,6; 49,6)? Eben darin, daß es *anders* war. Ausdrücklich war ihnen verboten, heidnische Sitten in bezug auf Kleidung, Vermischung durch Heiraten, Eßgewohnheiten, Religion und vieles andere mehr nachzuahmen. Gott hatte ihnen gesagt: »Nach dem Tun des Landes Ägypten, in welchem ihr gewohnt habt, sollt ihr nicht tun; und nach dem Tun des Landes Kanaan, wohin ich euch bringe, sollt ihr nicht tun« (3. Mose 18,3). Dazu führte Martyn Lloyd-Jones aus: »Unser Gott zog Sünder an, weil Er anders war. Sie fühlten sich zu Ihm hingezogen, weil sie spürten, da ist etwas anderes ... Und die ganze Welt erwartet von uns ebenfalls, daß wir anders sind. Die Ansicht, man könne Menschen dadurch für den christlichen Glauben gewinnen, daß man ihnen zeigt, wir seien ihnen aufs Ganze gesehen bemerkenswert ähnlich, ist – theologisch und auch psychologisch betrachtet – ein fundamentaler Trugschluß.«[6]

Ist Weltförmigkeit noch eine Sünde?

Weltförmigkeit wird heute kaum noch erwähnt, viel weniger noch als das erkannt, was es ist. Das Wort beginnt antiquiert zu erscheinen. Weltförmigkeit ist die Sünde, sich zu erlauben, daß unsere Begehrlichkeiten, unser Streben und unsere Verhaltensweisen nach irdischen Wertmaßstäben gehandhabt werden. »Alles, was in der Welt ist, die Lust des Fleisches und die Lust der Augen und der Hochmut des Lebens, ist nicht von dem Vater, sondern ist von der Welt. Und die Welt vergeht und ihre Lust; wer aber den Willen Gottes tut, bleibt in Ewigkeit« (1. Joh. 2,16-17).

Doch heute sind wir Zeugen eines unglaublichen Schauspiels: In den Kirchen werden Programme erfunden, die ausdrücklich darauf abzielen, fleischliche Begierden, sinnliche Lust und menschlichen Stolz zu befriedigen – »Lust des Fleisches, Lust der Augen und Hochmut des Lebens«. Um dieses weltliche Reizklima herzustellen, gehen die kirchlichen Aktivitäten manchmal sogar über das nur Leichtfertige hinaus. Seit mehreren Jahren sammelt ein Kollege von mir in einer »Horrormappe« Anzeigen von Neuerungen, die alle dazu dienen sollen, den Gottesdienst vor Langweiligkeit zu bewahren. In den letzten fünf Jahren haben einige der größten evangelikalen Kirchen Amerikas weltliche Mätzchen wie Slapstickkomödien, Varieté, Ringkämpfe und sogar Scherz-Striptease eingesetzt, um den Sonntagsgottesdienst damit zu würzen. Kein Unsinn, so scheint es, ist zu ungeheuerlich, als daß er nicht ins Heiligtum geschleppt würde. Die Posse wird zur Liturgie der pragmatischen Kirche.

Dazu kommt, daß viele in der Kirche glauben, dieses sei der einzige Weg, auf dem wir jemals die Welt erreichen. Wenn die unkirchlichen Massen keine biblische Predigt wollen, dann müssen wir ihnen geben, was sie begehren. Hunderte von Gemeinden sind genau dieser Theorie aufgesessen, man müsse die Ungläubigen beobachten, um von ihnen zu lernen, was sie zum Gottesdienstbesuch animieren würde.

So hat sich unbemerkt das Hauptziel der Kirche verändert: Statt einer Umgestaltung des Lebens steht der Gottesdienstbesuch und die Akzeptanz durch die Welt im Mittelpunkt. Das Wort Gottes zu predigen und mutig die Sünden beim Namen zu nennen hält man für überholte, unbrauchbare Methoden, die Menschen zu gewinnen. Dazu kommt, daß diese Dinge die meisten Leute wegtreiben. Warum soll man sie nicht mit dem locken, was sie gerne mögen, indem man für eine freundliche, angenehme Atmosphäre sorgt und sie mit dem füttert, wonach ihr stärkstes Verlangen ausgeht? Wenn wir möchten, daß sie Jesus annehmen, warum sollen wir Ihn dann nicht ein bißchen gefälliger und Seine Botschaft weniger anstößig machen?

Diese Art zu denken hat den Auftrag der Kirche verdreht. Der »Große Auftrag« ist kein Jahrmarkt. Das Evangelium braucht keine Händler, sondern Propheten. Das Wort Gottes, nicht ein irdisches Lockmittel, ist der Same der Wiedergeburt (1. Petr. 1,23). Wir ernten nichts als das Mißfallen Gottes, wenn wir das Ärgernis des Kreuzes beseitigen wollen (Gal. 5,11).

Ist alles Neue falsch?

Versteht bitte mein Anliegen nicht falsch! Ich meine nicht das Neue an sich. Daß Gottesdienststile stets im Fluß sind, ist mir bewußt. Mir ist völlig klar, daß, wenn ein typischer Puritaner aus dem siebzehnten Jahrhundert in die Grace Community Gemeinde käme (wo ich Pastor bin), er geschockt wäre von der Musik, vielleicht auch betrübt, wenn er sieht, daß Männer und Frauen zusammensitzen, und ganz sicher wäre er entrüstet, daß wir eine Lautsprecheranlage benutzen. Spurgeon würde unsere Orgel nicht schätzen. Aber ich will gar keine stagnierende Kirche. Ich fühle mich auch nicht irgendeinem bestimmten musikalischen oder liturgischen Stil verpflichtet. Über diese Dinge redet die Schrift gar nicht. Auch denke ich nicht, daß meine persönlichen Neigungen in solchen Angelegenheiten notwendigerweise dem Geschmack anderer Leute vorzuziehen seien. Mir liegt nichts daran, irgendwelche nebensächlichen Gesetze aufzustellen, die bestimmen, was in Gottesdiensten sein darf und was nicht. Das zu tun, wäre die reinste Gesetzlichkeit.

Meine Beschwerde richtet sich gegen diese Philosophie, die Gott und Sein Wort eine so untergeordnete Rolle in der Kirche zuweist. Ich bin überzeugt, daß es unbiblisch ist, Unterhaltung über biblische Predigt und Anbetung im Gottesdienst zu setzen. Und ich stehe in Opposition zu solchen, die meinen, mit Händlermethoden besser Leute ins Himmelreich zu bringen als ein souveräner Gott. Diese Philosophie hat der Weltförmigkeit die Kirchentüren geöffnet.

»Ich schäme mich des Evangeliums nicht«, schrieb der Apostel Paulus (Röm. 1,16). Leider ist die Scham für das Evangelium mehr und mehr das richtige Kennzeichen einiger der bekanntesten und einflußreichsten Kirchen unserer Tage.

Ich erkenne verblüffende Parallelen zwischen dem, was heute in der Kirche geschieht und den Verhältnissen vor hundert Jahren. Je mehr ich darüber lese, um so mehr werde ich in meiner Überzeugung bestärkt, daß wir sehen, wie sich die Geschichte wiederholt. In diesem Buch möchte ich jene Konturen des Evangelikalismus im neunzehnten Jahrhundert deutlich machen, die mit den heutigen Verhältnissen übereinstimmen. Insbesondere will ich das Augenmerk auf eine Episode in Spurgeons Leben richten, die als die »Niedergangskontroverse« bekannt wurde. Dazu werde ich häufig aus Spurgeons Schriften zitieren.

Mindestens zwei Dinge teile ich mit Charles Spurgeon: Beide sind wir am 19. Juni geboren, und, wie ich, war er fast zeitlebens Pastor in einer Gemeinde. Je mehr ich von ihm lese, um so mehr fühle ich einen verwandten Geist.

Dabei sehe ich mich keinesfalls als ein zweiter Spurgeon an. Ganz gewiß verfügt in der ganzen Geschichte der englischen Sprache kein Prediger über Spurgeon Sprachgewalt und seine Fähigkeit, die Autorität der göttlichen Botschaft zu übermitteln. Unerreicht bleiben sein Eifer für die Wahrheit und wie er seine packenden Predigten mit unerhörtem theologischen Wissen verband. Auch war er ein Mann der Kirche par excellence, ein geborener Führer. Er tat seinen Dienst in unruhiger Zeit und füllte mehrmals wöchentlich sein 5500 Plätze fassendes Auditorium. Die Anhänglichkeit seiner Gemeinde blieb ihm bis zu seinem Tod erhalten. Sie saßen ihm zu Füßen, nicht neben ihm.

Dabei will ich keinesfalls verschweigen, wie heftig Spurgeon gerade in der »Niedergangskontroverse« werden konnte. Er selbst tadelt das vor seinem Tod. Als er sich an der französischen Riviera erholte, sagte er Freunden: »Der Streit bringt mich um!«[7] Drei Monate später kam die Meldung aus Frankreich, er sei gestorben. Er hatte den Streit nicht gesucht. Aber weil er bei dem, was er für biblische Überzeugungen hielt, keine Kompromisse eingehen wollte, konnte er die sich daraus ergebende Kontroverse nicht verhindern.

Eine Kontroverse ist auch mir unangenehm. Jeder, der mich persönlich kennt, wird bestätigen, daß ich jedem Disput gern aus dem Weg gehe. Aber es ist wie Feuer in meinen Gliedern, wodurch ich genötigt bin, schlicht von meinen biblischen Überzeugungen zu reden. Ich kann nicht schweigen, wenn so viel auf dem Spiel steht.

Aus diesem Geist heraus habe ich dieses Buch geschrieben. Ich hoffe, niemand wird es als einen Angriff auf bestimmte Personen oder Gemeinden verstehen. Das ist es nicht. Es ist ein Aufruf an die ganze Kirche und bezieht sich auf Grundsätze, nicht auf Personen. Und obwohl ich mit vielem, was ich sage, weithin Anstoß erregen werde, so habe ich mir doch Mühe gegeben, nicht verletzend zu schreiben.

Oft geht es um Gegenstände, von denen viele Leute ganz feste Überzeugungen haben. Wenn so etwas zur Sprache kommt – besonders, wenn konträre Meinungen einfach behauptet werden – steigt in manchem Menschen Zorn auf. Ich schreibe nicht im Zorn, und ich möchte den Leser bitten, dieses Buch in dem Geist aufzunehmen, in dem ich es geschrieben habe.

Ich bete dafür, daß dieses Buch den Leser zu einer Geisteshaltung herausfordern möge, die dazu führt, die Schrift zu untersuchen, »ob dieses sich also verhielte« (Apg. 17,11). Und ich bitte den Herrn, Er möge Seine Kirche von einer ähnlichen Talfahrt in die Weltförmigkeit erlösen und von dem gleichen Unglauben, der vor genau einhundert Jahren die Kirche verschlang und ihr die Lebenskraft raubte.

Kapitel 1

Christentum im Niedergang

Liebt ein solcher Mensch seinen Herrn, der ruhig mit ansehen kann, daß Jesus eine Dornenkrone trägt, während er für sich selbst nach einem Lorbeerkranz giert? Wird Jesus vom Kreuz aus zu Seinem Thron aufsteigen, und wir sollten meinen, dorthin auf den Schultern einer applaudierenden Menge getragen zu werden? Bildet euch doch nicht derlei Torheiten ein! Überschlagt die Kosten, und wenn ihr nicht willens seid, Christi Kreuz zu tragen, dann geht auf euren Bauernhof oder an euer Geschäft und macht das Beste daraus; nur laßt mich euch dann leise ins Ohr raunen: »Was wird es einem Menschen nützen, wenn er die ganze Welt gewönne und seine Seele einbüßte?«

Charles Haddon Spurgeon[1]

Wenn du Charles Haddon Spurgeons Leben kennst, hast du sicher von der »Down-Grade-Controversy« (dem Niedergangsstreit) gehört. Spurgeon verbrachte die letzten fünf Lebensjahre im Kampf gegen die Anfangserscheinungen des Modernismus, in dem er zu Recht eine Bedrohung biblischen Christentums erblickte.

Der Name, unter dem dieser Streit in die Geschichte eingegangen ist, stammt von dem Titel einer Artikelserie, die Spurgeon in seiner Monatszeitschrift *The Sword and the Trowel* veröffentlichte. (Im Anhang findet sich eine Übersicht über die »Down-Grade«Artikel und eine ausführlichere Darstellung der daraus resultierenden Kontroverse.) Spurgeon wollte seine Herde vor den Gefahren warnen, die entstehen, wenn man sich von den bis dahin gültigen Positionen des biblischen Christentums entfernt. Er erinnerte sie daran, daß die biblische Wahrheit wie der Grat eines steilen glitschigen Berges ist; ein Schritt zur Seite bedeutet schon den Absturz. Sobald eine Gemeinde oder ein einzelner Christ auf die abschüssige Bahn gerät, sagt Spurgeon, gibt es kein Halten mehr. Eine Umkehr ist selten und geschieht nur, wenn ein Christ durch eine geistliche Erweckung wieder auf den »Grat« gestellt wird.

In der sich daraus entwickelnden Kontroverse schied Spurgeon aus der Baptistenunion aus. Bald danach wurde er offiziell von der Union gerügt. Innerhalb weniger Jahre war die Union hoffnungslos der neuen Theologie verfallen – und Spurgeon war tot. 1900 schrieb Spurgeons Frau Susannah:

> Was die Baptistenunion betrifft, haben Mr. Spurgeons Zeugnis und sein Widerstand wenig ausgerichtet ... Aber ansonsten habe ich reichlich Beweise, daß sein Protest nicht vergeblich gewesen ist. Viele, die schon weit in den »Down-Grade« geraten waren, wurden in ihrer Verderben bringenden Talfahrt aufgehalten und sind durch Gottes Gnade wieder auf den »Höhenweg« gebracht worden. Andere, die unbewußt ins Gleiten geraten waren, fanden auf dem Felsen wieder sicheren Halt. Darüber hinaus wurden, wenigstens eine Zeitlang, in allen Gemeinden evangelikale Lehren mit einer solchen Klarheit und Kraft gepredigt, wie schon lange nicht mehr.[2]

Sie vertraute dem Herrn, Er würde am Ende deutlich machen, wie recht ihr Mann mit seinem »Protest gegen falsche Lehren und Weltförmigkeit« hatte.[3]

Bis zum heutigen Tage streiten sich die Historiker, ob es Spurgeon richtig gemacht hat, die Union zu verlassen. Viele meinen, er hätte bleiben und dafür kämpfen sollen, daß sie am rechten Glauben festhielt. Er hat diese Ansicht auch erwogen, kam dann aber zu dem Schluß, das sei aussichtslos. Ich neige zu der Überzeugung, er habe mit seinem Austritt recht gehandelt. Aber, ob wir nun seine Handlungsweise gutheißen oder nicht, so hat die Geschichte jedenfalls Spurgeons Warnungen vor dem »Down-Grade« bestätigt. Anfang des zwanzigsten Jahrhunderts verwüsteten »falsche Lehren und Weltförmigkeit« – die liberale und moderne Theologie – in rasendem Tempo die denominationell organisierte Christenheit auf der ganzen Erde. Die meisten großen Kirchen waren durch ihren Einfluß weitgehend, wenn nicht sogar vollkommen, verändert. In Spurgeons eigenem Land, in England, wirkte sich das besonders verheerend aus. Hundert Jahre nach Spurgeon erschrecken wir vor der Tatsache, daß fast die ganze theologische Ausbildung von blankem Liberalismus beherrscht wird. Der Gottesdienstbesuch beträgt nur noch einen Bruchteil von einst. Evangelikale sind eine verschwindende Minderheit; wahre biblische Predigt ist auch in sogenannten bibeltreuen Gemeinden Seltenheit geworden, und die evangelikale Szene ist bedenklich anfällig für jede neue Modetorheit, die aus Amerika herüberkommt. Zusammengefaßt: Der Evangelikalismus in England hat sich nie wieder von dem modernistisch-liberalen Angriff von vor hundert Jahren erholt.

Ein Jahrhundert später sehen wir, wie sich die Geschichte wiederholt. Die evangelikalen Gemeinden sind weltförmig geworden – und wollen das sogar. Die Winde lehrmäßiger Kompromisse beginnen zu wehen.

»Falsche Lehren und Weltförmigkeit« – die beiden Einflüsse, gegen die sich Spurgeon wandte – gehen *immer* Hand in Hand, wobei die Weltförmigkeit voranschreitet. Die Christen von heute vergessen allzu gern, daß der Modernismus anfangs keine theologischen, sondern methodologische Ursachen hatte. Die frühen Modernisten wollten nicht das Herz des biblischen Glaubens antasten; nein, sie wollten einfach nur das Christentum einer kaltschnäuzigen Welt schmackhafter machen.

Derselbe Geist nimmt jetzt wieder überhand in der Kirche. Ich bin überzeugt, daß die meisten, die ihm anhängen, nicht absichtlich das biblische Christentum unterminieren wollen. Trotzdem, sie haben in die Kirche eine Philosophie des Pragmatismus und den Geist der Weltförmigkeit eingeführt, der, bleibt er ungeprüft, höchstwahrscheinlich die gleichen bitteren Früchte hervorbringen wird, wie der Modernismus hundert Jahre zuvor.

Marktorientierter Dienst?

Die neue Philosophie lautet kurzgefaßt: Die Kirche liegt im Wettstreit mit der Welt. Und die Welt versteht es sehr gut, die Aufmerksamkeit und die Zuneigung der Menschen auf sich zu ziehen. Die Kirche dagegen kann meistens nur sehr kläglich »ihre Ware an den Mann bringen«. Die Evangeliumsverkündigung sollte darum nach Marketing-Gesetzen gehandhabt und so unter die Leute gebracht werden, wie moderne Geschäfte ihre Waren feilbieten. Das erfordert einige fundamentale Umstrukturierungen. Das Ziel allen modernen Marketings ist es, »beide, den Produzenten und den Konsumenten, zufriedenzustellen«[4]. Daher muß man alles, was den »Konsumenten« nicht zufriedenstellt, über Bord werfen. Predigen – vor allem das Predigen über Sünde, Gerechtigkeit und Gericht – ist zu direkt, um wirklich Zufriedenheit zu erzeugen. Die Kirche muß lernen, die Wahrheit so zu verpacken, daß sie Spaß macht und unterhaltend wirkt.

Ein Bestseller-Autor schrieb: »Ich glaube, die Entwicklung marktorientierter Methoden ist genau das, was die Kirche braucht, wenn sie für den Rest des Jahrhunderts die geistliche Gesundheit des Volkes verbessern will.«[5] Und er fügt hinzu: »Nach genauer Untersuchung vieler Vergleichsdaten und der Aktivitäten amerikanischer Kirchen bin ich zu der Überzeugung gelangt, daß die Hauptschuld an den schwierigen Problemen die fehlende Marktorientiertheit trägt, und das in einer Umwelt, die völlig vom Markt beherrscht wird.«[6]

Das mag alles sehr modern und sehr einleuchtend klingen – aber es ist nicht biblisch. Und es hat der Kirche einen heftigen Stoß auf die abschüssige Bahn versetzt. Marktprinzipien ersetzen immer mehr die Wahrheit. Elemente, die diesem Plan nicht förderlich sind, werden einfach ausgelassen. Marktorientierte Klugheit rät, das Ärgernis des Kreuzes herunterzuspielen. Der Geschäftssinn verlangt, daß negative Begriffe wie »Gottes Zorn« vermieden werden. Zufriedene Kunden kann man nur haben, wenn man die Meßlatte der Gerechtigkeit nicht allzu hoch hängt. So führt denn diese Philosophie, der heute sehr viele frönen, dazu, daß ein verwässertes Evangelium ausgestreut wird.

Um es klar auszudrücken: Die neue Philosophie *verändert* die Botschaft, die die Kirche der Welt zu überbringen hat, auch wenn viele, die diesen Ideen verfallen sind, sich selbst für bibeltreu halten.

Das Christentum ist wieder im Niedergang begriffen, wieder »on the Down-Grade«.

Zurück zu einer biblischen Philosophie des Auftrags

Wie verhält sich der vom Markt diktierte Dienst der Kirche zum biblischen Modell? Wie wäre es Timotheus unter der Leiterschaft des Paulus ergangen, wenn er den Ratschlägen der Marktforscher des zwanzigsten Jahrhunderts hätte folgen wollen?

Aus den zwei Briefen im Neuen Testament, die Paulus an Timotheus geschrieben hat, erhalten wir auf diese Fragen eine ausführliche Antwort. Paulus hatte ihn selbst betreut; trotzdem geriet Timotheus in ernste Schwierigkeiten, als er die Aufgabe in Angriff nahm, die Gemeinde in Ephesus aus Sünde und Irrtum herauszuführen. Er hatte mit Furcht und menschlichen Schwächen zu kämpfen. Er war offensichtlich versucht, die Predigt angesichts drohender Verfolgung abzumildern. Zeitweise scheint er sich des Evangeliums geschämt zu haben. Paulus mußte ihn daran erinnern, tapfer für den Glauben einzustehen, auch wenn das Leiden bedeuten sollte: »So schäme dich nun nicht des Zeugnisses unseres Herrn, noch meiner, seines Gefangenen, sondern leide Trübsal mit dem Evangelium« (2. Tim.1,8). Die zwei inhaltsreichen Episteln des Paulus an Timotheus entfalten eine Philosophie des kirchlichen Dienstes, die eine Herausforderung für die vorherrschende Weisheit unserer Tage darstellt.

Paulus unterwies den Timotheus, er müsse

- solche zurechtweisen, die falsche Lehren verkünden und sie zu einem reinen Herzen, zu einem guten Gewissen und ungeheucheltem Glauben ermahnen (1. Tim. 1,3-5),

- für die göttliche Wahrheit und für seine Sache kämpfen und für sich selbst den Glauben und ein gutes Gewissen bewahren (1,18-19),
- für die Verlorenen beten und die Gemeindeglieder anleiten, dasselbe zu tun (2,1-8),
- die Frauen in der Gemeinde aufrufen, ihre gottgegebene Rolle der Unterwürfigkeit einzunehmen, ihre Kinder zur Frömmigkeit zu erziehen und sich selbst als Beispiel für Glauben, Liebe, Heiligkeit und Selbstbeherrschung darzustellen (2,9-15),
- sorgfältig die geistlichen Führer in der Gemeinde auswählen auf der Basis ihrer empfangenen Gnadengaben, ihrer Frömmigkeit und ihrer Begabungen (3,1-13),
- die Quelle von Irrtum und deren Verkünder erkennen und sie der übrigen Gemeinde offenbar machen (4,1-6),
- sich beständig von dem Wort der Schrift und seiner gesunden Lehre nähren und alle ungöttlichen Fabeln und falschen Lehren abweisen (4,6),
- sich selbst zur Gottseligkeit erziehen (4,7-11),
- tapfer die Wahrheit des Wortes Gottes befehlen und lehren (4,11),
- ein geistliches Beispiel abgeben, dem alle folgen können (4,12),
- getreulich anhalten, die Schrift öffentlich zu lesen, auszulegen und anzuwenden (4,13-14),
- in der Christusähnlichkeit in seinem eigenen Leben wachsen (4,15-16),
- barmherzig und freundlich sein, wenn er die Sünden der Leute zur Sprache bringt (5,1-2),
- insbesondere der Witwen gedenken (5,3-16),
- treue Gemeindeleiter, die schwer arbeiten, besonders ehren (5,17-21),
- kirchliche Führer mit großer Sorgfalt auswählen und darauf achten, daß sie sowohl reif wie auch erprobt dafür sind (5,22),
- auf seine Gesundheit achten, damit er zum Dienst die nötigen Kräfte hat (5,23),
- die Grundsätze wahrer Gottseligkeit lehren und predigen und den

Leuten helfen, zwischen wahrer Gottseligkeit und Heuchelei zu unterscheiden (5,24-6,6),

- die Geldliebe fliehen (6,7-11),
- der Gerechtigkeit, der Gottseligkeit, dem Glauben, der Liebe, dem Ausharren und der Sanftmut nachstreben (6,11),
- den Glauben gegen alle Feinde und Angriffe verteidigen (6,12),
- alle Gebote des Herrn bewahren (6,13-16),
- die Reichen belehren, reich in guten Werken und großzügig zu sein (6,17-19),
- das Wort Gottes als heiliges Vermächtnis und großen Schatz bewahren (6,20-21).

In seinem zweiten Brief erinnert Paulus den Timotheus daran,

- die Gabe Gottes in ihm frisch und brauchbar zu erhalten (2. Tim. 1,6),
- nicht furchtsam, sondern kraftvoll zu sein (1,7),
- sich nie Christi oder eines seiner Diener zu schämen (1,8-11),
- die Wahrheit festzuhalten und zu bewahren (1,12-14),
- innerlich stark zu sein (2,1),
- ein Lehrer apostolischer Wahrheit zu sein, um selbst auch treue Männer hervorzubringen (2,2),
- willig Schwierigkeiten und Leiden zu ertragen und dabei noch das Äußerste für Christus zu leisten (2,3-7),
- allezeit die Augen auf Christus gerichtet zu halten (2,8-13),
- mit Autorität zu führen (2,14),
- das Wort genau auszulegen und richtig anzuwenden (2,15),
- nutzlose Unterhaltungen vermeiden, die nur zur Gottlosigkeit führt (2,16),
- ein Gefäß zur Ehre zu sein, das getrennt von der Sünde dem Herrn nützlich ist (2,20-21),

- die jugendlichen Lüste zu fliehen und der Gerechtigkeit, dem Glauben und der Liebe nachzustreben (2,22),
- zu vermeiden, in philosophische oder theologische Streitfragen hineingezogen zu werden (2,23),
- nicht zu streiten, sondern lehrfähig, duldsam, sanftmütig und geduldig zu sein, auch wenn ihm Unrecht getan wurde (2,24-26),
- bösen Zeiten mit einer fundierten Kenntnis des Wortes Gottes zu begegnen (3,1-15),
- zu begreifen, daß die Heilige Schrift allein die Grundlage, der Inhalt und die Legitimation für den Dienst ist (3,16-17),
- das Wort zur Zeit und zur Unzeit zu predigen, zu überführen, zu strafen und in großer Geduld und Lehrgenauigkeit zu ermahnen (4,1-2),
- nüchtern in allen Dingen zu sein (4,5),
- Trübsal zu ertragen (4,5),
- das Werk eines Evangelisten zu tun (4,5).

Nichts in dieser Liste weist auf eine marktorientierte Philosophie hin. Im Gegenteil: Die meisten Anordnungen kann man unmöglich mit den heute gängigen Ansichten harmonisieren. Um sie alle in fünf Kategorien einzuordnen: Paulus befahl dem Timotheus 1.) treu in der Verkündigung der biblischen Wahrheiten zu sein; 2.) tapfer den Irrtum aufzudecken und zu bekämpfen; 3.) selbst ein Beispiel der Gottseligkeit für die Herde zu sein; 4.) eifrig und hart für diesen Dienst zu arbeiten; 5.) bereit zu sein, in seinem Dienst für den Herrn Trübsale und Verfolgung auf sich zu nehmen.

Natürlich ist dieses nicht nur für Pastoren oder Prediger von Bedeutung. *Jeder* Christ ist zu einem Leben des Dienstes berufen und soll dem Beispiel des Timotheus folgen (1. Tim. 4,12). So liegen den Anweisungen des Paulus an Timotheus Anweisungen zugrunde, die auf jeden Gläubigen und jeden Dienst anwendbar sind. Wenn die Gemeinde im Niedergang begriffen ist, bedeutet es, daß viele Einzelne in den Strudel geistlicher Talfahrt mitgerissen werden. »Falsche Lehre und Weltförmigkeit« in der Gemeinde infizieren jedes Mitglied. Die Anweisungen des Paulus an Timotheus sind keinesfalls für eine »Elite« christlicher Leiter oder nur für »Profis« bestimmt. Das heißt, die Philosophie des kirchlichen Dienstes – und die Ausführungen in diesem Buch – sollten jedem Christen von Bedeutung sein; diese Dinge sind auf keinen Fall eine exklusive Domäne der amtlichen Geistlichkeit.

Kürzlich verbrachte ich einige Zeit mit dem Studium einer ganzen Reihe der neuesten Bücher über kirchlichen Dienst und Gemeindewachstum. Die meisten von ihnen widmeten der Definition einer »Dienstphilosophie« lange Abschnitte. Aber *nicht eines* bezog sich auf die eingehenden Instruktionen des Paulus für Timotheus. Tatsächlich, keines von ihnen hatte in den dort entwickelten Vorstellungen von kirchlichem Dienst auch nur ein Element aus den Pastoralbriefen des Neuen Testaments übernommen. Die meisten übernahmen ihre Argumente aus dem Geschäftsleben und den dort anwendbaren Techniken, aus Management-Theorien, aus der Psychologie und aus ähnlichen Quellen. Einige versuchten, ihre Grundsätze mit biblischen Anekdoten zu *illustrieren*. Aber keines leitete seine Philosophie von der Bibel ab – obwohl doch vieles im Neuen Testament ausdrücklich geschrieben wurde, um den Gemeinden in dieser Angelegenheit Anweisungen zu geben!

Der Dienst im Zeitalter juckender Ohren

Leider kommt die marktorientierte Philosophie des kirchlichen Dienstes der gefährlichsten Gemütsverfassung unserer Tage entgegen. Sie schmeichelt den Leuten, deren erste Liebe ihnen selbst gilt und die sich um Gott nicht kümmern – es sei denn, sie könnten Ihn haben, ohne ihres selbstsüchtigen Lebensstils beraubt zu werden. Versprich solchen Leuten eine Religion, die ihnen erlaubt, sich in ihrem Materialismus und in ihrer Eigenliebe wohlzufühlen, und sie laufen dir in Scharen nach.

Paulus hat solche Zeiten vorhergesehen. Kurz vor Ende des zweiten Briefes an Timotheus, als er alle oben aufgeführten Grundsätze dargestellt hatte, faßte er seine Anweisungen in den wohlbekannten Worten zusammen: »Predige das Wort, halte darauf in gelegener und ungelegener Zeit; überführe, strafe, ermahne mit aller Langmut und Lehre« (2. Tim. 4,2). Dann fügt er die prophetische Warnung an: »Denn es wird eine Zeit sein, da sie die gesunde Lehre nicht ertragen, sondern nach ihren eigenen Lüsten sich selbst Lehrer aufhäufen werden, indem es ihnen in den Ohren kitzelt; und sie werden ihre Ohren von der Wahrheit abkehren und zu den Fabeln sich hinwenden« (4,3-4).

Es ist klar, in Paulus' Philosophie vom Dienst in der Gemeinde ist kein Raum für die heute vorherrschende Gib-den-Leuten-was-sie-wünschen-Theorie. Er forderte Timotheus nicht auf, Umfragen zu starten, was die

Leute hören wollten. Er riet ihm nicht zu demoskopischen Untersuchungen, um die »augenblicklichen Bedürfnisse« der Menschen zu ermitteln. Er befahl ihm, das Wort zu predigen – getreulich, systematisch, strafend und geduldig, und es geradenwegs dem Zeitgeist entgegenzustellen.

Wie definieren wir »Erfolg«?

Man muß beachten, daß Paulus kein Wort darüber verliert, wie die Leute reagieren werden. Er belehrte Timotheus nicht über die Größe von Gemeinden, wieviel Geld zusammenkommen muß, oder wie einflußreich sie sein soll. Er sagt auch nicht, Timotheus könne damit rechnen, die Welt würde ihn verehren oder anerkennen oder wenigstens akzeptieren. Tatsächlich sagt Paulus gar nichts über äußerliche Erfolge. Paulus legt den Nachdruck auf Verbindlichkeit und Hingabe, nicht auf den Erfolg.

Die heutige Philosophie für kirchlichen Dienst ist betört vom Wert weltlicher Erfolgsmerkmale. Die am häufigsten als »erfolgreich« gepriesenen Gemeinden sind die riesigen Megakirchen mit Multi-Millionen-Dollar Haushalten, Sportarenen, Handballplätzen, Kindergärten usw. Aber unter tausend fällt kaum eine in diese Kategorie. Das bedeutet entweder: Die meisten Gemeinden sind armselige Versager, oder: Die Meßlatte des Erfolgs hat mit materiellem Wohlstand nichts zu tun.

Für jeden, der die Schrift kennt, ist die Antwort klar. Äußerliche Kennzeichen wie Überfluß, große Mengen oder Anerkennung sind nach der Bibel niemals der Maßstab für Erfolg gewesen. Treue, Gottseligkeit und geistliche Verbindlichkeit sind die Tugenden, die bei Gott etwas gelten – und das sind auch die Bausteine, aus denen die Philosophie des kirchlichen Dienstes aufgebaut sein sollte. Und das gilt für große und kleine Gemeinden. Größe ist kein Kennzeichen für den Segen Gottes; und Popularität ist kein Barometer für Erfolg. Tatsächlich kann sie ein Grund zur Verdammung sein. Gott sagte zu Jeremia: »Entsetzliches und Schauderhaftes ist im Lande geschehen: Die Propheten weissagen falsch, und die Priester herrschen unter ihrer Leitung, und mein Volk liebt es so« (Jer. 5,30-31).

Sehen wir uns wieder die Instruktionen des Paulus für Timotheus an: Anstatt darauf zu dringen, daß Timotheus zu einem Dienst anleiten soll, der weltliche Ehren einträgt, warnt Paulus ihn vor Leiden und Trübsalen – wohl kaum der Stoff, von dem Gemeinde-Wachstums-Experten träumen! In der Schrift ist äußerlicher Erfolg *niemals* ein lohnendes Ziel. Paulus erklärt dem Timotheus, was »erfolgreich sein« bedeutet: den göttlichen Ansprüchen genügen.

Das allerdings ist es, was wahren Erfolg ausmacht. Wirklicher Erfolg heißt nicht, Ergebnisse um jeden Preis zu erzielen, nicht Wohlstand, Macht, Berühmtheit, Popularität, oder was die Welt noch für Erfolg halten mag. Wirklicher Erfolg ist da, wo Gottes Willen getan wird, einerlei, was daraus folgt.

Oder, anders ausgedrückt: Das Ziel heißt nicht Erfolg, sondern Vollkommenheit.[7] Paulus ermutigte den Timotheus, all das zu sein, wozu ihn Gott berufen und womit Er ihn begabt hatte. Er wies ihn nicht an, erfolgreich zu sein, sondern der Vollkommenheit nachzustreben.

Die Grundlagen eines vollkommenen Dienstes

Wir wollen nun ein wenig genauer diese wenigen Verse zu Beginn von 2. Timotheus 4 betrachten:

> Ich bezeuge ernstlich vor Gott und Christo Jesu, der da richten wird Lebendige und Tote, und bei seiner Erscheinung und bei seinem Reiche: Predige das Wort, halte darauf in gelegener und ungelegener Zeit; überführe, strafe, ermahne mit aller Langmut und Lehre. Denn es wird eine Zeit sein, da sie die gesunde Lehre nicht ertragen, sondern nach ihren eigenen Lüsten sich selbst Lehrer aufhäufen werden, indem es ihnen in den Ohren kitzelt; und sie werden die Ohren von der Wahrheit abkehren und zu den Fabeln sich hinwenden. Du aber sei nüchtern in allem, leide Trübsal, tue das Werk eines Evangelisten, vollführe deinen Dienst (4,1-5).

Dieser kurze Abschnitt definiert biblischen Dienst in der Gemeinde. Er enthält neun Dinge, an die Timotheus durch Paulus erinnert wird und die kein Diener des Herrn zu mißachten wagen sollte. Alle, die hier pflichtvergessen handeln, sind auf dem »Down-Grade«, sind im Niedergang begriffen, ob sie es wahrnehmen oder nicht.

Gedenket eurer Berufung

»Ich bezeuge ernstlich vor Gott und Christo Jesu, der da richten wird Lebendige und Tote, und bei seiner Erscheinung und bei seinem Reiche«, so beginnt Paulus den letzten Abschnitt des letzten inspirierten Briefes, den er geschrieben hat. Er war Gefangener, nahe am Ende seines Lebens, und er erwartete seine Hinrichtung (Vers 6). Er wußte, er würde bald vor Gott stehen, um Rechenschaft abzulegen. Diese Gedanken lagen ihm schwer auf der Seele, und so erinnert er den jungen Timotheus an den Ernst, der in dessen eigenem Auftrag lag. Er riet ihm, sein Leben und Werk im Licht eines kommenden Gerichts zu führen. Timotheus hatte es nötig, sich darauf zu konzentrieren, was *Gott* von seinem Dienst hielt, und nicht, was *Menschen* davon dachten. Beachtet, daß Paulus »die Gegenwart Gottes und Jesu Christi« anrief, »der da richten wird Lebendige und Tote«. Er wollte ihm klarmachen, daß der Eine, der ihn einst richten wird, derselbe ist, vor dessen Angesicht er jetzt seinen Dienst versah. Gott richtet nach *Seinen* Maßstäben, nicht nach den Ansichten der Leute.

An anderer Stelle sagt Paulus: »... wir werden alle vor den Richterstuhl Gottes gestellt werden ... Also wird nun ein jeder von uns für sich selbst Gott Rechenschaft geben« (Röm. 14,10 und 12). Das ist es, was Timotheus begreifen soll. Er *darf* mit seinem Dienst nicht Menschen, sondern er *muß* Gott gefallen.

Predige das Wort

Welcher Dienst gefällt Gott? »Predige das Wort!« (Vers 2). Der Gehorsam gegenüber diesem einfachen Befehl *muß* das Zentrum aller biblischen Dienstphilosophie sein. Die Aufgabe des Predigers ist es, die Schrift zu verkünden, und zwar so, daß man sie versteht (Neh. 8,8). Alles andere ist verglichen damit unwesentlich.

Mein Vater ist Pastor, und als ich ihm vor vielen Jahren zum ersten Mal sagte, ich glaubte, Gott habe mich in Seinen Dienst gerufen, schenkte er mir eine Bibel, in die er geschrieben hatte: »Lieber John, predige das Wort. 2. Timotheus 4,2.« Dieser einfache Satz wurde zum kategorischen Imperativ meines Herzens. Nie habe ich diesen einfachen biblischen Rat meines Vaters vergessen – predige das Wort! Was sonst sollte ich predigen?

Das Wort zu predigen ist nicht immer einfach. Die uns aufgetragene Botschaft ist oftmals ziemlich anstößig. Christus selbst ist ein Stein des Anstoßes und ein Fels des Ärgernisses (Röm. 9,33; 1. Petr. 2,8). Die Botschaft vom Kreuz ist manchen ein Ärgernis und anderen eine Torheit (1. Kor. 1,23; Gal. 5,11). »Der natürliche Mensch aber nimmt nicht an, was des Geistes Gottes ist; denn es ist ihm eine Torheit, und er kann es nicht erkennen, weil es geistlich beurteilt wird« (1. Kor. 2,14). Warum schrieb wohl Paulus: »Ich schäme mich des Evangeliums nicht« (Röm. 1,16)? Sicher doch deshalb, weil so viele Christen sich tatsächlich der Botschaft schämen, die weiterzusagen wir den Auftrag haben.

Wie wir schon sagten, hatte Timotheus mit der Versuchung zu kämpfen, sich des Evangeliums zu schämen. Paulus ermahnte ihn, sich weder des Herrn, noch des Paulus zu schämen (2. Tim. 1,8). Timotheus scheint ängstlich geworden zu sein und offenbarte einen »Geist der Furchtsamkeit«, ganz und gar nicht wie der starke und mutige Apostel. Er war jung, und einige verachteten ihn deshalb (1. Tim. 4,12). Er wußte nur zu gut, daß er selbst in Gesellschaft des Paulus in großen Gefahren stand. Öffentlich die Wahrheit Gottes zu verkünden, konnte ihn mit dem Apostel zusammen ins Gefängnis bringen. Zumindest war er sicher, Feindschaft und heiße Debatten bei all den Juden heraufzubeschwören, die sich dem Evangelium widersetzten.

Noch wichtiger war, daß Timotheus offenbar mit den »jugendlichen Lüsten« zu kämpfen hatte (2,2). Er fühlte sicher, wie wenig er dem entsprach, was er sein sollte.

Das waren Gründe, die dazu angetan waren, Timotheus den Mund zu verschließen. So bedeutete der Befehl des Paulus zum Predigen, daß Timotheus seine Schwachheiten und Hemmungen zu bekämpfen hatte.

Welches Wort hatte er zu predigen? Paulus hatte das am Ende von Kapitel 3 ganz deutlich gemacht: »*Alle Schrift* ist von Gott eingegeben und nütze zur Lehre, zur Überführung, zur Zurechtweisung, zur Unterweisung in der Gerechtigkeit« (2. Tim. 3,16). Dieses ist das Wort, das er predigen sollte: der ganze Ratschluß Gottes (siehe Apg. 20,27). In Kapitel 1 hatte Paulus dem Timotheus gesagt: »Halte fest das Bild gesunder Worte, die du von mir gehört hast« (Vers 13). Er sprach von den offenbarten Worten der Schrift – und zwar von allen. Er drang in Timotheus: »Bewahre das schöne anvertraute Gut ...« (Vers 14). Dann, in Kapitel 2, sagt er ihm, er solle das Wort fleißig studieren und richtig handhaben (2,15). Hier nun sagt er, Timotheus solle es predigen. So dreht sich die ganze Arbeit eines treuen Dieners um das Wort Gottes – er bewahrt es, er studiert es, er verkündet es.

In Kolosser 1 beschreibt der Apostel seine eigene Dienstphilosophie wie folgt: »... die Versammlung, deren Diener ich geworden bin nach der Verwaltung Gottes, die mir in bezug auf euch gegeben ist, um das Wort Gottes zu vollenden« (Vers 25). In 1. Korinther geht er einen Schritt weiter: »Und ich, als ich zu euch kam, Brüder, kam ich nicht in Vortrefflichkeit der Rede oder Weisheit, euch das Zeugnis Gottes verkündigend. Denn ich hielt nicht dafür, etwas unter euch zu wissen, als nur Jesum Christum, und ihn als gekreuzigt« (1. Kor. 2,1-2). Mit anderen Worten: Sein Ziel als Prediger war nicht, die Leute mit rhetorischen Kabinettstückchen zu unterhalten oder sie mit Klugheit, Humor, neuen Erkenntnissen oder ausgeklügelter Methodologie zu unterhalten – sondern einfach den gekreuzigten Christus zu predigen.

Es hat zu aller Zeit solche gegeben, die große Massen um sich scharten, weil sie begabte Redner, interessante Geschichtenerzähler, unterhaltsame Plauderer, dynamische Persönlichkeiten, geschickte Agitatoren mit zündenden Reden, bekannte Politiker oder überragende Gelehrte waren. Solche Predigt mag *populär* sein; aber sie ist nicht notwendigerweise auch *voll Kraft*. Niemand kann mit übernatürlicher Kraft predigen, der nicht das Wort Gottes predigt. Und kein treuer Prediger wird das Wort verwässern oder von »dem ganzen Ratschluß Gottes« etwas abtun. Das Wort – und zwar das ganze Wort – zu verkündigen, ist die Berufung eines Predigers.

Daher *muß* die Verkündigung des Wortes das innerste Anliegen unserer Dienstphilosophie sein. Jede andere Philosophie ersetzt die Stimme Gottes durch menschliche Weisheit. Philosophie, Politik, Humor, Psychologie, nützliche Ratschläge und menschliche Ansichten können niemals erreichen, was das Wort Gottes schafft. Solcherlei Dinge mögen interessant, informativ, unterhaltsam und manchmal auch hilfreich sein – aber sie tragen nicht zu geistlichen Herzensänderungen bei, und darum sind sie nicht das Geschäft der Kirche. Der Prediger ist nicht das Sprachrohr menschlicher Weisheit; er ist Gottes Stimme in der Versammlung. Keine menschliche Botschaft trägt das Siegel göttlicher Autorität – nur das Wort Gottes. Ich kann solche Prediger einfach nicht begreifen, die freiwillig dieses hohe Vorrecht abgeben. Morallehren und anfeuernde Reden sind kein Ersatz für Gottes Wort. Warum sollten wir die Weisheiten der Menschen verkünden, wenn wir das Vorrecht haben, Gottes Wort zu predigen?

Sei treu zu gelegener und ungelegener Zeit

Als nächstes erinnert Paulus den Timotheus daran, daß seine Aufgabe nie zu Ende ist. Er soll nicht nur das Wort predigen, sondern dieses auch tun, ohne auf das ihn umgebende Meinungsklima zu achten. Er muß treu sein, wenn man eine solche Predigt erträgt – aber auch, wenn es anders ist.

Daß wir uns nicht täuschen – gerade jetzt ist die Predigt des Wortes »unzeitig«. Die Menschheit erfährt jetzt Gottes Zorn, indem Er die Leute die Konsequenzen ihres Weges fühlen läßt (Röm. 1,24-26.28), »den gebührenden Lohn ihrer Verirrungen«. Die Gesellschaft empfindet irgendwie diese Gottverlassenheit mehr denn je; und der Niedergang der Predigt trägt sicher seinen Teil dazu bei, daß sich die Leute so hilflos fühlen. Martyn Lloyd-Jones meint: »Auf vielfältige Weise und in starkem Maße ist die Abkehr der Kirche von der Predigt verantwortlich für den Zustand der modernen Gesellschaft ... Die Kirche hat, indem sie ihre wahre Aufgabe preisgab, die Menschheit sich selbst überlassen.«[8]

Dieses ist sicher keine Zeit für schwache Menschen, schwache Botschaften und schwachen geistlichen Dienst. Was gefordert ist, sind moralische Kraft und Mut – und kompromißlose Verkündigung der Wahrheit, die die Menschen freimachen kann. »Nie und nimmer werde ich sagen, wir sollten weniger predigen und uns mehr auf andere Einfälle und Ratschläge verlassen. Nein, statt dessen sage ich, wir haben eine gottgegebene Möglichkeit in der Predigt.«[9]

Aber die heute groß in Mode befindliche marktorientierte Philosophie sagt, daß die schlichte Darstellung der biblischen Botschaft nicht mehr zieht. Biblische Ausführungen und die dazugehörige Theologie gelten als antiquiert und für unser Leben belanglos. »Kirchgänger wollen nicht mehr angepredigt werden«, sagt diese Philosophie. »Die Baby-boom-Generation mag nicht still in den Kirchenbänken sitzen, während einer vor ihnen steht und predigt. Diese Menschen sind das Produkt einer medienbeherrschten Zeit und wollen auf eine ihnen vertraute Weise befriedigt werden.«

Paulus aber sagt, daß der richtig stehende Prediger treu das Wort zu verkünden hat, auch wenn es nicht gerade in Mode ist. Der hier benutzte Ausdruck »halte darauf« weist auf Eifer und Beharrlichkeit hin. An dieser Stelle werde ich immer an eine Abteilung Soldaten erinnert, die bereitsteht, zu irgend etwas abkommandiert zu werden. Paulus spricht hier von einer zwingenden Notwendigkeit zur Predigt, wie Jeremia, der sagte, das Wort Gottes sei wie ein Feuer in seinen Gebeinen. Eben das forderte er auch von Timotheus: nicht Widerstreben, sondern Bereitschaft; kein laues Geschwätz, sondern das Feuer des Wortes Gottes.

Überführe, strafe und ermahne!

Paulus gibt dem Timotheus auch Anweisungen über den Ton seiner Predigt. Er braucht zwei Wörter mit negativer und eins mit positiver Bedeutung: überführe, strafe und ermahne (2. Tim. 4,2). Jeder gesunde Dienst muß die Balance halten zwischen Positivem *und* Negativem. Ein Prediger, der das Überführen und Strafen vernachlässigt, erfüllt nicht seinen Auftrag.

Kürzlich hörte ich im Radio ein Interview mit einem Prediger, der sich beharrlich weigerte, das Wort »Sünde« zu erwähnen, weil er der Ansicht war, die Leute fühlten sich ohne dieses schon viel zu viel mit Schuld beladen. Der Reporter fragte ihn, wie er diese Haltung rechtfertigen könne. Der Pastor antwortete, er habe sich entschieden, sich auf die Nöte der Menschen zu konzentrieren und sie nicht wegen ihrer Sünden anzugreifen.

Aber was die Menschen am nötigsten brauchen, ist, ihre Sünden zu bekennen und sie loszuwerden. Eine Predigt, die es versäumt, gegen die

Sünde zu sprechen und die Menschen durch das Wort Gottes zu korrigieren, begegnet also durchaus *nicht* der Not der Menschen. Solchen Predigern mögen sie enthusiastisch zujubeln; aber das heißt nicht, sie seien eine wirkliche Hilfe für die Nöte der Menschen.

Zu überführen, zu strafen und zu ermahnen heißt einfach, das Wort zu predigen; denn das ist genau der Dienst, der zu der Schrift paßt: »Alle Schrift ist von Gott eingegeben und nütze zur Lehre, zur Überführung, zur Zurechtweisung, zur Unterweisung in der Gerechtigkeit« (2. Tim. 3,16). Beachte dabei die gleiche Balance zwischen positiv und negativ! Überführung und Zurechtweisung sind negativ, und Lehre und Unterweisung sind positiv.

Die positive Seite ist ebenfalls äußerst wichtig. Das Wort »ermahne« (parakaleo) kann auch mit »trösten« oder »ermutigen« wiedergegeben werden. Wer richtig predigt, nennt die Sünde beim Namen, und dann ermutigt er den bußfertigen Sünder, in der Gerechtigkeit zu wandeln. Er muß das »mit aller Langmut und Lehre« tun (4,2). In 1. Thessalonicher 2,11 sagt Paulus, er habe »wie ein Vater seine eigenen Kinder … ermahnt, getröstet und ihnen bezeugt …« Das erfordert oft viel Geduld und Belehrung. Aber wer seinen Dienst richtig ausführen will, darf diesen Aspekt seiner Berufung nicht vernachlässigen.

Schließe in schwierigen Zeiten keine Kompromisse!

Mit großer Dringlichkeit schärft Paulus dem jungen Timotheus ein: »Denn es wird eine Zeit sein, da sie die gesunde Lehre nicht ertragen, sondern nach ihren eigenen Lüsten sich selbst Lehrer aufhäufen werden, weil es ihnen in den Ohren kitzelt« (2. Tim. 4,3). Das ist eine Weissagung, die an jene in Kapitel 3,1 (»Dieses aber wisse, daß in den letzten Tagen schwere Zeiten sein werden«), und in 1. Timotheus 4,1 erinnert (»Der Geist aber sagt ausdrücklich, daß in späteren Zeiten etliche von dem Glauben abfallen werden«). Dieses ist also die dritte prophetische Warnung an Timotheus in bezug auf die kommenden schwierigen Zeiten. Achtet einmal auf die Steigerung! Die erste sagt, es kämen Zeiten, wo etliche vom Glauben abfallen werden. Die zweite warnte Timotheus vor gefährlichen Zeiten für die Kirche. Hier nun, in der dritten, wird darauf hingewiesen, daß solche, die *in der Kirche* sind, die gesunde Lehre nicht ertragen können, sondern statt dessen ihre Ohren kitzeln lassen wollen.

Furchtlose Predigt ist in solchen gefährlichen Zeiten nötiger denn je. Wenn die Menschen die Wahrheit nicht vertragen können, sind mutige, unverblümte Prediger von allerhöchster Notwendigkeit.

Warum sind die Leute unwillig, gesunde Predigt zu hören? Weil sie die Sünde lieben. Gesunde Predigt greift, wie wir gesehen haben, die Sünde an und straft sie, und die in ihren sündigen Lebensstil verliebten Menschen mögen daher solche Predigt nicht. Sie wollen, man soll ihre Ohren kitzeln (Vers 3).

Paulus braucht den Ausdruck »gesunde Lehre« auch in 1. Timotheus 1. In Vers 9 und 10 dieses Kapitels spricht er von Gesetzlosen, Zügellosen, Gottlosen und Sündern, von Heillosen, Ungöttlichen, Vaterschlägern und Mutterschlägern, von Menschenmördern, Hurern, Knabenschändern, Menschenräubern, Lügnern und Meineidigen und was anderes der gesunden Lehre zuwider ist. Eine Gesellschaft voll von Lügnern, Meineidigen, Mördern und Homosexuellen, die ganz und gar von solchen infiziert ist, kann auf gar keinen Fall die gesunde Lehre ertragen.

Achte darauf, daß Paulus *nicht* meint, der Weg, eine solche Gesellschaft zu erreichen, sei der, die Botschaft so weit abzumildern, daß sich die Leute dabei wohlfühlen. Genau das Gegenteil ist der Fall. Dieses Ohrenkitzeln ist abscheulich! Paulus dringt darauf, daß Timotheus einwilligt, um der Wahrheit willen zu leiden und treu dabei zu bleiben, das Wort zu predigen. Das ist der einzige Weg, unduldsame Menschen der Wahrheit auszusetzen, die allein die Herzen erreichen kann.

Man könnte nun die Frage stellen, auf was sich das Wörtchen »sie« aus Vers 3 bezieht. Auf die Welt? Oder auf die Kirche? Sicherlich umschließt es auch die Welt – unwiedergeborene Menschen dulden nur selten eine gesunde Predigt. Aber Paulus redet hier von Leuten, vor denen Timotheus predigt. Es gilt dann doch sicher für Menschen in der Gemeinde, und so weist es auf eine Zeit hin, wo bekennende Christen in Ephesus keine gesunde Predigt mehr hören mögen.

Aber ist das nicht auch der Zustand der Kirche in unserer heutigen Gesellschaft? In der Tat, es ist genau das, was Marketing-Experten den Kirchenführern klarzumachen versuchen. Die eigentliche Grundlage ihrer ganzen Philosophie ist die, daß die Leute die Wahrheit nicht mehr anhören wollen; sie möchten unterhalten sein. Ihre Strategie lautet: Gebt ihnen, was sie haben möchten. – Die Schrift sagt etwas anderes.

Es gibt weltweit Tausende von vermeintlich evangelikalen Gemeinden, denen die Wahrheit schwer im Magen liegt. Nicht zwei Wochen würden sie sich eine kräftige biblische Lehre gefallen lassen, die ihre lehrmäßigen Irrtümer widerlegte, Sünde als solche bezeichnete, sie überführte und aufrief, der Wahrheit zu gehorchen. Sie wollen die gesunde Lehre nicht hören. Warum? Weil die Menschen in der Kirche wohl Gott haben möchten, aber ihren sündigen Lebensstil beibehalten wollen. Darum gefällt ihnen auch niemand, der ihnen klarmacht, was Gottes Wort über sie zu sagen hat.

Was aber wollen sie hören? »Nach ihren eigenen Lüsten häufen sie sich selbst Lehrer auf, weil es ihnen in den Ohren kitzelt« (Vers 3). Ironischerweise sind sie es selbst, die sich diese Lehrer aussuchen, ja, sie häufen sich sogar solche Lehrer auf; aber es sind keine gesunden. Sie erwählen sich Lehrer, die ihnen sagen, was sie hören wollen. Und was wollen sie hören? Was ihre Ohren kitzelt und ihren Begierden entgegenkommt. Sie wollen das gepredigt haben, was sie mit sich selbst zufrieden sein läßt. Prediger, die sie angreifen, lehnen sie ab. Sie häufen sich Massen von Lehrern auf, die ihre unersättlichen Begehrlichkeiten befriedigen. Und der Prediger, der ihnen das bringt, was sie am nötigsten haben, ist der letzte, den sie hören wollen.

Leider sind Lehrer mit ohrenkitzelnden Botschaften nur allzu zahlreich. »In Zeiten, wo verworrener Glaube, Skeptizismus und skurrile Spekulationen über religiöse Fragen vorherrschen, schwärmen alle möglichen Lehrer aus – wie damals die Fliegen in Ägypten. Die Nachfrage schafft da das Angebot. Auch suchen und formen die Hörer die Prediger nach ihrem Geschmack. Und wenn das Volk ein Kalb anbeten will, ist auch sehr bald ein klerikaler Kälbermacher zur Stelle.«[10]

Dieser Appetit auf ohrenkitzelnde Predigt nimmt ein böses Ende. Vers 4 sagt, die Menschen werden am Ende »die Ohren von der Wahrheit abkehren und zu den Fabeln hingewendet werden«. Sie werden das Opfer ihrer eigenen Ablehnung, die Wahrheit zu hören. Das Wort »abkehren« steht grammatisch im Aktiv. Die Menschen werden die Wahl also willentlich treffen. »Zu den Fabeln hingewendet werden« steht im Urtext im Passiv und beschreibt, was mit ihnen geschehen wird. Von der Wahrheit abgewandt, werden sie das Opfer mancher Verführung. Sobald sie sich von der Wahrheit abkehren, werden sie Schachfiguren Satans. Die Abwesenheit von Licht ist Finsternis.

So sieht es heutzutage in der Kirche aus. Die evangelikale Szene hat ihre Toleranz gegenüber mutig zugreifender Predigt verloren. Jetzt flirtet sie mit gefährlichen lehrmäßigen Irrtümern. Christen suchen wie wild nach außerbiblischen Offenbarungen in Form von Weissagungen und Träumen. Prediger leugnen oder verschweigen die Existenz der Hölle. Das moderne Evangelium verspricht den Himmel ohne Heiligung. Die Kirchen ignorieren die biblische Lehre über die Rolle der Frau, über Homosexualität und andere politisch vorbelastete Themen. Menschliches Dichten und Trachten hat die göttliche Botschaft verdrängt. Wenn die Kirche nicht Buße tut und auf die Höhenlinie zurückkehrt, wie Spurgeon sagen würde, dann werden diese und ähnliche Irrtümer wie eine Epidemie um sich greifen.

Blicken wir noch einmal zurück auf das Schlüsselwort von Vers drei: »... indem es ihnen in den Ohren kitzelt.« Warum wollen sie die gesunde Lehre nicht ertragen? Warum häufen sie sich selbst Lehrer auf? Warum kehren sie sich von der Wahrheit ab? Weil sie tief im Innersten wollen, daß ihre Ohren gekitzelt werden. Sie wollen sich nichts sagen lassen. Sie wollen nicht überführt werden. Sie wollen unterhalten sein. Sie wünschen eine Predigt, die in ihnen angenehme Gefühle weckt. Sie wollen sich wohlfühlen. Sie wollen, daß ihre Ohren gekitzelt werden mit Anekdoten, Humor, Psychologie, anregenden Lesungen, Selbstbestätigung, positivem Denken und Selbstbeweihräucherung. Kurze Predigten sollen ihr Ego massieren mit freundlichem Geplauder, dem man allezeit zustimmen kann. Biblische Zurechtweisung, Strafe und Ermahnung werden für unerträglich gehalten. Denn die göttliche Wahrheit kitzelt nicht die Ohren, sie schlägt dagegen, daß sie brennen. Sie rügt, straft und überführt zunächst – erst danach ermahnt und ermutigt sie. Prediger des Wortes müssen peinlichst auf die rechte Balance achten.

In Johannes 6 sagt uns die Schrift, nachdem Jesus eine ziemlich harte Botschaft verkündet hatte: »Von da an gingen viele seiner Jünger zurück und wandelten nicht mehr mit ihm« (Vers 66). Als Ihn die Menge verlassen hatte, wandte sich unser Herr zu Seinen Jüngern und fragte: »Wollt ihr etwa auch weggehen?« (Vers 67). Die Antwort, die Petrus stellvertretend für die Zwölf gab, ist kennzeichnend: »Herr, zu wem sollen wir gehen? Du hast Worte des ewigen Lebens« (Vers 68). Das war die richtige Erwiderung. Sie offenbarte klar den Unterschied zwischen wahren Jüngern und bloßen Nachläufern. Und der zeigt sich in dem Hunger nach Seinem Wort. Jesus sagt: »Wenn ihr in meinem Wort bleibt, so seid ihr wahrhaft meine Jünger« (Joh. 8,31). Menschen, die unterhalten und bestätigt werden wollen, Neugierige und solche, die nur der Masse nachlaufen, sind jedenfalls mitnichten wahre Jünger. Nur solche, die das Wort lieben, sind wirkliche Nachfolger Christi. Und die wollen keine Prediger, die die Ohren kitzeln.

Sei nüchtern in allen Dingen

Das Verhalten eines ausgezeichneten Dieners muß von steter Nüchternheit gekennzeichnet sein. »Sei nüchtern in allen Dingen« (Vers 5) bedeutet nicht nur eine Warnung vor Trunksucht. Auch meint Paulus nicht, Timotheus sei depressiv, freudlos, düster und grämlich. *Nüchternheit* bedeutet

Selbstkontrolle, Beständigkeit und Aufmerksamkeit. Sie beschreibt einen Zustand geistiger Wachheit und der Kontrolle über alles, was man tut.

Der ausgezeichnete Diener ist eine solide und standhafte Persönlichkeit, wie ein Athlet, der seine Leidenschaften und Begierden, dazu sein ganzes Sein unter völlige Kontrolle gebracht hat, um eine Höchstleistung zu erzielen. Um es negativ auszudrücken: Ein Prediger darf nicht unberechenbar sein, nicht jeder Mode nachlaufen oder schnell den Beleidigten spielen. Angesichts einer sich verändernden Welt, einer schwankenden Kirche und inmitten einer taumelnden und sich wie rasend drehenden Gesellschaft, müssen Diener um so fester gegründet, standhaft, beständig und unerschütterlich sein. Wir dürfen nicht dem Druck nachgeben.

Die Kirche hat schon genug irrende, dem Trend nachlaufende, weinerliche Prediger gehabt, deren Stil völlig dem Gefühl der Massen entspricht. Was wir brauchen, sind solche, die standhaft in einer schwankenden Welt stehen bleiben und ihre Prioritäten kennen. Wir brauchen Diener, deren Köpfe frei von Verführung, von falscher Lehre und von unorthodoxen Vorstellungen sind. Wir brauchen Prediger, die tapfer den ganzen Ratschluß Gottes verkünden. Wie unerträglich muß es in Gottes Ohren klingen, wenn Sein inspiriertes Wort ersetzt wird durch fade und gehaltlose Nahrung, die statt dessen von den Kanzeln kleckert.

Der ehrliche Prediger hält die Balance, ist beständig und solide. Er läßt sich durch das Geschrei derer nicht beeinflussen, die ihn darum anbetteln, er möge ihre Ohren kitzeln.

Leide Trübsale

Selbstverständlich können wirklich gute Diener nicht auf irdischen Beifall aus sein, genauso wenig wie auf irdischen Komfort. Ihr Leben im Dienst verläuft nicht gemächlich. Timotheus mußte den Willen haben, Trübsal leiden zu wollen (Vers 5). Solange er nicht bereit war, Leiden auf sich zu nehmen, konnte er den Dienst nicht so ausführen, wie Gott es von ihm erwartete.

Kein irgendwie brauchbarer Dienst ist ohne Schmerzen. Ich bin oft jungen Männern begegnet, die sich vorgenommen hatten, Geistliche zu werden. Und nun hielten sie Ausschau nach einer problemlosen Kirche, nach einem Dienst ohne Herausforderungen und nach einer Gemeinde, die ein leichtes Leben zu gewährleisten versprach. Für einen treuen Diener des Wortes gibt es solchen Ort nicht. Die Behauptung, ein Dienst könne gleichzeitig effektiv und ohne Mühe sein, ist eine Lüge. Wenn du das unverfälschte Wort predigst, *wirst* du Trübsal haben. Und wenn dir Feindschaft entgegenschlägt, hast du die Wahl: Du kannst durchhalten und standhaft bleiben, oder du kannst Kompromisse eingehen. »Alle aber auch, die gottselig leben wollen in Christo Jesu, werden verfolgt werden« (2. Tim. 3,12). Somit gehen Treue und Trübsale Hand in Hand.

Dieses Thema kommt im 2. Timotheusbrief wiederholt vor. In Kapitel 2 Vers 1 und Kapitel 3 schreibt Paulus: »Du nun, mein Kind, sei stark in der Gnade, die in Christus Jesus ist ... Nimm teil an den Trübsalen als ein guter Kriegsmann Jesu Christi.« Hier nun erinnert er den Timotheus daran, daß Trübsale genauso zu den Aufgaben eines treuen Dieners gehören wie alle anderen Aspekte seiner Arbeit.

Folgte Timotheus den Ratschlägen des Paulus? Offenbar tat er das. In Hebräer 13,23 sagt ein kleiner versteckter Vers: »Wisset, daß unser Bruder Timotheus freigelassen ist, mit welchem, wenn er bald kommt, ich euch sehen werde.« Der Schreiber des Hebräerbriefes kannte den Timotheus offenbar gut und liebte ihn. Er berichtet den Hebräern, daß Timotheus »freigelassen« ist. Das hier verwendete griechische Wort sagt deutlich, daß er aus dem Gefängnis entlassen wurde. Wir können daraus auf Leidenszeiten schließen, und Timotheus hatte sie durchstanden. Er war keine Kompromisse eingegangen. Er blieb treu, auch wenn das, wie in diesem Fall, Gefängnishaft bedeutete. Er hatte nicht einen billigen Ausweg gesucht.

Tue das Werk eines Evangelisten

Auf den ersten Blick scheint der Befehl »Tue das Werk eines Evangelisten« ein plötzlicher Themenwechsel zu sein. Aber das ist nicht der Fall. Paulus ermutigte den Timotheus, über die sicheren Grenzen seiner eigenen Herde hinaus tapfer auch den Ungläubigen das Wort zu bezeugen. Paulus war nicht der Ansicht, es sei das *Amt* des Timotheus, als Evangelist zu wirken. Er sagte ihm nur, daß die Evangelisation der Ungläubigen zu seinen Aufgaben gehört.

Wieder befiehlt Paulus ihm, die Wahrheit mutig zu verkünden. Timotheus mag versucht gewesen sein, sich bei seiner freundlichen Herde zu verstecken. Paulus aber nötigt ihn statt dessen, an der vordersten Front seinen Dienst zu tun. Er wollte, daß Timotheus der Welt mutig entgegentrat und ihr den gekreuzigten Christus predigte. Er wollte, daß er von Sünde und Gerechtigkeit, von Gericht und Gottes Geboten redete. Er wollte, daß er die Verlorenheit, nicht die Größe der Menschen verkündete. Er wollte, daß er von der zweiten Wiederkunft und vom ewigen Gericht zeugte. Er wollte, daß Timotheus das Kreuz, die Auferstehung, die Versöhnung, die Gnade und den Glauben groß machte. Er drang in ihn, feierlich und überzeugend dem Unglauben entgegenzutreten.

Vollführe deinen Dienst

Paulus' kurze Anweisungen an Timotheus enden mit einem letzten Imperativ: »Vollführe deinen Dienst!« (Vers 5). »Vollführen« heißt: zu Ende bringen, ganz ausführen. Er hätte auch sagen können: »Diene Gott nicht halbherzig, tue es mit ganzer Kraft.« Paulus war ans Ende seines Lebens gekommen und konnte sagen: »Ich werde schon als Trankopfer gesprengt, und die Zeit meines Abscheidens ist vorhanden. Ich habe den guten Kampf gekämpft, ich habe den Lauf vollendet, ich habe den Glauben bewahrt; fortan liegt mir bereit die Krone der Gerechtigkeit, welche der Herr, der gerechte Richter, mir zur Vergeltung geben wird an jenem Tage; nicht allein aber mir, sondern auch allen, die seine Erscheinung lieben« (4,6-8). Er wollte, daß Timotheus eines Tages den gleichen Punkt erreicht.

Denkt daran, daß diese Ermahnungen des Paulus an Timotheus für jeden Christen von Bedeutung sind! An irgendeiner Stelle sind wir alle zum Dienst aufgerufen. Ob du nun als Mutter deinen eigenen Kindern dienst, oder als Leiter einer großen Gemeinde, die Grundsätze bleiben immer dieselben. Da ist kein Platz für Kompromisse, auch nicht für Furchtsamkeit. Es ist auch keine Zeit zu versäumen und keine Notwendigkeit, sich zu fürchten. Erfülle deinen Dienst für den Herrn, bring ihn zu Ende! Das ist nur möglich, wenn der Dienst in rechter Weise gehandhabt wird.

Am Glauben festhalten

Auf der Höhe der »Down-Grade-Kontroverse«, zwei Wochen nachdem Spurgeon von der Baptistenunion abgemahnt worden war, hielt er eine Predigt mit dem Titel »Am Glauben festhalten«. Dort sagt er:

> Wir dürfen niemals unsere Fahne verstecken. Es gibt Zeiten, in denen wir an die Front eilen und zum Kampf bereit sein müssen, wenn wir sehen, daß die Ehre unseres Hauptmanns es erfordert. Laßt uns dann weder furchtsam sein, noch uns schämen. Unser Herr Jesus verdient es, daß wir uns willig für die Verteidigung des Glaubens opfern. Bequemlichkeit, Ansehen, ja, das Leben selbst müssen wir für den Namen und den Glauben Jesu drangeben. Wenn in der Hitze des Gefechts unser guter Name oder unser Leben riskiert werden müssen, um den Sieg zu erringen, dann laßt uns sagen: »In diesem Krieg müssen

einige von uns fallen, warum soll ich es nicht sein? Ich will das Los mit meinem Meister teilen und um Seinetwillen Widerspruch ertragen.« Nur tapfere Soldaten sind unseres großartigen Herrn würdig. Wer sich in die Etappe verkriecht, um es bequemer zu haben, ist das Himmelreich nicht wert …

Brüder, wir müssen um Christi willen bereit sein, Spott zu ertragen, sogar den haßerfüllten Spott, den die »Gebildeten« so gern über uns ausschütten. Wir müssen darein willigen, um Jesu willen für große Narren gehalten zu werden … Ich für meinen Teil bin bereit, meines teuren Herrn und Meisters wegen für einen zehntausendfachen Narren gehalten zu werden und rechne es mir zur größten Ehre an, wenn man mir jede Ehre nimmt und mir jede Art von Zurechtweisung auflädt um der wunderbaren alten Wahrheit willen, die mir in mein Herz geschrieben worden ist …

Bevor ich meinen Glauben aufgebe, … müßte man mich zu Pulver mahlen und jedes Atom extra umwandeln.[11]

Spurgeon endet dann mit diesen Worten:

Jedermann bewundert Luther! Ja, ja; aber niemand will, daß einer heute dasselbe tut. Wenn ihr in den Zoo geht, bewundert ihr alle die Bären; aber niemand möchte einen zu Hause haben oder daß er frei auf der Straße umherläuft. Ihr würdet mir sagen, das sei unerträglich, und ohne Zweifel habt ihr recht.

So bewundern wir einen Mann, der fest im Glauben war – aber vor rund vierhundert Jahren. Die lange Zeit, die dazwischenliegt, ist wie ein Bärenzwinger oder ein eiserner Käfig für ihn. Aber solch ein Mann heute? Das wäre eine Zumutung und darf nicht sein. Man nennt ihn einen engstirnigen Frömmler oder gibt ihm einen noch schlimmeren Namen, wenn man einen weiß! Aber stellt euch vor, in jenen vergangenen Zeiten hätten Luther, Zwingli, Calvin und ihre Mitbrüder gesagt: »Die Welt ist völlig durcheinander geraten; aber wenn wir versuchten, sie wieder in Ordnung zu bringen, so würde uns das nur große Unruhe machen und Schande über uns bringen. Laßt uns lieber in unsere Schlafstube gehen, die Nachtmütze aufsetzen und die bösen Zeiten verschlafen. Vielleicht, wenn wir aufwachen, ist alles besser geworden!«

Ein solches Verhalten hätte uns ein Erbteil des Irrtums eingebracht. Ein Geschlecht nach dem anderen wäre die Stufen zur Hölle weiter hinabgeschritten, und der schreckliche Rachen des Götzendienstes hätte uns alle verschlungen. Diese Männer liebten den Glauben und den Namen Jesu zu sehr, als daß sie hätten ansehen können, wie darauf herumgetrampelt wurde. Gedenkt, was wir ihnen verdanken, und laßt uns unseren Kindern bezahlen, was wir unseren Vätern schulden!

Es ist heute genauso wie in den Tagen der Reformatoren. Entschiedenheit tut not. Hier ist der Tag für Männer. Wo sind die Männer für solchen Tag? Wir, die wir das Evangelium aus den Händen von Märtyrern empfangen haben, dürfen damit nicht tändeln, auch nicht stillsitzen, wenn wir hören, wie es von Verrätern verleugnet wird, die vorgeben, das Evangelium zu lieben, aber es innerlich auf der ganzen Linie hassen. Der Glaube, für den ich stehe, trägt die Blutzeichen meiner Vorfahren. Sollte ich ihren Glauben verleugnen, für den sie ihre Heimat aufgaben, um hier zu wohnen? Sollte ich den Schatz wegwerfen, den sie uns durch die Gitterstäbe von Gefängnissen reichten oder der zu uns mit den Flammen der Scheiterhaufen von Smithfield kam?

Ich selbst werde oft, wenn meine Knochen vom Rheuma geplagt werden, an Job Spurgeon erinnert, der sicher einer meiner Vorfahren war, und dem sie im Kerker von Chelmsford einen Stuhl erlaubten, weil er wegen des Rheumas nicht auf dem Boden liegen konnte. Des Quäkers großer Schatten steht hinter mir. Vielleicht habe ich seinen Rheumatismus geerbt; aber das achte ich nicht, wenn ich nur seinen eisenfesten Glauben habe, der mich nicht eine Silbe von Gottes Wahrheit preisgeben läßt.

Wenn ich daran denke, wie andere für den Glauben gelitten haben, dann erscheint ein bißchen Verachtung und Unfreundlichkeit wie eine Lächerlichkeit, die nicht erwähnenswert ist. Eine Ahnenreihe von solchen, die den Glauben liebten, ist ein starker Ansporn, bei dem Gott unserer Väter und bei ihrem Glauben zu verharren. Was mich angeht – ich muß an dem alten Evangelium festhalten. Ich kann nicht anders. Mit Gottes Hilfe will ich die Konsequenzen für das auf mich nehmen, was die Menschen für Halsstarrigkeit halten

Meine hochgeschätzten Brüder, nach uns geht es noch weiter. Wenn der Herr nicht bald wiederkommt, wird eine andere Generation folgen und dann noch weitere. Und all diese Generationen werden befleckt und Schaden leiden, wenn wir heute nicht treu zu Gott und seinem Wort stehen. Wir sind an eine Gabelung unseres Weges gelangt; wenden wir uns nach der richtigen Seite, so werden unsere Kinder und Kindeskinder, wie wir hoffen, den gleichen Weg gehen. Biegen wir aber auf den falschen Weg ab, so werden jetzt noch ungeborene Ge-

> schlechter unseren Namen verfluchen, weil wir untreu gegen Gott und Sein Wort gewesen sind. Ich bitte euch eindringlich, nicht nur wegen eurer Vorfahren, sondern auch wegen der folgenden Generationen: Sucht das Wohlgefallen eures Meisters zu erringen, indem ihr, obwohl ihr wohnt, wo des Satans Thron ist, doch an Christi Namen festhaltet und den Glauben an Ihn nicht verleugnet. Gott gebe uns Treue um der Seelen willen, die um uns her leben! Wie können wir Lasten tragen, wenn der Grund unter unseren Füßen nachgibt? Wenn das Evangelium eine ungewisse Angelegenheit wird, was bleibt, als nur dauernd wachsende Not und Verzweiflung? Im Namen Gottes, steht fest, meine Geliebten! Ich, euer Bruder in Christus, flehe euch an, die Wahrheit festzuhalten. Zeigt euch als Männer, seid stark! Der Herr stehe euch bei um Jesu willen, Amen.[12]

Spurgeon hat seinen Teil getan. Er gab den Stafettenstab einer folgenden Generation weiter, und die reichte ihn einer nächsten. Sie haben ihren Lauf vollendet und den Glauben bewahrt, und jetzt sind wir an der Reihe. Werden wir den Glauben bewahren? Werden wir unseren Dienst vollführen? Sind wir bereit, Trübsale um des Glaubens willen auf uns zu nehmen? Kennt man uns als solche, die sich der Predigt des Wortes nicht schämen?

Die wir den Herrn und Seine Kirche lieben, dürfen nicht ruhig sitzen bleiben, während die Kirche immer schneller in den Strudel des Niedergangs, in Weltförmigkeit und Kompromißbereitschaft gerissen wird. Männer und Frauen vor uns haben mit ihrem Blut dafür bezahlt, uns den Glauben unversehrt zu übermitteln. Nun sind wir dran, den Glauben zu bewahren. Das ist eine Aufgabe, die Kompromißlosigkeit und Mut verlangt. Und es ist eine Verantwortung, der wir nur gerecht werden können, wenn wir uns ganz standhaft nur auf dieses eine Ziel konzentrieren.

In der oben schon zitierten Predigt von Spurgeon steht auch folgende Mahnung:

> Liebe Freunde, dieser Name, dieser Glaube, sie sind unsere Botschaft. Unsere einzige Aufgabe hier auf Erden ist der Ruf: »Siehe, das Lamm!« Ist einer von euch mit einer anderen Botschaft beauftragt? Das kann nicht sein. Die einzige Botschaft, die Gott Seinem Volk zu verkündigen geheißen hat, ist die Erlösung durch das Lamm – die Erlösung durch das Blut Jesu ... Von Jesus zu reden ist unser einziger Beruf, wir haben nichts zu sagen, was nicht in der Offenbarung Gottes in Jesus Christus enthalten ist. Er, der unser Trost ist, ist auch unser Thema.[13]

Das klingt genauso wie die Worte des Paulus an Timotheus: »Predige das Wort!« Dem ist nichts hinzuzufügen. Es gibt keine andere Botschaft. Es gibt keinen anderen gesunden Dienst. Bevor die Kirche nicht die Wichtigkeit dieser Wahrheit erkennt und bevor sie nicht schlicht ihrem Auftrag nachkommt, wird das evangelikale Lager weiterhin unbarmherzig in den Strudel des Niedergangs gerissen werden.

Kapitel 2

Die benutzerfreundliche Kirche?

Bei einer Konferenz von Pastoren und kirchlichen Würdenträgern bezweifelte einer nach dem anderen den Wert von Gebetsversammlungen. Alle bestätigten, daß nur wenige dorthin kämen, und mehrere gaben ohne ein schlechtes Gewissen zu, sie hätten die Gebetsstunden ganz und gar aufgegeben. Was bedeutet das? Ist mit solchen Kirchen alles in Ordnung, wenn sie wöchentlich nur eine Gebetsversammlung haben und diese auch beinahe ausgetrocknet ist?

Charles Haddon Spurgeon[1]

Die Kirche von heute erfährt eine seit der Reformation nicht dagewesene Revolution der gottesdienstlichen Formen. Der geistliche Dienst hat die Marktphilosophie geheiratet, und wir haben es jetzt mit dem monströsen Abkömmling dieser Verbindung zu tun. Er ist gekennzeichnet durch die sorgfältig geplante Veränderung des kirchlichen Erscheinungsbildes vor der Welt. Der Gottesdienst wird völlig umgekrempelt, damit er auf die Ungläubigen einen angenehmeren Eindruck macht.

Die Experten verkünden nun, wenn Gemeindeleiter erfolgreich sein wollen, müßten sie ihre ganze Kraft in die neue Richtung lenken: Schaffe eine für Nichtchristen akzeptable, spannungsfreie Atmosphäre! Gewähre ihnen Freiheit, Toleranz und Anonymität. Sei stets positiv und wohlwollend! Wenn du unbedingt predigen mußt, mach's kurz und unterhaltsam. Moralisiere nicht und werde auf keinen Fall verbindlich. Vor allem aber, laßt niemand Langeweile empfinden. Kirchen, die diesen Ratschlägen folgen, werden zahlenmäßig wachsen, dessen sind wir sicher; wer sie ablehnt, ist zum Aussterben verdammt.

Die angebotenen Neuerungen sind oft außergewöhnlich, ja radikal. Zum Beispiel bieten manche Gemeinden ihren Hauptgottesdienst am Freitag oder Samstag abend anstatt am Sonntag morgen an. Diese Gottesdienste sind meistens vollgestopft mit Musik und Unterhaltung. Man bietet den Leuten damit eine Alternative zum Theater oder zu anderen Volksbelustigungen. Gemeindemitglieder können dann schon am Freitag den Gottesdienst »abhaken« und haben dann das Wochenende für sich zur freien Verfügung. Ein Sonnabends-Kirchgänger erklärte, warum dieser alternative Gottesdienst so wichtig für ihn war: »Wenn du am Sonntag um 9

Uhr zur Sonntagsschule gehst und dann um 11 Uhr zum Gottesdienst, der bis 13 Uhr dauert, kannst du den Sonntag vergessen.«[2]

Der Besucherzahl nach zu urteilen, sind sehr viele Gemeindemitglieder der Meinung, sie verdürben sich den ganzen Sonntag, wenn sie ihn in der Kirche zubrächten. Werktags-Alternativgottesdienste sind in manchen Gemeinden besser besucht als die traditionellen Gottesdienste am Sonntag.

Damit nicht genug. Viele dieser Gottesdienste bieten überhaupt keine Predigt mehr an, in welcher Form auch immer. Statt dessen verlassen sie sich auf Musik, Satiren, Multimedia und andere Arten der Kommunikation, um die Botschaft zu übermitteln. »Dieses ist eine Generation, die mit dem Fernsehen aufgewachsen ist«, berichtete ein Pastor dem Magazin *Time*. »Man muß ihr die Religion auf kreative Weise visuell beibringen.« Einige Gemeinden gehen in dieser Philosophie noch einen Schritt weiter und kappen die Predigt sogar am Sonntagmorgen.

Sogar die Musik und die Sketche sind sorgfältig dahingehend ausgewählt, daß sich die Ungläubigen wohlfühlen. Nahezu nichts wird für unpassend gehalten: Rock'n roll Oldies, Discohits, Heavy Metal, Rap, Tanz, Komödien, Clowns, Schauspieler und Zauberkünstler sind Bestandteil des evangelikalen Repertoires geworden. Tatsächlich – eins der wenigen Dinge, die man als deplaziert erachtet, ist eine klare, kraftvolle Predigt.

Es geht einzig darum, die Kirche »benutzerfreundlich« zu machen. Das ist ein Begriff aus der Computertechnik, und wurde zuerst auf solche Fabrikate und Programme angewendet, die auch von Anfängern leicht bedient werden können. Angewendet auf die Kirche bedeutet er einen Gottesdienst, der freundlich und fern jeder Herausforderung ist. In der Praxis ist er eine Entschuldigung dafür geworden, weltliche Vergnügungen in der Kirche etabliert zu haben. Damit versucht man, dem Christentum ferne »Sucher« und »Entkirchlichte« anzusprechen, indem man ihren fleischlichen Interessen entgegenkommt. Das offensichtliche Nebenprodukt dieser völligen Hinwendung zu den Unkirchlichen ist eine Vernachlässigung derer, die die wahre Kirche darstellen. Die geistlichen Bedürfnisse der Gläubigen werden oft beiseite geschoben, zum Schaden des Leibes Christi.

Auf die Kanzel hauen?

Nicht daß die Predigt ganz und gar verschwunden wäre. Manche benutzerfreundliche Kirche bietet wenigstens pro Woche einen Gottesdienst (oft am Mittwoch), bei dem das gesprochene Wort im Mittelpunkt steht. Aber selbst in diesen Versammlungen geht es mehr um psychologische und mutmachende Themen als um biblische Wahrheiten. Bei allem wird eben die Benutzerfreundlichkeit nicht aus dem Auge gelassen. Neulich habe ich aus einem ganzen Stapel von Zeitungen und Illustrierten Artikel über das Phänomen der Benutzerfreundlichkeit herausgesucht. Dabei wurde ein roter Faden immer deutlicher. Hier sind einige Bemerkungen aus diesen Zeitungsberichten, die die Predigt in benutzerfreundlichen Kirchen beschreiben:

- »Da gibt es nicht Feuer und Schwefel. Da wird nicht mit der Bibel zugeschlagen.«
- »Die Gottesdienste (der im Artikel dargestellten Gemeinde) gestalten sich zwanglos. Niemand erschreckt die Leute mit der Hölle oder redet sie als Sünder an. Das Ziel ist, daß sie sich willkommen geheißen fühlen, nicht sie wegzutreiben.«
- »Wie alle Geistlichen hat auch dieser Pastor als Antwort für alles: Gott – aber er bringt Ihn ganz zum Schluß, und auch da sehr behutsam. Kein Toben und kein Wettern. Kein Feuer, kein Schwefel. Er gebrauchte nicht einmal das Wort mit H … Man könnte es ein leichtes Evangelium (wie Cola light) nennen. Es verkündigt das gleiche Heil wie das alte, nur redet es dreimal weniger von Schuld.«
- »Die Predigten sind zeitnah, beschwingt und, was das Beste ist, kurz. Man hört kaum etwas von Sünde und Verdammnis und höllischem Feuer. Diese Predigten hören sich gar nicht wie ›Predigen‹ an. Sie plaudern klug durchdacht, weltmännisch und freundlich mit den Zuhörern. Sie durchbrechen alle Stereotypen.«
- »(Der Prediger) bringt eine fröhliche Botschaft … Es ist eine Heilsarmeebotschaft, allerdings geht es nicht so sehr um die Rettung von den Flammen der Hölle, als um die Rettung von der Sinn- und Ziellosigkeit dieses Lebens. Alles klingt nur wie ein freundliches Angebot.«
- »Es geht darum (wie der Prediger sagt), die Leute ins Haus zu bekommen, um ihnen ihr Vorurteil von dem schwitzenden Prediger zu nehmen, der sich den Schlips abreißt, mit der Bibel droht und kreischt und schreit, sie müßten ewig in der Hölle brennen.«

So lassen sich die Regeln wie folgt zusammenfassen: Sei gewitzt, ungezwungen, fasse dich kurz und sei freundlich. Zeige dich niemals innerlich erregt oder engagiert, und vor allem, vermeide absolut das Wort mit H.

Die meisten der oben zitierten Bemerkungen geben wieder, was auswärtige Beobachter über benutzerfreundliche Kirchen gesagt haben, nicht, wie sie sich selbst darstellen. Viele von ihnen bestreiten vehement, daß sie auch nur einen Punkt evangelikaler Lehre herunterspielen oder gar leugnen. Im Gegenteil – George Barnas Bestseller *Die benutzerfreundliche Kirche* enthält zwei dieser Dementis: »Keine der in diesem Buch beschriebenen erfolgreichen Kirchen hat daran Interesse, in dem Sinne benutzerfreundlich zu sein, daß sie in bezug auf das Evangelium oder den überlieferten Glauben Kompromisse schließen würde, nur um sich dem Zeitgeist anzubiedern.«[3]

Tatsächlich aber ist die Wahrheit der Schrift schon beeinträchtigt, wenn sie nicht mehr im Mittelpunkt steht oder wenn, um die Freundschaft der Welt nicht zu gefährden, harte Wahrheiten unterschlagen werden, wenn seichte Vergnügungen die gesunde Lehre verdrängen und wenn man semantische (sprachliche) Akrobatenstücke aufführen muß, um schwierige biblische Wahrheiten zu umgehen. Die Absicht, es dem Suchenden gemütlich zu machen, ist unvereinbar mit der biblischen Lehre von Sünde, Gericht, Hölle und anderen wichtigen Themen. So wird die biblische Botschaft durch diese Philosophie unvermeidlich verbogen. Und was ist mit den Gläubigen, die doch Nahrung bekommen müssen?

Man verstehe mich recht; ich meine nicht, Prediger *müßten* schwitzende Polterer mit zerzausten Haaren sein, die schreien und wettern und auf die Kanzel hauen und mit der Bibel zuschlagen. Aber laßt uns ehrlich sein – außer in ganz engen, hyperfundamentalistischen Sekten sind solche Prediger in unseren Tagen so gut wie ausgestorben. Das Bild von dem mit der Bibel zuschlagenden Prediger ist ein bequemes Stereotyp geworden, das gern gegen solche verwendet wird, die einfach daran festhalten, daß die direkte, ganz normale Verkündigung der Wahrheit wichtiger ist, als daß sich die »Entkirchlichten« wohlfühlen.

Die Schwäche der Kanzel von heute rührt nicht von wütenden Spinnern her, die Höllentiraden halten, sondern von so vielen Kompromißbereiten, die sich fürchten, das Wort Gottes kraftvoll und überzeugend zu verkünden. Die Kirche leidet wahrhaftig nicht am Überangebot von aufrechten Predigern, sondern scheint von menschengefälligen Geistlichen überschwemmt zu sein (siehe Gal. 1,10).

Der Kunde ist König

Das eigentliche Ziel der marktorientierten, benutzerfreundlichen Kirche ist es, den Leuten zu geben, was sie haben wollen. Die Advokaten dieser

Philosophie geben das ganz ehrlich zu. Schon in Kapitel 1 stellte ich fest, daß die Befriedigung der Konsumenten das ausgemachte Ziel der neuen Philosophie ist. Eine Schlüsselerkenntnis des marktorientierten Gemeindedienstes besagt: »Dieses ist es, was die Kirche vom Marketing lernen muß: ihr Produkt (Beziehungen auf vielen Ebenen) so aufzubereiten, daß es als Lösung der von den Menschen verspürten Notlagen angenommen wird.«[4]

Die »verspürten Notlagen« bilden also den Bezugsrahmen für die Marktplanung der modernen Kirche. Man folgt damit einer altbekannten Verkaufsstrategie: Es ist leichter, ein bestehendes Bedürfnis zu befriedigen, als die Leute überreden zu wollen, etwas zu kaufen, was sie gar nicht haben möchten.

Die von den Leuten verspürten Nöte richtig einzuschätzen ist daher einer der Schlüssel zu modernen Wachstumstheorien. Kirchlichen Leitern wird darum empfohlen, potentielle »Kunden« zu befragen, was sie von der Kirche erwarten – und ihnen das dann zu bieten. Demographische Untersuchungen, von-Tür-zu-Tür-Umfragen und Gemeinde-Fragebögen sind die neuen Handwerkszeuge. Aus solchen Quellen gewonnene Erkenntnisse werden als wesentliche Grundlage für einen funktionierenden Marketingplan angesehen. Kirchlichen Arbeitern wird erzählt, ohne das könnten sie die Leute nicht effektiv genug erreichen.

Das Schlimmste von allem ist, daß die gefühlsmäßig verspürten Nöte der Menschen für ernster gehalten werden als die nicht empfundenen geistlichen Mängel, denen die Bibel begegnet. Zu den »verspürten Nöten« gehören Einsamkeit, Angst vor Verlust, innere Leere, ein unterentwickeltes Selbstwertgefühl, Depressionen, Zorn, innere Verletzungen und ähnliche nach innen gewandte Unzulänglichkeiten. Einige davon bestehen wirklich, andere sind das Produkt des Überhandnehmens psychologischer Scharlatanerie. Uns wird erklärt, diese Probleme äußerten sich in Drogen- und Sexabhängigkeit und in mehreren Dutzenden anderer Syndrome. Das *wirkliche* Problem – die Wurzel allen Übels – ist die moralische Verkommenheit des Menschen – ein Thema, das sorgfältig versteckt, wenn auch nur selten geleugnet wird in der typischen benutzerfreundlichen Kirche.

Den Predigern wird nicht mehr beigebracht, wie sie den Leuten erklären können, was Gott von ihnen fordert. Statt dessen rät man ihnen, zu erkunden, was die Leute fordern, um dann alles Nötige zu veranlassen, was diesen Forderungen entspricht. Die Zuhörerschaft wird als »König« angesehen, und der kluge Prediger wird »sein Verhältnis zu ihr gemäß ihren Bedürfnissen gestalten, um die Ergebnisse zu erreichen (die er haben wollte)«.[5]

Was bei solcher Philosophie herauskommt, ist klar; immer mehr Menschengefällige besetzen die Kanzeln unserer Kirchen. Darüber hinaus wird die Schrift von den Marketingplänen als maßgebliche Dienstanweisung beiseitegesetzt. Ein Buch über kirchliches Marketing enthält diese Behauptung: »Der Marketingplan ist die Bibel des Marktgeschehens. Alles, was geschieht, solange das Produkt besteht, geschieht, weil der Plan es so will.«[6] Angewandt auf den kirchlichen Dienst bedeutet dies: Eine menschliche Strategie – nicht Gottes Wort – ist die Quelle aller kirchlichen Aktivitäten und die Norm, an der aller Dienst gemessen wird.

Diese Auffassung vom Dienst ist so verdreht und so grob unbiblisch, daß ich verwundert bin, wie so viele Prediger dadurch beeinflußt werden konnten. Aber tatsächlich ist es eine äußerst einflußreiche Philosophie geworden. Tausende von Gemeinden haben ihre gesamte Wirksamkeit umgestellt und versuchen jetzt, den Massen zu schmeicheln.

Ja, die benutzerfreundliche Kirche ist so weit verbreitet, daß viele weltliche Zeitungen begonnen haben, Notiz davon zu nehmen. Ein Artikel in der *Los Angeles Times* beschreibt, wie eine Megakirche aus einer »von-Tür-zu-Tür-Untersuchung« für eine Marktstudie entstand, die *vor* der Gründung der Kirche durchgeführt wurde. »Kundenbefragung schafft Kirche« hieß denn auch der Titel – und der trifft es genau.

Die Geschichte beschreibt dann, wie der Prediger »das Gemeindeprogramm nach den Nöten und Beschwerden der Leute maßschneiderte, die bei der Untersuchung festgestellt worden waren«.[7] Wie zu erwarten, sagt der Artikel, seine (des Predigers) Botschaften seien kurz, unaufdringlich, beschwingt und trügen Titel wie »Der veränderte amerikanische Traum«. Und er würze seine Kurzpredigten mit Zitaten aus Zeitungen und Börsenblättern.

Eine andere südkalifornische Zeitung brachte einen anderen Artikel unter der Überschrift »Durch Marketing zum Erfolg«. Dort werden mehrere heimische Gemeinden beschrieben, die nach der marktorientierten Philosophie arbeiten – und erfolgreich zu sein scheinen. Eine dieser Gemeinden »kaufte sich in einem klassischen Rock-Sender Sendezeit für eine Werbung, die sich eher wie eine Einladung zu einem geselligen Club als zu einem Gottesdienst anhörte. Und Zeitungsannoncen wurden bei der Unterhaltungssparte, nicht als kirchliche Nachrichten bestellt.«[8]

Es ist ganz gewiß nicht falsch, wenn eine Gemeinde ihre Anzeigen im Unterhaltungsteil unterbringen läßt. Aber es *ist* falsch, wenn eine Gemeinde einen Gottesdienst verspricht – und dann auch bietet – der nur eine Art Unterhaltung darstellt. Und genau das tun viele dieser Kirchen. »*Feiern* –

nicht dienen«, so vermarktet diese Gemeinde ihre Zusammenkünfte, die sie dementsprechend in einem Kino stattfinden läßt.

Eine »Kirche« hat dieses Konzept logisch zu Ende geführt. Sie bietet »einen Gottesdienst, der für das Medium Fernsehen geschaffen wurde«. »Unser Gotteshaus hat keine Kirchenbänke ... Unser Gotteshaus ist der Fernseher des Betrachters.«[9] Der Gründer des »Home Shopping Network« hat »Worship« (Anbetung) ins Leben gerufen und nennt es einen »24stündigen Non-Stop-Gottesdienst«. Wie kann eine solche »Kirche« ernstzunehmende Gemeinschaft bewirken? fragt man sich. Der Gründer von »Worship« meint auch dieses Problem gelöst zu haben. »Bei *Worship* ist die Gemeinschaft ein wesentlicher Bestandteil jedes Gottesdienstes; aber auch diese wird auf einzigartige Weise mit Hilfe moderner Kommunikationsmittel gehandhabt ... *Worship* verwendet die neueste Technik digitaler Telekommunikation, um die Zuschauer rings umher im ganzen Land schnellstens mit einem Gemeinschafts-Partner zu verbinden.«[10]

Und so regiert »König Kunde« unumschränkt; wenn ihm das Gebotene nicht gefällt, kann er einfach abschalten; und wenn ihm die »Gemeinschaft« keinen Spaß mehr macht, dann legt er den Hörer auf.

So wird die Gemeinde-Wachstumstheorie auf den Kopf gestellt

Nach der alten englischen Bibel lesen wir in Apostelgeschichte 17,6, die ersten Christen hätten »die Welt auf den Kopf gestellt«. In unserer Generation stellt die Welt die Kirche auf den Kopf. Biblisch gesehen, ist Gott der König, nicht der »entkirchlichte Mensch«. Die Bibel und kein Marketing-Plan ist die einzige Bauzeichnung und letztlich Autorität für alle christlichen Anstrengungen. Diese sollen den wahren Nöten der Menschen begegnen und nicht deren Selbstsucht bestärken. Und der Herr der Kirche ist Christus und nicht »Herr Jedermann«, der im Sessel sitzt, mit der Fernbedienung in der Hand.

Ich kann den Ausdruck »benutzerfreundliche Kirche« nie hören, ohne an Apostelgeschichte 5 und an Ananias und Saphira zu denken. Was dort geschah, springt einem bei fast allen Gemeinde-Wachstums-Theorien ins Gesicht. Die Gemeinde in Jerusalem war ganz gewiß nicht benutzerfreundlich. Tatsächlich war sie genau das Gegenteil. Lukas sagt uns in dem inspirierten Text: »Es kam große Furcht über die ganze Versammlung und über alle, welche dieses hörten« (Vers 11). Der Gottesdienst jener Tage war so beunruhigend, daß keiner der Ungläubigen »wagte, sich ihnen anzuschließen«. Der Gedanke, diese Gemeinde zu besuchen, erschreckte sie zu sehr, sondern »das Volk rühmte sie« (5,13). Die Gemeinde war auf keinen Fall ein Ort, wo sich die Sünder wohlfühlten – sie war ein Ort, an dem sie sich fürchteten!

Laßt uns diesen Text genauer ansehen und versuchen, ihn in seinem richtigen Umfeld zu begreifen. Dazu müssen wir zu Apostelgeschichte 4 zurückgehen. Wir erinnern uns: Die Kirche war neu geboren, in all ihrer ursprünglichen Schönheit, Frische und Lebendigkeit. Sie war noch nicht durch grobe Sünden und menschliche Unzulänglichkeit verunreinigt worden. Die Menschen studierten intensiv die Lehren der Apostel. Jene frühen Tage der Kirchengeschichte waren herrliche, glückliche Zeiten, voll Liebe und wahrer Gemeinschaft. Die Freude war überwältigend und die Liebe tief und alle umfassend; dementsprechend war ihr Zeugnis laut und klar. Das Ergebnis war, daß in nur wenigen Wochen Fünfzehn- bis Zwanzigtausend zum Glauben an Jesus gekommen waren. Wohl hatte der Teufel durch Verfolgung versucht, die Zielsetzung der Gemeinde zu durchkreuzen; aber damit hatte er nichts erreicht. Die Gläubigen beteten nur um noch mehr Tapferkeit. Gott antwortete auf das Gebet, und noch mehr Menschen wurden errettet; und der Heilige Geist entfaltete große Kraft in jenen Tagen.

Allerdings plante Satan schon einen gefährlicheren Angriff. Er konnte die Gemeinde nicht durch einen Überfall von außen, durch Verfolgungen, vernichten, er wollte die Sache viel raffinierter von innen angehen. Und genau das tat er auch.

Sünde in den eigenen Reihen

Dieses ist der erste uns mitgeteilte Fall von Sünde in der Kirche. Von allen Anfängen in der Apostelgeschichte ist er der traurigste. Satans Infiltrationsstrategie begann hier, und sie hält bis zum heutigen Tag an.

Der ganze Bericht ist ein klassisches Beispiel für die unbeugsame Ehrlichkeit der Bibel. Gott hätte uns auch ein geschöntes Bild der Kirche geben können, bei dem alle Unzulänglichkeiten verborgen geblieben wären. Aber die Bibel verschweigt keine Wahrheit – auch nicht, wenn sie schmerzlich und häßlich ist. Die Kirche ist nicht perfekt und ist es auch nie gewesen. Einige Leute nehmen das als Ausrede, um ihr fernzubleiben: »Ich ginge ja zur Kirche; aber da sind zu viele Heuchler.« Dann denke ich immer: »Na, wir haben noch Platz für einen mehr!« Diese Behauptung ist an sich schon Heuchelei. Sicher, es gibt Heuchler in der Kirche. Das ist eine der Wahrheiten, die wir aus Apostelgeschichte 5 entnehmen können. In diesem Sinne steht auch etwas Ermutigendes in diesem Abschnitt. Nicht daß uns die Sünde ermutigte; aber es gibt uns Mut, wenn wir wissen, daß schon die frühe Kirche mit den gleichen Problemen zu ringen hatte wie wir heute.

Sogar der Apostel muß manchmal durch die ihm in den Gemeinden begegnenden Probleme verzagt geworden sein. In 2. Korinther 11,24-27 listet er all die Trübsale und Verfolgungen auf, denen er ausgesetzt war:

> Von den Juden habe ich fünfmal empfangen vierzig Streiche weniger einen. Dreimal bin ich mit Ruten geschlagen, einmal gesteinigt worden; dreimal habe ich Schiffbruch erlitten, einen Tag und eine Nacht habe ich in der Tiefe zugebracht; oft auf Reisen, in Gefahren von Flüssen, in Gefahren von Räubern, in Gefahren von meinem Geschlecht, in Gefahren von den Nationen, in Gefahren in der Stadt, in Gefahren in der Wüste, in Gefahren auf dem Meere, in Gefahren unter falschen Brüdern; in Arbeit und Mühe, in Wachen oft, in Hunger und Durst, in Fasten oft, in Kälte und Blöße.

Dann fügt er am Schluß noch als allerschlimmste Trübsal hinzu: »Außer dem, was von außen kommt, noch das, was täglich auf mich eindringt: die Sorge um alle Versammlungen« (Vers 28). Dabei dachte er nicht an Verwaltung und Organisation, sondern an den Kampf, den es kostete, die Gläubigen zur Vollendung zu führen.

Angefangen mit diesem Fall in Kapitel 5, sind die Sünden der Heiligen ein beständiges Problem der Kirche geblieben. Jeder Paulusbrief im Neuen Testament enthält wichtige Aussagen über die Sünde in der Kirche. In Römer 16,17-18 schreibt er: »Ich ermahne euch aber, Brüder, daß ihr achthabt auf die, welche Zwiespalt und Ärgernis anrichten, entgegen der Lehre, die ihr gelernt habt, und wendet euch von ihnen ab. Denn solche dienen nicht unserem Herrn Jesus Christus, sondern ihrem eigenen Bauch, und durch süße Worte und schöne Reden verführen sie die Herzen der Arglosen.« Die Gemeinde in Korinth war voll von Problemen: Trennungen, Streit, Unmoral, Mißbrauch der geistlichen Gaben usw. Die Galater ertrugen falsche Lehren und Gesetzlichkeit (siehe Gal. 3,1-4). Den Ephesern mußte Paulus einschärfen, würdig ihrer Berufung zu wandeln, demütig und sanftmütig zu sein, einander in Liebe zu ertragen und sich zu befleißigen, die Einheit des Geistes im Bande des Friedens zu bewahren (4,1-4). Er mußte die Philipper anspornen, einerlei gesinnt und einmütig zu sein und nichts wegen eitlen Ruhms zu tun (2,1-2). Er ermahnte sogar zwei Frauen persönlich, in rechter Weise miteinander umzugehen (4,2-3). In Kolosser 3 wiederholt Paulus die ganze Liste geistlicher Mängel und ermahnt die Kolosser, das alles abzulegen. Er führte einen ununterbrochenen Kampf gegen die Sünde in der Kirche.

Eine teilende Gemeinschaft

Die Kirche begann als eine teilende Gemeinschaft. In Apostelgeschichte 4,32-37 heißt es:

> Die Menge derer aber, die gläubig geworden, war ein Herz und eine Seele; und auch nicht einer sagte, daß etwas von seiner Habe sein eigen wäre, sondern es war ihnen alles gemein. Und mit großer Kraft legten die Apostel das Zeugnis von der Auferstehung des Herrn Jesus ab; und große Gnade war auf ihnen allen. Denn es war auch keiner dürftig unter ihnen, denn so viele Besitzer von Äckern oder Häusern waren, verkauften sie und brachten den Preis des Verkauften und legten ihn nieder zu den Füßen der Apostel; es wurde aber einem jeden ausgeteilt, so wie irgendeiner Bedürfnis hatte. Joseph aber, der von den Aposteln Barnabas zubenannt wurde (was verdolmetscht heißt: Sohn des Trostes), ein Levit, ein Cyprier von Geburt, der einen Acker besaß, verkaufte ihn, brachte das Geld und legte es nieder zu den Füßen der Apostel.

Sie hatten wahre geistliche Einheit

Die Versammlung hatte schon Knospen und Blüten gebracht und war zu Tausenden geworden, und sie wuchs immer noch. Trotzdem waren sie »ein Herz und eine Seele«. Sie gehörten nicht nur alle zu derselben Organisation, sie bildeten eine wahre geistliche Einheit. Sie glaubten wie einer. Sie dachten wie einer. Sie waren im wahrsten Sinne ein Leib, ein einziger Organismus mit einem Herzschlag und einer Seele (siehe Phil. 1,27). Sie kümmerten sich umeinander und darum, die Welt zu gewinnen. Jeder war viel zu sehr mit diesen Prioritäten beschäftigt, als daß er sich um seine eigenen Belange sorgte. Selbstsüchtiges Interesse wurde daher für überflüssig gehalten. Wie wundervoll war diese Art von Beschäftigung! Wie reich und schön muß ihre Gemeinschaft gewesen sein!

Sie teilten alle ihre Besitztümer

Viele Menschen mißverstehen diesen Satz: »... sondern es war ihnen alles gemein.« Er bedeutet nicht, sie lebten in einer Kommune. Vergeßt nicht, zu Pfingsten war Jerusalem mit Pilgern erfüllt, die zu dem Fest gekommen waren. Zu solchen Festen kamen etwa eine Million Leute nach Jerusalem. Die brauchten natürlich Nahrung und Unterkunft, und es gab nicht für alle genug. So war es für Gläubige üblich, ihre Häuser zu öffnen und den Menschen zu erlauben, bei ihnen zu wohnen. Plötzlich, zu Pfingsten dieses bestimmten Jahres, nahmen viele Hunderte Christus an und begannen, ihre Familien und Freunde für Christus zu gewinnen. Sicherlich blieben viele in Jerusalem, um bei der Lehre der Apostel zu verweilen.

Der finanzielle Druck auf diese Leute und ihre Gastgeber muß außerordentlich gewesen sein. Dazu kam, daß es viele arme Menschen in Jerusalem gab. Auch mag das Einkommen von einigen Gläubigen weggefallen sein, nachdem sie bekannten, Christus zu folgen. Um diesen Nöten zu begegnen, willigten alle Gläubigen ein, alles, was sie hatten, zu teilen.

Dieses war keine Kommune. Die Menschen »stiegen nicht aus«, warfen nicht ihre Arbeit hin, legten auch kein gemeinsames Konto an und lebten auch nicht in Gemeinschaftsräumen oder Lagern. Apostelgeschichte 2 beschreibt, was sie taten:

> Alle aber, welche glaubten, waren beisammen und hatten alles gemein; und sie verkauften die Güter und die Habe und verteilten sie an alle, je nachdem irgendeiner Bedürfnis hatte. Und indem sie täglich einmütig im Tempel verharrten und zu Hause das Brot brachen, nahmen sie Speise mit Frohlocken und Einfalt des Herzens, lobten Gott und hatten Gunst bei dem ganzen Volke. Der Herr aber tat täglich zu der Versammlung hinzu, die gerettet werden sollten (Verse 44-47).

Das war eine geistliche Gemeinschaft, kein Kloster. Die Christen hatten noch ihre eigenen Häuser, wo sie das Brot brachen (Vers 46). Das »Verkaufen« und »Verteilen« von Vers 45 ist so zu verstehen, daß es immerfort stattfand. Es gab nicht einen gewissen Punkt, an dem die Gemeinschaft der Gläubigen alle ihre Habe verkaufte und ihre Besitztümer zusammenlegte. Nein, es war ein fortlaufender Prozeß, in dem solche, die über Mittel verfügten, diese mit bedürftigen Gläubigen teilten. Sie lebten nicht unter einem gemeinsamen Dach und stellten auch keine Unterkünfte her, um es jedem bequem zu machen. Dadurch hätten sie den von Gott verordneten Vorrang der Familie untergraben, die Gott dazu gesetzt hat, unabhängig zu sein und als der Baustein der Gesellschaft zu fungieren, durch den Wahrheit und Gerechtigkeit von der einen Generation an die andere weitergegeben wird.

Die Menschen verkauften ihre Besitztümer – ihren Landbesitz und ihre bewegliche Habe –, um den Erlös mit denen zu teilen, die sie in Schwierigkeiten wußten. Paulus befahl das Geben in demselben Geist. Er drängte die Korinther, großzügig für die Nöte der Heiligen in Makedonien zu geben, »in der jetzigen Zeit diene euer Überfluß für den Mangel jener, auf daß auch jener Überfluß für euren Mangel diene, damit Gleichheit werde« (2. Kor. 8,14).

Besteht da ein Unterschied zur heutigen Praxis? Nicht, wenn unsere Gemeinden gesund sind. Christen, die einen Bruder oder eine Schwester Not leiden sehen, sollten ein natürliches Bedürfnis empfinden, diese Not zu beheben (siehe 1. Joh. 3,16). So machten es die ersten Christen. Wer Besitz hatte, gab ihn völlig freiwillig. Dies ist ein entscheidender Punkt, wenn wir die Sünde von Ananias und Saphira untersuchen.

Sie wurden durch kraftvolle Predigt genährt

»Mit großer Kraft legten die Apostel Zeugnis von der Auferstehung des Herrn Jesus ab« (4,33). Die Predigt war mutig und kraftvoll. Sie schämten sich des Evangeliums nicht, obwohl es damals viele Verfolgungen gab. Im Gegenteil, es wird ausdrücklich vermerkt, sie predigten von der Auferstehung, von der Wahrheit, die ihnen den meisten Kummer einbrachte. Am Anfang des vierten Kapitels erfahren wir, daß die Priester, der Hauptmann des Tempels und die Sadduzäer »es verdroß, daß sie das Volk lehrten und in Jesu die Auferstehung aus den Toten verkündigten« (Vers 2). Darum warfen sie Petrus und Johannes in den Kerker. Petrus und Johannes versuchten nicht Anerkennung bei den Sadduzäern und Priestern zu erzielen, indem sie etwas predigten, was die hören wollten! Sie verkündeten tapfer gerade das, was jene am meisten verdroß! Sie weigerten sich, die großartigen Lehren des Wortes Gottes zu schmälern, indem sie das Ärgernis daraus entfernten. Sie unterdrückten keine der biblischen Botschaften, um niemanden zu reizen.

Die Predigt der Apostel umschloß sowohl Lehre wie auch Evangelisation. Apostelgeschichte 2,42 sagt, alle Gläubigen »verharrten aber in der Lehre der Apostel«. Sie waren eine wohlgenährte und gleichzeitig stets hungrige Herde.

Die Gemeinde in Jerusalem war ein Ort wunderbarer Gemeinschaft. Man folgte dort nicht zeitgemäßen benutzerfreundlichen Marketing-Techniken. Die Gemeinschaft war warm und real. Sie standen sich in Liebe in ihren Nöten bei, und sie hatten reiche und erleuchtete Wortverkündigung. Apostelgeschichte 2,42 sagt uns: »Sie verharrten aber in der Lehre der Apostel und in der Gemeinschaft, im Brechen des Brotes und in den Gebeten.« *Nichts davon eignet sich, um Ungläubige anzuziehen*. Trotzdem kamen die Leute; denn der Herr »tat täglich zu der Versammlung hinzu, die gerettet werden sollten« (Vers 47).

Ein positives Beispiel

Lukas berichtet, wie Hilfsmittel für bedürftige Gläubige zusammenkamen. Alle, die Überschuß an Gütern und Besitzungen hatten, verkauften diese und legten den Erlös zu den Füßen der Apostel nieder (4,34-25). Die Apostel gaben das Eingekommene an die Bedürftigen. Auf diese einfache Weise wurde allen Nöten abgeholfen (Vers 34). Das ist im Grunde dasselbe System, nach dem wir heute verfahren, wenn wir in der Gemeinde eine Gabe erhalten. Das Geld geht in die gemeinsame Kasse, die zu verwalten in der Verantwortung der Gemeindeleiter liegt.

Lukas hat nun den Barnabas als ein Lehrbeispiel ausgesucht. *Barnabas* war ein Beiname, der »Sohn des Trostes« bedeutet. Offensichtlich hatte dieser Mann, »Joseph, ein Levit, ein Cyprier von Geburt«, die Gabe des Ermunterns. Barnabas begleitete später Paulus auf dessen erster Missionsreise.

Barnabas war ein Levit, ein Mitglied des priesterlichen Stammes in Israel. Es ist nicht anzunehmen, daß er als Priester ein sehr wohlhabender Mann gewesen ist; aber irgendwie war er zu einem Stück Grund und Boden gelangt, das er nun verkaufte. Dann brachte er das Geld zu den Aposteln, damit es verteilt werden konnte. Er wartete nicht auf Anerkennung. Er versuchte nicht, auf die Verwendung des Geldes Einfluß zu nehmen. Er lieferte es einfach ab. Im Zusammenhang mit dem ganzen Kapitel ist es klar, daß er es aus Liebe und von ganzem Herzen gab – nur, weil das Geben selbst solch ein Segen ist. Und wir dürfen annehmen, daß viele andere in der Jerusalemer Gemeinde es genauso machten.

Ein negatives Beispiel

Leider nicht alle. Die folgende Geschichte bildet einen erschreckenden Kontrast zu dem Klang von Kapitel 4. Es wirkt wie ein Schock, in dieser Gemeinde Sünde zu sehen, und man mag gar nicht gern von dieser unverfrorenen Falschheit berichten, zu der sich Ananias und Saphira zusammengetan hatten. Vor allem aber ist es erstaunlich zu sehen, wie Gott mit ihrer Sünde umging:

> Ein gewisser Mann aber, mit Namen Ananias, mit Saphira, seinem Weibe, verkaufte ein Gut und schaffte von dem Kaufpreis beiseite, wovon auch das Weib wußte; und er brachte einen gewissen Teil und legte ihn nieder zu den Füßen der Apostel. Petrus aber sprach: »Ananias, warum hat der Satan dein Herz erfüllt, daß du den Heiligen Geist belogen und von dem Kaufpreis des Feldes beiseite geschafft hast? Blieb es nicht dein, wenn es so blieb, und war es nicht, nachdem es verkauft war, in deiner Gewalt? Was ist es, daß du dir diese Tat in deinem Herzen vorgenommen hast? Nicht Menschen hast du belogen, sondern Gott.« Als aber Ananias diese Worte hörte, fiel er hin und verschied. Und es kam große Furcht über alle, die es hörten. Die Jünglinge aber standen auf, hüllten ihn ein und trugen ihn hinaus und begruben ihn.
>
> Es geschah aber nach Verlauf von etwa drei Stunden, daß sein Weib hereinkam, ohne zu wissen, was geschehen war. Petrus aber antwortete ihr: »Sage mir, ob ihr für soviel das Feld hingegeben habt?« Sie aber sprach: »Ja, für so viel.« Petrus aber sprach zu ihr: »Was ist es, daß ihr übereingekommen seid, den Geist des Herrn zu versuchen? Siehe, die Füße derer, welche deinen Mann begraben haben, sind an der Tür, und sie werden dich hinaustragen.« Sie fiel aber alsbald zu seinen Füßen nieder und verschied. Und als die Jünglinge hereinkamen, fanden sie sie tot; und sie trugen sie hinaus und begruben sie bei ihrem Manne. Und es kam große Furcht über die ganze Versammlung und über alle, welche dies hörten (Apg. 5,1-11).

Wie großzügig und opferbereit und selbstlos die Heiligen in Jerusalem auch waren – es gab eine Ausnahme. Die Sünde des Ananias hatte ihre Wurzeln in Geldgier und Betrug. Sie ist in der Apostelgeschichte das Gegenstück zur Sünde Achans bei Josua. In beiden Fällen handelt es sich um betrügerische, erbärmlich selbstsüchtige Handlungen, die den Siegeszug des Volkes Gottes unterbrachen und Sünde ins Lager brachten, als es auf der Höhe des Triumphes stand.

Die Heiligen in Jerusalem gaben aus geisterfüllten Herzen, und Ananias offenbarte ein vom Satan erfülltes Herz (Vers 3). Der Kontrast zwischen dem Ende des vierten Kapitels und dem Anfang des fünften könnte dramatischer nicht sein.

Ananias' Name bedeutet: »Der Herr ist gütig«, und Saphira heißt: »die Wunderschöne«. Ihre Tat war alles andere als gütig und schön. Sie sahen, wie die anderen ihre Güter verkauften und das Geld den Aposteln gaben; da nahmen sie sich vor, es genauso zu machen. Vers 2 aber berichtet uns, daß, als die Zeit zum Abliefern herangekommen war, sie etwas von dem Kaufpreis beiseite schafften. Dabei war es klar, daß sie beide unter einer Decke steckten.

Der Sauerteig der Pharisäer

Warum taten sie das? Sie suchten ein klein wenig geistliches Prestige. Sie wollten *erscheinen,* als hätten sie ein Opfer gebracht, und doch etwas von dem Gelde für sich behalten. Das weist auf Geldliebe hin. Und »Geldliebe ist die Wurzel alles Bösen«, schreibt Paulus an Timotheus, »nach der einige getrachtet haben und vom Glauben abgeirrt sind und sich selbst mit vielen Schmerzen durchbohrt haben« (1. Tim. 6,10). Das gilt ganz gewiß für Ananias und Saphira. Der Hebräerbrief sagt uns: »Der Wandel sei ohne Geldliebe; begnügt euch mit dem, was vorhanden ist, denn er hat gesagt: Ich will dich nicht verlassen, noch dich versäumen« (13,5).

Hier waren zwei Seelen so sehr an der Geldliebe erkrankt, daß sie bereit waren, sich gemeinsam diese öffentliche Heuchelei vorzunehmen. Sie verkauften ihr Land; aber anstatt den ganzen Erlös dem Herrn zugeben, wie sie versprochen hatten, gaben sie Ihm nur einen Teil. Die anderen Gläubigen aber sollten in dem Glauben gehalten werden, es sei alles gewesen. Sie meinten sicher, sowohl geistliches Ansehen wie auch irdischen Gewinn durch diesen Trick erwerben zu können.

Ihre Sünde bestand nicht darin, daß sie nicht alles gaben. Gott hatte nicht befohlen, alles hinzugeben. Sie hatten ganz und gar das Recht, zu behalten und zu geben, was sie wollten. Sie brauchten ihren Besitz nicht einmal zu veräußern. Alles war freiwillig, wie auch sonst von den Gaben im Neuen Testament gesprochen wird.

Die Sünde bestand in ihrer Lüge. Offensichtlich hatten sie vor der Versammlung dem Heiligen Geist ein Gelübde gegeben. So hatten sie die ganze Versammlung angelogen und, was viel schlimmer war, sie hatten Gott belogen (5,4). Vielleicht meinten sie, dies bliebe eine heimliche Sünde; aber sie blieb es nicht lange. Gott selbst machte sie der ganzen Versammlung offenbar.

Nun, wir wollen ehrlich sein. Diese Art von Heuchelei ist weder eine sehr seltene Sünde, noch gehört sie zu den Übeln, die wir ganz besonders verabscheuen. Viele geben Geld mit der Absicht, andere zu täuschen. Nichts anderes geschieht, wenn ein Mann ein paar Geldscheine zusammenrollt, so daß es aussieht, als lege er eine enorme Summe auf den Kollektenteller, oder auch, wenn eine Frau einen Briefumschlag mit großer Geste weggibt, der viel zu enthalten scheint; und doch ist nur der kleinste Geldschein drin. Das ist wie bei den Pharisäern, die jemanden vor sich her in den Synagogen und auf den Straßen posaunen ließen, wenn sie Almosen gaben, damit jedermann davon Notiz nahm (Matth. 6,2).

Jesus sagt von solchen Leuten: »Sie haben ihren Lohn dahin« (Matth. 6,2.5.8). Sie möchten, daß die Leute ihre guten Werke sehen; die Menschen nehmen sie wahr, und das ist dann ihr Lohn. Sie suchen Ehre bei Menschen und nicht bei Gott. So ist dann auch die Aufmerksamkeit, die sie bei Menschen erregen, der einzige Lohn, den sie jemals erhalten werden. »Du aber, wenn du Almosen gibst, so laß deine Linke nicht wissen, was deine Rechte tut; damit dein Almosen im Verborgenen sei, und dein Vater, der im Verborgenen sieht, wird dir vergelten« (6,3-4). Diese Sünde mag uns geringfügig erscheinen, nicht aber Gott. Gott haßt Heuchelei und vorgetäuschte Heiligkeit. Jesus nennt das den »Sauerteig der Pharisäer« (Luk. 12,1).

Nun drohte dieser Sauerteig die junge Kirche zu infizieren. Darum handelte Gott scharf und plötzlich, um jedermann deutlich zu machen, wie ernst wir das Leben in der Gemeinde zu nehmen haben.

Die Erwiderung des Petrus

Durch Inspiration des Geistes Gottes durchschaute Petrus ihre Heuchelei. Stellt euch den Schock bei Ananias vor! Er kam vor die Apostel, legte das Geld zu ihren Füßen nieder und erzählte selbstsicher, dies sei alles Geld, was er für den Verkauf erhalten habe. Einen kleinen Augenblick mag er sich in dem Gefühl ihrer Wertschätzung gesonnt haben. Er muß davon ausgegangen sein, daß sie ihn für ein geistliches Vorbild, für einen großherzigen und gottesfürchtigen Menschen hielten.

Plötzlich aber fragte Petrus ihn: »Ananias, warum hat der Satan dein Herz erfüllt, daß du den Heiligen Geist belogen und von dem Kaufpreis des Feldes beiseite geschafft hast?« (Apg. 5,3). Das war eine knallharte Konfrontation, mitten in einem Gottesdienst!

In vielen Gemeinden hätte Ananias die gesuchte Anerkennung erhalten, ganz unabhängig von den Motiven. Ein pragmatischer Gemeindeleiter hätte sich gesagt: »Naja, immerhin ist es ein ordentliches Stück Geld.

Gewiß, seine Motive sind nicht rein; aber, du liebe Zeit, er ist ja sonst kein schlechter Kerl, und wir können das Geld gut gebrauchen. Auch dürfen wir ihn nicht vor allen bloßstellen. Täten wir das, würden wir von ihm nie wieder einen Pfennig zu sehen bekommen.«

Petrus machte es anders. Er trat der Sünde direkt entgegen. »Warum hat der Satan dein Herz erfüllt?« Man beachte: Petrus tadelt Ananias, nicht den Satan. »Warum?« fragt er. Auch in Vers 4: »Was ist es, daß *du* dir diese Tat in deinem Herzen vorgenommen hast?«

Petrus macht deutlich, daß die Sünde des Ananias in seiner Heuchelei lag, nicht darin, daß er von dem Geld behalten hatte. »Blieb es nicht dein, wenn es so blieb, und war es nicht, nachdem es verkauft war, in deiner Gewalt?« (Vers 4). Er konnte mit dem Geld gemacht haben, was er wollte. Er konnte auch das Land behalten haben. Es bestand keinerlei Notwendigkeit, so gehandelt zu haben. Auch hätte keine Sünde darin gelegen, wenn er gesagt hätte: »Ich habe mein Land verkauft, und hier ist ein Teil des Geldes.« Er hatte jedes Recht, so viel oder so wenig zu geben, wie er wollte. Die Sünde bestand darin, vorzugeben, alles geopfert zu haben, während er doch einen Teil für sich behalten hatte.

Und er hat Gott, nicht Menschen belogen. Genauer gesagt, war dies eine eklatante Lüge gegen den Heiligen Geist.[11] Inwiefern hatte er den Heiligen Geist belogen? Er hatte gelobt, den vollen Kaufpreis zu geben und hatte das nicht gehalten. Im Alten Testament steht: »Was du gelobst, bezahle! Besser, daß du nicht gelobst, als daß du gelobst und nicht bezahlst« (Pred. 5,4-5).

Im Gesetz Moses steht eine ähnliche Warnung: »Wenn du dem HERRN, deinem Gott, ein Gelübde tust, so sollst du nicht zögern, es zu bezahlen; denn der HERR, dein Gott wird es gewißlich von dir fordern, und es wird Sünde an dir sein. Wenn du aber unterlässest zu geloben, so wird keine Sünde an dir sein. Was über deine Lippen gegangen ist, sollst du halten und tun, so wie du dem HERRN, deinem Gott, freiwillig gelobt, was du mit deinem Munde geredet hast« (5. Mose 23,21-23).

Gottes Gericht

Gottes Eingreifen in diese Situation war augenblicklich, ernst und endgültig. Er schlug Ananias auf der Stelle tot. »Als aber Ananias diese Worte hörte, fiel er hin und verschied« (5,6). Dies war ein Gerichtsakt des allerheiligsten Gottes. Vielleicht blieb Ananias' Herz vor lauter Schrecken einfach stehen, und das direkt angesichts der ganzen Gemeinde.

Benutzerfreundlich? Wohl kaum. Tatsächlich war das Ergebnis, daß »große Furcht über alle kam, die es hörten« (Vers 5). Gott setzte Ananias zum Beispiel für andere, die auch versucht sein mochten, mit Ihm zu spielen und die Reinheit der Kirche zu besudeln.

Richtet Gott immer auf diese Weise? Offensichtlich nicht; aber wie Nadab und Abihu (3. Mose 10), Korah (4. Mose 16), Achan (Josua 7), Herodes (Apg. 12) und andere in der Bibel, wurde Ananias augenblicklich bestraft und bezahlte mit seinem Leben. Gottes Souveränität wählte die augenblickliche Todesstrafe. So wurde er für alle ein Beispiel. Die Wahrheit ist, Gott *könnte* jede Sünde auf diese Weise richten. »Der Lohn der Sünde ist der Tod« (Röm. 6,23). »Es sind die Gütigkeiten des HERRN, daß wir nicht aufgerieben sind« (Klagel. 3,22). Manchmal straft Gott Sünde mit physischem Tod. Paulus schrieb an die Korinther, die den Tisch des Herrn geringachteten und ihn verunreinigten: »Wer unwürdiglich ißt und trinkt, ißt und trinkt sich selbst zum Gericht, indem er den Leib nicht unterscheidet. Deshalb sind viele unter euch schwach und krank, und ein gut Teil sind entschlafen« (1. Kor. 12,29-30). Gott richtete tatsächlich die ehrfurchtslosen Korinther, indem Er sie krank werden oder gar sterben ließ. Bei Ananias allerdings gab es weder Krankheit noch die kleinste zeitliche Verzögerung. Er fiel auf der Stelle tot um. Gottes Gericht war schnell und furchterregend.

Saphiras Sünde

Die Schrift sagt: »Die Jünglinge aber standen auf, hüllten ihn ein und trugen ihn hinaus und begruben ihn« (Apg. 5,6). Saphira war nicht anwesend, als ihr Mann starb. »Es geschah aber nach Verlauf von etwa drei Stunden, daß sein Weib hereinkam, ohne zu wissen, was geschehen war« (Vers 7). Sie ahnte nichts von dem Schicksal ihres Mannes. Vielleicht meinte sie, einen großen Auftritt zu haben, weil alle Anwesenden ihre und ihres Mannes Freigebigkeit bewundern würden.

Petrus redete sie sofort an: »Sage mir, ob ihr für so viel das Feld hingegeben habt?« Und sie antwortete: »Ja, für so viel« (Vers 8). Dies war eine bewußte Lüge und beweist, daß sie und ihr Mann sich zusammengetan hatten, um diese vorsätzliche Heuchelei auszuführen.

Petrus ist genauso direkt, wie er es mit Ananias war: »Was ist es, daß ihr übereingekommen seid, den Geist des Herrn zu versuchen? Siehe, die Füße derer, die deinen Mann begraben haben, sind an der Tür, und sie werden dich hinaustragen« (Vers 9). Sie hatte nicht einmal die Möglichkeit zu antworten. »Sie fiel aber alsbald zu seinen Füßen nieder und verschied. Und als die Jünglinge hereinkamen, fanden sie sie tot; und sie trugen sie hinaus und begruben sie bei ihrem Mann« (Vers 10).

Das Gericht fängt an am Hause Gottes

Gott nimmt es mit der Heiligkeit der Kirche ernst. Dies war eine frühe und unvergeßliche Lektion, wie Gott über Sünde in der Gemeinschaft der Gläubigen denkt. Gott sagte dadurch: »Ich spiele nicht Kirche und ich tändle nicht mit Sündern. Mir liegt nichts an Benutzerfreundlichkeit. Ich suche Gerechtigkeit, Wahrheit und aufrichtige Herzen.« Er lieferte uns also den Beweis, daß Er todernst zu nehmen ist. Die Kirche ist kein gesellschaftliches Vergnügen.

Was war das Ergebnis dieses Ereignisses? »Und es kam große Furcht über die ganze Versammlung« (5,11). Wir können sicher sein, daß damals eine ernste Selbsterforschung durch die Jerusalemer Gemeinde ging. Und gerade darum geht es. Gott reinigte Seine Kirche. Er wollte, daß Seine Leute die Sünde ernstnehmen. Er wollte, daß sie der Unverbindlichkeit den Kampf ansagen. Er wollte, daß Sein Volk Ihn fürchtet. Die Kirche kommt zusammen, um Gott anzubeten. Das erfordert, die Sünde Sünde zu nennen. Hier gibt uns der Herr ein Basismodell für den Gottesdienst – mit der Sünde ins Gericht zu gehen. Es kommt nicht darauf an, was Ungläubige von dieser Strenge halten; es geht darum, wie Gott über Ungerechtigkeit denkt.

Sicherlich gab es im Jerusalem des ersten Jahrhunderts viele gleich versuchliche Sünder wie Ananias und Saphira. Herodes zum Beispiel. Warum hat Gott ihn nicht erschlagen? Am Ende tat Gott es allerdings doch (siehe Apg. 12,18-23). Aber Petrus schreibt: »Die Zeit ist gekommen, daß das Gericht anfange bei dem Hause Gottes« (1. Petr. 4,17). Gott richtet Sein Volk, bevor Er Seinen Zorn gegen die Heiden richtet.

Kann die Kirche Gottes Gericht abwenden? Ja, aber nur, indem sie sich selbst reinigt. Nachdem Paulus die Korinther gewarnt hatte, Gott richte jetzt schon sündigende Gemeindeglieder mit Krankheit und Tod, schreibt er ihnen: »Aber wenn wir uns selbst beurteilten, so würden wir nicht gerichtet« (1. Kor. 11,31). Mit anderen Worten ist treuen Gemeindegliedern aufgetragen, auf die Reinheit der Kirche achtzuhaben. Offen gesagt, das überzeugt die Ungläubigen viel mehr von der Wirklichkeit als manches einschmeichelnde unverbindliche Gerede, das mit der Absicht veranstaltet wird, die Leute möchten sich willkommen und akzeptiert fühlen; denn es läßt die Ungläubigen wissen, daß die Kirche aus einem heiligen Volk besteht und nicht für unbußfertige Sünder da ist, sondern für Erlöste, die die Gerechtigkeit lieben.

Wir halten diese Reinheit aufrecht, wenn wir den Richtlinien Jesu in Matthäus 18 folgen: »Wenn aber dein Bruder wider dich sündigt, so gehe hin und überführe ihn zwischen dir und ihm allein. Wenn er auf dich hört, so hast du deinen Bruder gewonnen. Wenn er aber nicht auf dich hört, so nimm noch einen oder zwei mit dir, damit aus zweier oder dreier Zeugen Mund jede Sache bestätigt werde. Wenn er aber nicht auf sie hören wird, so sage es der Versammlung; wenn er aber auch auf die Versammlung nicht hören wird, so sei er dir wie der Heide und wie der Zöllner« (Verse 15-17). Wir reden bei diesem Vorgang von »Kirchenzucht«. Mag das auch nicht sehr benutzerfreundlich erscheinen, so ist es doch Gottes Gebot, Seine Anweisung, wie die Kirche rein zu halten und dadurch vor Seinem Gericht zu bewahren ist. Paulus schreibt dazu: »Wenn wir aber gerichtet werden, so werden wir von dem Herrn gezüchtigt, damit wir nicht mit der Welt verurteilt werden« (1. Kor. 11,32).

Jesus fuhr fort: »Wahrlich, ich sage euch: Was irgend ihr auf der Erde binden werdet, wird im Himmel gebunden sein, und was irgend ihr auf der Erde lösen werdet, wird im Himmel gelöst sein. Wiederum sage ich euch: Wenn zwei von euch auf der Erde übereinkommen werden über irgendeine Sache, um welche sie auch bitten mögen, so wird sie ihnen werden von meinem Vater, der in den Himmeln ist. Denn wo zwei oder drei versammelt sind in meinem Namen, da bin ich in ihrer Mitte« (Matth. 18,18-20). Vergeßt dabei nicht, daß unser Herr dieses im Zusammenhang damit sagt, wie man mit Sünde in der Gemeinschaft umzugehen hat. Es geht also darum, daß Christus Seinem Willen in der Kirche *durch Zucht* Geltung verschafft. »Ich bin in ihrer Mitte« bedeutet, daß Er selbst in den Gläubigen und durch sie Seine Kirche reinigt, wenn diese Seinen Anordnungen folgen. Das Ergebnis ist, daß bußfertige Sünder wiederhergestellt (von ihren Sünden »gelöst«) und verhärtete Sünder entlarvt und von der Gemeinschaft ausgeschlossen werden (ihre Sünde bleibt ihnen »aufgebunden«). Wenn wir diesem Muster nicht folgen und die Kirche nicht rein erhalten, wird Er einschreiten und richten (1. Kor. 11,30).

Da wir nun den Schrecken des Herrn kennen, so überreden wir die Menschen

Hier sind wir an einem entscheidenden Punkt dieses Buches angekommen: Gottes Gericht an Ananias und Saphira wirkte über die Gemeinschaft der Gläubigen hinaus: »Und es kam große Furcht über ... alle, die es hörten« (Apg. 5,11). Nach Vers 13 wagten die Ungläubigen nicht, »sich ihnen anzuschließen!« Das steht in diametralem Gegensatz zu der heute so beliebten Philosophie der Benutzerfreundlichkeit. Anstatt die Leute zu ködern, indem man ihnen das Gefühl gibt, willkommen und sicher zu sein, benutzte Gott die Angst, um sie draußen zu halten.

Die Furcht Gottes war in der frühen Kirche ein zentrales Thema, so wie im Alten Testament. Ungläubige wie Gläubige wurden gleicherweise aufgefordert, Ihn zu fürchten. Höchstens ein ganz törichter Mensch hätte gewagt, Gott gegenüber frivol zu sein. Es war gerade diese Furcht, die die Menschen zur Bekehrung und zum Gehorsam antrieb. Die Errettung entspringt nie dem Wunsch, an irgendwelchen Freuden beteiligt zu werden oder gefühlsmäßigen Schwierigkeiten zu entrinnen, sondern wenn das Herz nach Befreiung von seinen Sünden schreit!

Die heutige Benutzerfreundlichkeits-Bewegung hat genau das Gegenteil zum Ziel. Weit davon entfernt, Gottesfurcht zu erzeugen, ist sie bemüht, Ihn als fröhlich, jovial, großzügig und nachsichtig darzustellen, der sogar bei Sünden »Fünfe gerade sein läßt«. Hochmütige Sünder, die Gott in Angst und Schrecken begegnen müßten (Luk. 18,13), werden ermutigt, auf Seine Gnade zu bauen. Die Sünder hören nichts von Gottes Zorn. Das ist nicht nur falsche Predigt, sondern reine Häresie.

Wie wir von Ananias und Saphira lernen, ist Gottes Zorn nicht auf die leichte Schulter zu nehmen. Petrus schreibt: »Das Gericht (fängt an) bei dem Hause Gottes; wenn aber zuerst bei uns, was wird das Ende derer sein, die dem Evangelium Gottes nicht gehorchen?« (1. Petr. 4,17). Paulus sprach von Gottes Zorn als einer der Hauptmotivationen zu seiner Evangelisation: »Da wir nun den Schrecken des Herrn kennen, überreden wir die Menschen« (2. Kor. 5,11).

Wohin bringt die Benutzerfreundlichkeit die Kirche?

Die Philosophie der Benutzerfreundlichkeit ist eine scharfe Abwärtskurve auf einem falschen Weg für die Kirche. Ich bin überzeugt, daß der Niedergang von Gottesdienst, Schriftkenntnis und Theologie schließlich zu ganz ernsten lehrmäßigen Kompromissen führen wird. Tatsächlich mag das schon vielfach der Fall sein. Für christliche Leiter, die sich selbst für evangelikal halten, beginnen fundamentale Wahrheiten, wie die Hölle und die menschliche Verdorbenheit, zweifelhaft zu werden.

Eine der bekanntesten und noch im Kommen begriffene Bewegung vertritt die Lehre von der »bedingten Unsterblichkeit«, die dem Annihilationismus ähnelt.[12] Dahinter steckt der Gedanke, daß unbekehrte Sünder einfach erlöschen, statt die Ewigkeit in der Hölle zu verbringen. Das paßt genau zu der benutzerfreundlichen Philosophie, weil man der Ansicht ist, ein barmherziger Gott könne unmöglich von Ihm geschaffene Wesen der ewigen Qual übergeben. Statt dessen löscht Er sie völlig aus.

»Bedingte Unsterblichkeit« und Annihilationismus sind keine Erfindungen der Neuzeit. Die Geschichte zeigt aber, daß die meisten Menschen und Bewegungen, die sich dem Annihilationismus verschrieben hatten, nicht bei der rechten Lehre blieben. Die Ewigkeit der Hölle zu leugnen ist gleichbedeutend mit dem Startschuß zum Niedergang.

Spurgeon attackierte die »bedingte Unsterblichkeit« als einen der großen Irrtümer des »Down-Grade« des neunzehnten Jahrhunderts. Er sagte, daß jene, die die Ewigkeit der Hölle leugnen, »auch so ziemlich die Hoffnung auf den Himmel beseitigt haben, so wie wir ihn seit langem schon erwarten. Denn gewiß, der Lohn der Gerechten hält nicht länger an als die Strafe der Bösen. Beides wird von den gleichen heiligen Lippen in dem gleichen Vers als ›ewig‹ bezeichnet (Matth. 25,46). Und wenn die ›Pein‹ nur bestimmte Äonen dauert, dann das ›Leben‹ ebenfalls.«[13]

Die Schrift sagt: »Der Teufel, der sie verführte, wurde in den Feuer- und Schwefelsee geworfen, wo sowohl das Tier ist als auch der falsche Prophet; und sie werden Tag und Nacht gepeinigt werden von Ewigkeit zu Ewigkeit« (Offb. 20,10). Jesus berichtet von dem reichen Mann: »Und in dem Hades seine Augen aufschlagend, als er in den Qualen war, sieht er Abraham von ferne und Lazarus in seinem Schoße. Und er rief und sprach: Vater Abraham, erbarme dich meiner und sende Lazarus, daß er die Spitze seines Fingers ins Wasser tauche und meine Zunge kühle; denn ich leide Pein in dieser Flamme« (Luk. 16,23-24). Und auch das hat Jesus uns gesagt: »Und wenn dein Auge dich ärgert, so wirf es weg. Es ist dir besser, einäugig in das Reich Gottes einzugehen, als mit zwei Augen in die Hölle des Feuers geworfen zu werden, wo ihr Wurm nicht stirbt und das Feuer nicht erlischt« (Mark. 9,47-48). Und Offenbarung 14,11 beschreibt den ewigen Zustand derer, die dem Antichristen während der großen Trübsal gefolgt sind: »Und der Rauch ihrer Qual steigt auf von Ewigkeit zu Ewigkeit; und sie haben keine Ruhe Tag und Nacht, die das Tier und sein Bild anbeten, und wenn jemand das Malzeichen seines Namens annimmt.« Der eifrigste Lehrer über die Hölle war der Herr Jesus selbst. Er hatte mehr darüber zu sagen als alle Evangelisten, Apostel und Propheten in der ganzen Bibel zusammengenommen.

Predigt, die Gottes Zorn herunterspielt, bringt das Evangelium nicht zu Ehren, sondern unterminiert es. Das Evangelium verliert völlig seine Dringlichkeit, wenn der Prediger die Wirklichkeit oder den Schrecken des ewigen Gerichtes leugnet. Auch wird die Autorität der Schrift angetastet, wenn so viele der klaren Botschaften Christi geleugnet oder wegdiskutiert werden. Der Ernst der Sünde wird durch solche Predigt herabgesetzt. Und dadurch wird das Evangelium selbst zerrüttet.

Wie tief hat die Tendenz, die Hölle zu leugnen, schon den Evangelikalismus durchdrungen! Bei einer Umfrage auf einem evangelikalen Seminar gaben fast die Hälfte – 46 % – der Studenten an, den Ungläubigen von der Hölle zu predigen sei »geschmacklos«.[14] Schlimmer noch, drei von zehn der befragten und nach eigenen Angaben »wiedergeborenen« Leute glaubten, daß »gute« Menschen in den Himmel kommen, auch wenn sie ihr Vertrauen zu keiner Zeit auf Christus gesetzt hatten.[15] Einer von zehn dieser Evangelikalen meinte, das Konzept von der Sünde sei ein Auslaufmodell.

Zu viele, die mit der Benutzerfreundlichkeit liebäugeln, haben nicht ausreichend erwogen, wie Benutzerfreundlichkeit mit wahrer biblischer Theologie übereinstimmt. Im Grunde ist es ein pragmatischer, kein biblischer Denkansatz. Er basiert genau auf den gleichen Ansichten, die die Grundlagen der apostolischen Lehre zerstören. Diese führt das evangelikale Lager in den Neo-Modernismus und bringt die Gemeinden auf die Schnellstraße des »Down-Grade«.

Die Antwort darauf ist selbstverständlich nicht eine benutzer*un*freundliche Kirche, sondern eine lebendige, liebende, aufrichtige, hingegebene, anbetende Gemeinschaft der Gläubigen, die einander dient wie die Gemeinde in Apostelgeschichte 4; die aber die Sünde verabscheut, wo man sich füreinander verantwortlich weiß und mutig die volle Wahrheit der Schrift verkündigt. Menschen, die an den Dingen Gottes keinen Gefallen haben, werden einen solchen Ort nicht besonders benutzerfreundlich finden. Aber dann wird Er auch nach Seiner Verheißung zu der Gemeinde hinzutun.

KAPITEL 3

Das Zeitalter des »Show Business«

Tatsache ist, daß viele gern Kirche und Theater, Spielkarten und Gebet, Tanz und Sakrament verbinden möchten. Wenn wir zu schwach sind, uns diesem Sturzbach entgegenzustellen, können wir doch wenigstens vor ihm warnen und bitten, sich davor in acht zu nehmen. Wenn der alte Glaube dahin und die Begeisterung für das Evangelium erloschen ist, so nimmt es nicht wunder, daß die Leute sich etwas anderes suchen, an dem sie Gefallen haben. Es fehlt an Brot, darum essen sie Asche; sie verwerfen die Wege des Herrn, darum rennen sie ungestüm auf den Pfad des Irrtums.

Charles Haddon Spurgeon[1]

Gegen Ende des neunzehnten Jahrhunderts neigte sich »das Zeitalter der Ausstellungen« dem Ende zu, und die ersten Anzeichen für das, was folgen sollte, konnten ausgemacht werden. Das Zeitalter des »Show Business« zog herauf.[2]

Während Charles Spurgeon seinen Kampf in der »Down-Grade-Kontroverse« ausfocht, begann ein weltweiter Trend sichtbar zu werden, der mehr als alles andere den Gang der Menschheitsgeschichte im zwanzigsten Jahrhundert bestimmen sollte. Es war der Aufstieg der Unterhaltung zum eigentlichen Mittelpunkt von Familie und kulturellem Leben. Dieser Trend führte zum Verschwinden des von Neil Postman so genannten »Zeitalters der Ausstellungen« – gekennzeichnet durch ernsthaften Gedankenaustausch in Büchern und durch Gespräche (Predigten, Debatten, Vorlesungen). Statt dessen kam »das Zeitalter des Show Business« – in dem Vergnügen und Unterhaltung die wichtigsten und zeitraubendsten Aspekte des menschlichen Miteinanders bilden. Theater, Film und in weit höherem Maße das Fernsehen haben das »Show Business« ins Zentrum unseres Lebens gerückt. Der Fernseher bildet letztendlich den Mittelpunkt unseres Hauses.

Im Show-Business kommt es nicht auf Wahrheit an; was zählt, ist einzig der Unterhaltungswert. Der Inhalt bedeutet wenig, alles aber, wie er gebracht wird. In den Worten Marshall McLuhans ist das Medium die Botschaft. Leider beherrscht diese Art zu denken die Kirche genauso wie die Welt.

A.W. Tozer schrieb schon 1955:

> Jahrhundertelang bewahrte sich die Kirche standfest vor weltlichen Vergnügungen, indem sie diese für das hielt, was sie sind – eine Erfindung, Zeit zu verschwenden; eine Zuflucht vor der störenden Stimme des Gewissens; eine Möglichkeit, seine Aufmerksamkeit von der moralischen Verantwortlichkeit abzulenken. Dafür wurde die Kirche von den Kindern dieser Welt auch allezeit scheel angesehen. In der letzten Zeit aber ist sie der Ablehnung müde geworden und mag nicht mehr kämpfen. Sie scheint entschieden zu haben, daß, wenn sie den großen Gott »Unterhaltung« schon nicht überwinden kann, sie mit ihm zusammenstecken sollte, um aus seinen Möglichkeiten das Beste zu machen. So entfaltet sich heute vor uns ein erstaunliches Szenario: Millionen von Dollar werden zu dem unheiligen Zweck ausgegeben, irdische Vergnügungen für die sogenannten »Söhne des Himmels« zu produzieren. Religiöse Unterhaltung verdrängt an vielen Orten die ernsthafte Beschäftigung mit Gott. Viele Gemeinden heutzutage sind kaum mehr als armselige Theater, in denen drittklassige »Produzenten« ihren Ramsch feilbieten, und das mit der vollen Billigung evangelikaler Leiter, die wohl kaum einen heiligen Text zur Rechtfertigung ihrer Pflichtvergessenheit beibringen können. Und kaum jemand wagt, die Stimme dagegen zu erheben.[3]

Nach heutigen Maßstäben scheinen die Gründe für Tozers Erregung Bagatellen zu sein. Zum Beispiel zeigten damals manche Gemeinden bei den Abendgottesdiensten christliche Filme, um Menschen anzulocken, oder in Jugendversammlungen wurde flotte Musik gespielt, oder es traten Redner auf, deren Spezialität der Humor war. Sport und Spiel begannen in der kirchlichen Jugendarbeit eine Schlüsselrolle zu spielen. Im Rückblick mag tatsächlich Tozers Kummer unverständlich erscheinen. Denn heutzutage regt sich kaum noch jemand über diese Methoden auf, die in den Fünfzigern aber für radikale Neuerungen galten. Heute werden die meisten von ihnen allgemein für konventionell angesehen.

Tozer aber verdammte nicht Spiele, Musikstile oder den Film an sich. Ihm ging es um die Philosophie, die diesen Aktivitäten zugrunde liegt. Er schlug Alarm wegen der tödlichen Änderung der Blickrichtung. Er sah, wie Evangelikale die Unterhaltung als Mittel zum Gemeindewachstum anwendeten und glaubte, daß dadurch die kirchlichen Prioritäten durcheinander gerieten. Er fürchtete, daß frivole Zerstreuungen und fleischliche

Vergnügungen in der Gemeinde eventuell den Appetit der Menschen auf wahren Gottesdienst und auf die Predigt des Wortes Gottes zerstören könnten.

Er hatte recht damit. Ja, Tozers Zurechtweisung der Kirche wird um so aktueller, je mehr wir uns dem Ende des Jahrhunderts nähern. Er – wie zuvor Spurgeon – erkannte einen Trend, der erst in unserer Generation zur vollen Ausreifung gelangte. Womit die Kirche in Spurgeons Tagen flirtete, dadurch wurde sie zu Tozers Zeiten verblendet, und heute ist sie davon besessen. Schlimmer noch – die Formen der in der Kirche praktizierten Unterhaltung sind total weltlich, bar alles Christlichen.

Ein Artikel in *The Wallstreet Journal* glossiert die Anzeige einer bekannten Gemeinde, »sich beim Sonntag-Abend-Gottesdienst aufmöbeln zu lassen«. Die Gemeinde veranstaltete einen Schau-Ringkampf, ausgeführt durch die kirchlichen Mitarbeiter. Um für dieses Ereignis fit zu sein, hatten zehn von ihnen Trainingsstunden bei Tugboat Taylor, einem ehemaligen Berufsringer, genommen, der ihnen beibrachte, wie man an den Haaren reißt, gegen das Schienbein tritt und die Körper herumschmeißt, ohne wirklich Schaden anzurichten.[4] Den Mitarbeitern mag kein Schaden zugefügt worden sein; aber welche Auswirkung hat eine solche Darbietung auf die kirchliche Botschaft? Wird nicht das Evangelium verdunkelt und böse karikiert durch solche Albernheiten? Man kann sich denken, was Spurgeon und Tozer dazu gesagt hätten.

Dieses Ringermatch ist kein obskures Beispiel aus einer exzentrischen Gemeinde ganz weit weg. Es fand an einem Abendgottesdienst einer der fünf größten Gemeinden Amerikas statt. Ähnliches könnte von vielen führenden Kirchen berichtet werden, die alle für echt evangelikal gelten.

Einige mögen behaupten, das Medium sei gleichgültig, wenn nur die biblische Botschaft gebracht wird. Das ist Unsinn. Wenn das Unterhaltungsmedium der Schlüssel ist, um große Massen anzulocken, warum dann nicht in die Vollen gehen? Warum nicht einen richtigen Karneval? Ein tätowierter Akrobat könnte auf dem Hochseil mit Kettensägen jonglieren und dabei Bibelverse schreien, während ein abgerichteter Hund auf seinem Kopf balanciert. Das zöge die Massen an. Und der *Inhalt* seiner Botschaft wäre rein biblisch. Das ist eine bizarre Szene; aber sie macht deutlich, wie das Medium die Botschaft verwässern oder gar zerstören kann.

Und traurigerweise unterscheidet sich dieses Bild kaum von dem, was in einigen Gemeinden tatsächlich stattfindet. Es gib nahezu keine Grenze für das, was moderne kirchliche Leiter zu tun bereit sind, um Menschen anzulocken, die an Gottesdienst und Predigt nicht interessiert sind. Zu viele haben die Ansichtübernommen, die Kirche müsse Menschen gewinnen, indem sie Alternativen zur Predigt anbietet.

Wie weit wird wohl die Kirche noch gehen in ihrem Wettstreit mit Hollywood? Eine große Gemeinde im Südwesten der USA hat für eine halbe Million Dollar ein »Special-effects-System« gekauft, das im Zuschauerraum Rauch, Feuer, Funkenregen und Laserlicht erzeugen kann. Dazu schickte die Kirche einige Mitarbeiter in Bally's Casino nach Las Vegas, um dort die nötigen Erfahrungen zu sammeln. Der Prediger beendete einen Gottesdienst, indem er in den »Himmel« auffuhr. Unsichtbare Drähte zogen ihn aus dem Gesichtsfeld, während Chor und Orchester die Rauch-, Feuer- und Lichtshow untermalten.[5] Das war für diesen Prediger nichts Ungewöhnliches. »Durch solche Effekte ist seine Kirche immer rappelvoll ... Er wirft eine Motorsäge an und fällt einen Baum, um etwas zu verdeutlichen ... Zum vierten Juli veranstaltete er das größte Feuerwerk in der Stadt ... Zur Weihnachtsfeier kam er mit einem geliehenen Elefanten, einem Känguruh und einem Zebra. Zur Weihnachtsfeier gehörten 100 Clowns, um die Gemeindekinder zu bescheren.«[6]

Solche Torheiten hätten den Stoff zu Spurgeons schrecklichsten Alpträumen abgegeben. Und nicht einmal Tozer hätte voraussehen können, zu welchen Extremen sich Evangelikale würden hinreißen lassen, um sich vor dem großen Gott »Unterhaltung« zu verneigen.

Der Pragmatismus als Triebfeder

Man kann es nicht leugnen, diese Possen scheinen zu funktionieren – sie ziehen tatsächlich die Massen an. Viele Gemeinden, die es auf diese Weise versucht haben, melden wachsende Besucherzahlen. Und eine Handvoll Megakirchen, die sich erstklassige Produktionen, Effekte und Vorrichtungen erlauben können, waren in der Lage, riesige Menschenmengen zu mobilisieren. Manche von ihnen füllen mehrmals wöchentlich riesige Säle mit Tausenden von Menschen.

Einige dieser Megakirchen gleichen eleganten Sommerfrischen oder Sanatorien. Zu ihnen gehören beeindruckende Einrichtungen wie Kegelbahnen, Filmtheater, Gymnastikräume, Restaurants, Turnhallen, Rollschuhplätze und nach dem neuesten Stand der Technik erbaute Mehrzweck-Sporthallen. Erholung und Unterhaltung sind unleugbar die offensichtlichsten Aspekte dieser Einrichtungen. Solche Gemeinden wurden zum Mekka der Gemeinde-Wachstums-Studenten. Nun suchen die Evangelikalen verzweifelt nach immer neuen Techniken und Formen der Unterhaltung, um die

Leute an sich zu binden. Ob eine Methode biblisch ist oder nicht, scheint den durchschnittlichen Gemeindeleiter heute nicht mehr zu interessieren. Hauptsache, es funktioniert! Das ist die neue Rechtfertigung. Und so ist reiner Pragmatismus die treibende Kraft in vielen der bekennenden Kirchen.

»It's Show Time!«

Als Charles Spurgeon vor denen warnte, die »gerne Kirche und Theater, Spielkarten und Gebet, Tanz und Sakrament miteinander vereinen wollten«, wurde er als Schwarzseher belächelt. Aber Spurgeons Prophezeiung hat sich vor unseren Augen erfüllt. Moderne Kirchen werden wie Theater konzipiert (»Spielhäuser« nannte sie Spurgeon). Statt der Kanzel steht die Bühne im Mittelpunkt. Gemeinden heuern hauptberufliche Medienspezialisten, Programmgestalter, Bühnendirektoren, Dramaturgen, Fachleute für Spezialeffekte und Choreographen an.

Dieses alles ist das natürliche Ergebnis einer marktorientierten Gemeindephilosophie. Wenn es in der Kirche nur darauf ankäme, ein Produkt zu erzeugen, dann sollten die kirchlichen Leiter doch lieber gleich die Methoden der Madison Avenue studieren. Immerhin stehen sie im Wettstreit mit einer Welt voll von säkularen Vergnügungen und Heerscharen von weltlichen Gütern und Angeboten. Darum sagen die Marketingexperten, wir werden niemals die Leute gewinnen, wenn wir nicht effektive Alternativformen der Unterhaltung entwickeln, um die Aufmerksamkeit der Menschen und deren Bindungen von den weltlichen Angeboten auf uns zu ziehen. Dieses Ziel bestimmt also das Wesen des kirchlichen Handelns.

Was ist nun falsch an der Sache? Zunächst einmal ist es nicht der Auftrag der Kirche, ihren Dienst als Konkurrenzunternehmen zu weltlichen Unterhaltungen anzubieten (1. Thess. 2,2-6). Dadurch würde die wahre Mission der Kirche nur verdorben und verramscht werden. Wir sind keine Büttenredner, Altwarenhändler und Marktschreier. Wir sind Gesandte Jesu Christi (2. Kor 5,20). Wir kennen den Schrecken des Herrn (Vers 11), werden von Seiner Liebe gedrängt (Vers 17); wir bitten die Sünder, sich mit Gott versöhnen zu lassen (Vers 20).

Darüber hinaus: Anstatt die Welt mit der Wahrheit Christi zu konfrontieren, verschreiben sich die Megakirchen begeistert den übelsten Trends der weltlichen Kultur. Die Gier der Menschen nach Unterhaltung zu befriedigen, verschlimmert nur die durch Ichsucht, Gleichgültigkeit und Materialismus heraufbeschworenen Probleme. Schlicht gesagt, läßt sich keine

Dienstphilosophie denken, die mit den Vorgaben unseres Herrn noch unvereinbarer wäre.

Die Verkündigung und die Auslegung des Wortes zur Auferbauung und Heiligung der Gläubigen sollte das Herzstück jeglichen kirchlichen Dienstes sein. Wenn die Welt auf die Kirche blickt und dann ein Unterhaltungsunternehmen wahrnimmt, senden wir das falsche Signal. Und wenn Christen die Kirche als Vergnügungspark ansehen, stirbt die Kirche. Neulich klagte eine liebe Frau, die in eine Kirche mit all dem heute modernen Firlefanz geraten war: »Wann wird die Kirche mit dem Versuch aufhören, die Böcke zu amüsieren und wieder beginnen, die Schafe zu weiden?«

Nichts in der Schrift weist darauf hin, daß die Kirche dadurch Menschen zu Christus führen könnte, daß sie das Christentum als attraktives Auswahlprogramm darstellt. Nichts im Evangelium ist alternativ: »Es ist in *keinem* anderen Heil … *kein* anderer Name ist unter dem Himmel den Menschen gegeben, in welchem sie errettet werden müssen« (Apg. 4,12).

Auch ist das Evangelium nicht im Sinne modernen Marketings attraktiv. Wie wir schon gesehen haben, ist die Botschaft des Evangeliums oftmals »ein Stein des Anstoßes und ein Fels des Ärgernisses« (Röm. 9,33; 1. Petr. 2,8). Es erscheint dem menschlichen Stolz als störend, ärgerlich, unangenehm, feindlich, anklagend und anstößig. So etwas läßt sich schlecht »vermarkten«. Wer dieses Ärgernis dadurch beseitigen will, daß er es unterhaltsam machen möchte, verdirbt und verdunkelt die wesentlichen Aspekte seiner Botschaft. Die Kirche muß zur Kenntnis nehmen, daß ihre Mission zu keiner Zeit auf öffentliches Interesse stieß; wir sind berufen, selbst heilig zu leben und Gottes schlichte Wahrheit liebend, aber kompromißlos einer ungläubigen Welt mitzuteilen.

Ist zahlenmäßiges Wachstum ein legitimes Ziel?

Vielleicht sollte ich zunächst erklären, daß ich kein Gegner von großen Kirchen oder von Gemeindewachstum bin. Die Grace Community Church wurde vor fünfunddreißig Jahren gegründet und ist die meiste Zeit erstaunlich gewachsen. An gewöhnlichen Sonntagen besuchen rund zehntausend Menschen unsere Gottesdienste. Wir haben erlebt, daß Wachstumsphasen von Zeiten des Stillstands abgelöst wurden. Zur Zeit erleben wir gerade wieder ein starkes Wachstum.

Wogegen ich mich wende, ist der von den Gemeindewachstums-Spezialisten gepredigte Pragmatismus, bei dem zahlenmäßiges Wachstum über geistliches Wachstum gestellt wird. Sie glauben, sie dürften dieses zahlenmäßige Wachstum mit allen gerade zur Verfügung stehenden und geeignet erscheinenden Methoden und Mitteln herbeiführen. Die durch diese Philosophie hervorgebrachten Erscheinungen laufen mehr und mehr aus dem Ruder. Sie entfernen die Menschen von bibeltreuen Gemeinden und Gemeinden von biblischen Grundsätzen. Sie produzieren eine Handvoll Megakirchen, deren Wachstum auf ihrer Fähigkeit beruht, den jeweiligen Trends zu folgen oder sie gar vorherzusehen. Die Kirche wird von wahrer Erweckung abgezogen und von den Advokaten der *Volkstümlichkeit* des Christentums verführt. Tragischerweise scheinen die meisten Christen blind für dieses Problem zu sein und sich mit einem ansprechenden und in der Öffentlichkeit deutlich sichtbaren Christentum zufrieden zu geben.

Ist zahlenmäßiges Wachstum ein legitimes Ziel kirchlichen Dienstes? Sicher wird kein Gemeindeleiter, der den Namen verdient, im Ernst behaupten, zahlenmäßiges Wachstum sei an sich unerwünscht. Und niemand denkt, Stagnation und zahlenmäßiger Rückgang seien erstrebenswert. Aber ist zahlenmäßiges Wachstum immer das beste Maß für die Gesundheit der Gemeinde?

Ich stimme mit George Peters überein, der schrieb:

> Quantitatives Wachstum ... kann täuschen. Es braucht nicht mehr zu sein als die Ausbreitung einer mechanisch hervorgerufenen psychologischen oder sozialen Bewegung, ein Spiel mit Zahlen, eine Zusammenballung von Individuen oder Gruppen, das Anschwellen eines Körpers ohne Entwicklung seiner Muskeln und lebenswichtigen Organe. Es mag christlich gedacht sein; aber wahres Christentum gelangt nicht zum Durchbruch. Viele Massenbewegungen in der Vergangenheit, viele Kommunitäten und ethnische Bewegungen verliefen genauso. In Europa wurden zum Beispiel massenhaft Menschen zur Taufe und damit in die Kirche gezwungen, wodurch viele christliche Bekenner entstanden, aber keine lebendige, wachsende und verantwortungsbewußte Kirche Jesu Christi. Und jeder muß zugeben, daß diese Ausbreitung der formalen Namenschristenheit im großen und ganzen wenig mit dem im Neuen Testament definierten Christentum und mit der in der Apostelgeschichte dargestellten Kirche zu tun hat.

Vielfach geschah die Expansion des Christentums auf Kosten der Reinerhaltung der Verkündigung und der christlichen Lebensordnung. Heidnische Vorstellungen und Praktiken schwächten die Kirche, und ihre Theologie wurde synkretistisch.[7]

Nichts in der Schrift weist darauf hin, daß sich kirchliche Leiter zahlenmäßiges Wachstum der Gemeinden zum Ziel setzen sollten.[8] Der Apostel Paulus beschreibt den richtigen Wachstumsprozeß so: »Ich habe gepflanzt, Apollos hat begossen, Gott aber hat das Wachstum gegeben. Also ist weder der da pflanzt etwas, noch der da begießt, sondern Gott, *der das Wachstum gibt*« (1. Kor. 3,6-7).

Wenn wir uns mit der *Tiefe* unseres Dienstes beschäftigen, wird Gott für die *Breite* sorgen. Wenn wir um geistliches Wachstum bemüht sind, wird Er so viel zahlenmäßiges Wachstum geben, wie Er für gut hält.

Welchen Wert hat schließlich numerisches Wachstum, wenn es nicht in dem Herrsein Christi gegründet ist? Wenn die Leute vor allem kommen, weil sie die Kirche interessant finden, werden sie bestimmt wegbleiben, wenn sie sich nicht mehr amüsiert fühlen oder wenn etwas auftaucht, was ihren Neigungen noch mehr entspricht. Und so wird die Kirche zu einem hoffnungslosen Wettlauf gezwungen, indem sie jedes Spektakel durch ein größeres und eindrucksvolleres übertreffen muß.

Die pragmatischen Wurzeln der Gemeindewachstumsbewegung

Der Pragmatismus als Dienstphilosophie ist die treibende Kraft der nun schon seit etwa fünfzig Jahren florierenden Gemeindewachstumsbewegung. Donald McGavran, der Vater der modernen Gemeindewachstumsbewegung, war ein waschechter Pragmatiker. Er sagte:

> Wir betrachten missionarische Methoden und Vorgehensweisen im Lichte dessen, was Gott gesegnet hat – und dessen, was er offensichtlich nicht segnet. Die Industrie spricht hier von »Optimierung durch Rückkopplung«. Nichts behindert die überseeischen Missionen so sehr wie das Beibehalten von Methoden und Einrichtungen, die Menschen zu Christus führen sollten – es aber nicht tun. Wir lehren die Menschen, rücksichtslos die Methoden auf den Prüfstand zu stellen. Was nicht funktioniert zur Ehre Gottes und zur Ausbreitung des Kirche Christi – wirf es weg und nimm etwas anderes, was seinen Dienst tut. In bezug auf Methoden sind wir schrecklich pragmatisch – die Lehre ist etwas anderes.[9]

Als junger Missionar in Indien und als Kind von Missionaren beobachtete McGavran, daß es nichts Ungewöhnliches war, daß Missionsgesellschaften in Indien jahrelang arbeiteten und nur wenig oder gar keine Frucht vorweisen konnten. McGavrans eigene Organisation hatte in mehreren Jahrzehnten nur zwanzig oder dreißig kleine Gemeinden gegründet.[10] McGavran beschloß, eine Missionsstrategie zu ersinnen, die berücksichtigte, welche Methode brauchbar zu sein schien und welche nicht. »Wie er im Vorwort eines von ihm im Jahr 1930 mitverfaßten Buches erklärte, hatte er sich zum Ziel gesetzt, unbrauchbare Methoden zum Gemeindewachstum auszusortieren und produktive Modelle zu erkunden und zu praktizieren ...«[11]

McGavrans Pragmatismus scheint ursprünglich durch ein legitimes Interesse an sorgsamer Haushalterschaft angeregt worden zu sein. Er »war bestürzt, als er sah, wie so viele Hilfsmittel Gottes – personell wie finanziell – vertan wurden, ohne zu fragen, ob mit den dadurch vorangetriebenen Programmen das Reich Gottes gefördert wurde oder nicht«.[12] Aber der Pragmatismus wurde die philosophische Basis für beinahe alles, was McGavran lehrte, und das wiederum wurde die Handlungsanweisung für die gesamte Gemeinde-Wachstumsbewegung.

McGavran gründete das Institut für Gemeindewachstum, das sich 1965 mit der Fuller School für Weltmission vereinigte. Von dort aus haben die Vorschläge der Gemeindewachstumsbewegung praktisch alle Missionsfelder rings um den Globus erreicht.

C. Peter Wagner, Professor für Gemeindewachstum an der Fuller School, ist Donald McGavrans bekanntester Schüler. Wagner ist der produktivste und wohl auch einflußreichste Sprecher der Gemeindewachstumsbewegung der Gegenwart. Er schreibt von dem der Bewegung innewohnenden Pragmatismus:

> Die Gemeindewachstumsbewegung hat immer den Pragmatismus betont und tut es auchweiterhin, wenn das auch von vielen kritisiert wird. Es ist nicht jener Pragmatismus, der Ethik und Lehre seinen Zielen unterordnet oder die Menschen entwürdigt, weil er sie zu irgendeinem Zweck mißbraucht. Es handelt sich statt dessen um einen geweihten Pragmatismus, der unerbittlich traditionellen Methodologien und Programmen unangenehme Fragen stellt, wenn irgendeine Art von Dienst in der Kirche nicht das gesteckte Ziel erreicht. Dann sagt dieser geweihte Pragmatismus: Hier ist etwas falsch und muß geändert werden.[13]

Wagner besteht wie die meisten in der Gemeindewachstumsbewegung darauf, daß dieser »geweihte Pragmatismus«, den er propagiert, keine Kompromisse in Ethik und Lehre erlaubt. »Die Bibel erlaubt uns nicht zu sündigen, damit die Gnade überfließe. Auch dürfen wir nichts anwenden, was Er verboten hat, um das zu erreichen, was Ihm wohlgefällt«, bemerkt er richtig.[14]

»Aber mit diesem Vorbehalt«, fährt Wagner fort, »sollten wir klar erkennen, daß das Ergebnis doch die Mittel rechtfertigt. Was sonst könnte sie rechtfertigen? Wenn eine Methode das mit ihr angesteuerte Ziel erreicht, ist sie für diesen Fall eine gute Methode. Wenn andererseits die Methode das Ziel verfehlt, wie ist ein Festhalten daran zu rechtfertigen?«[15]

Ist das wahr? Ganz gewiß nicht! Vor allem, wenn mein »angesteuertes Ziel« ein numerisches Wachstum ohne jede biblische Legitimation ist oder wenn die Methode, die »das Ziel verfehlt«, jene ist, daß ich klar das Wort Gottes predige. Das ist genau die Denkart, die biblische Vorstellungen aus dem Gottesdienst verbannt und sie durch Varieté ersetzt.

Ein Bestseller aus jüngster Zeit geht sogar noch weiter:

> Es kommt sehr darauf an, daß wir ein fundamentales Prinzip der Kommunikation unter Christen begreifen: Die Zuhörerschaft, nicht die Botschaft ist die Hauptsache. Wenn unser Angebot erreichen soll, daß die Leute in ihrem hektischen Alltag innehalten und über das nachdenken, was wir sagen, dann *muß unsere Botschaft den Bedürfnissen der Zuhörer angepaßt sein*. Wenn unser Angebot auf der Friß-oder-stirb-Position aufgebaut ist, anstatt eine einfühlsame Antwort auf die Nöte der Menschen zu suchen, werden sie unsere Botschaft stets ablehnen.[16]

Was wäre geschehen, wenn die Propheten des Alten Testaments dieser Philosophie gehuldigt hätten? Jeremia zum Beispiel predigte vierzig Jahre, ohne deutlich positives Echo. Im Gegenteil, seine Landsleute suchten ihn zu töten, wenn er nicht aufhörte zu weissagen (Jer. 11,19-23); seine eigene Familie und seine Freunde rotteten sich gegen ihn zusammen (12,6); er durfte nicht heiraten und mußte das Einsamsein ertragen (16,2); man schmiedete heimliche Mordpläne (18,20-23); er wurde geschlagen und in den Stock gelegt (20,1-2); seine Freunde spionierten ihm nach, um sich an ihm zu rächen (20,10); er steckte so tief in Elend und Schande, daß er den Tag seiner Geburt verfluchte (20,14-18); und schließlich wurde er fälschlich des Hochverrats angeklagt (37,13-14), geschlagen und in den Kerker geworfen, wo er viele Tage hungerte (37,15-21). Hätte sich nicht ein äthiopischer Heide für ihn verwendet, so wäre er dort gestorben. Am Ende wurde er nach Ägypten geschleppt und dort, der Überlieferung nach, von seinen eigenen Landsleuten gesteinigt. Trotz eines ganzen Lebens voll hingegebenen Dienstes konnte er eigentlich keine Bekehrten vorweisen.

Man stelle sich vor, Jeremia hätte ein Gemeindewachstums-Seminar besucht und dort gelernt, wie man auf pragmatische Weise Gott dient. Glaubst du, daß er dann seinen herausfordernden Stil geändert hätte? Kannst du dir vorstellen, er hätte ein Varieté oder eine Komödie auf die Bühne gebracht, um die Zuneigung der Menschen zu gewinnen? Dadurch möchte er eine begeisterte Menge um sich geschart haben; aber ganz gewiß hätte er nicht den Dienst ausgeführt, zu dem ihn Gott berufen hat.

Auch der Apostel Paulus bediente sich keines Systems, das auf kaufmännischem Geschick gegründet war, obwohl einige selbsternannte Experten versucht haben, ihn zu einem Vorbild für den neuen Pragmatismus zu machen. Ein Advokat des Marketing behauptet: »Paulus war allezeit ein großer Taktiker. Unablässig studierte er Taktiken und Strategien, um jene herauszufinden, die ihn am meisten befähigten, anziehend auf seine ›Zielgruppen‹ zu wirken, um möglichst viele zur Bekehrung zu bringen.«[17] In der Bibel steht nichts davon. Im Gegenteil: Der Apostel Paulus vermied schlaue Methoden und Mätzchen, die zu falschen Bekehrungen durch fleischliche Überredung hätten führen können. Er selbst schrieb:

> Und ich, als ich zu euch kam, Brüder, kam nicht nach Vortrefflichkeit der Rede oder Weisheit, euch das Zeugnis Gottes verkündigend. Denn ich hielt nicht dafür, etwas unter euch zu wissen, als nur Jesus Christus und ihn als gekreuzigt. Und ich war bei euch in Schwachheit und in Furcht und in vielem Zittern; und meine Rede und meine Predigt war nicht in überredenden Worten der Weisheit, sondern in Erweisung des Geistes und der Kraft, auf daß euer Glaube nicht beruhe auf Menschenweisheit, sondern auf Gotteskraft (1. Kor. 2,1-5).

Die Gemeinde in Thessalonich erinnerte er:

> Denn unsere Ermahnung war nicht aus Betrug, noch aus Unreinigkeit, noch mit List; sondern so, wie wir von Gott bewährt worden sind, mit dem Evangelium betraut zu werden, also reden wir, nicht um Menschen zu gefallen, sondern Gott, der unsere Herzen prüft. Denn niemals sind wir mit einschmeichelnder Rede umgegangen, wie ihr wißt, noch mit einem Vorwand für Habsucht, Gott ist Zeuge; noch suchten wir Ehre von Menschen, weder von euch, noch von anderen, obwohl wir als Christi Apostel euch zur Last sein konnten (1. Thess. 2,3-6).

Übereinstimmung mit der Bibel ist der *einzige* Bezugsrahmen, an dem wir unsere Arbeitsmethoden messen dürfen. Jede Philosophie, nach der der Zweck die Mittel heiligt, führt *unausweichlich* zu lehrmäßigen Kompromissen, auch wenn im Vorwort das Gegenteil behauptet wird. Wenn wir den Erfolg zur Bemessung von richtig oder falsch machen, wie sollte das nicht auf die Lehre abfärben? Letztlich werden die Wahrheitsvorstellungen der Pragmatisten durch deren scheinbare Effektivität geprägt und nicht durch die objektiven Offenbarungen der Schrift.

Ein Blick auf die Methodologie der Gemeindewachstumsbewegung zeigt, wie das geschieht. Die Bewegung untersucht *alle* wachsenden Gemeinden – selbst solche, die von Grund auf falsche Lehren haben. Liberale Denominationen, extreme charismatische Sekten und militante hyper-fundamentale »Diktaturen«, alle werden sie eingehend untersucht. Manchmal werden sogar von Mormonen und Zeugen Jehovas Wachstumsprinzipien abgeguckt. Der Gemeindewachstumsexperte sucht nach Charakteristika, die allen wachsenden Gemeinden eigen sind und plädiert für jede Methode, die zu funktionieren scheint. Und das Ziel ist stets numerisches Wachstum.

Sollen wir glauben, daß Gott am Werke ist, wenn nichtchristliche Gruppen wachsen? Warum sollten wir darauf aus sein, Methoden von religiösen Vereinigungen nachzuahmen, die das Evangelium verderben? Ist es unfair, danach zu fragen, ob solches, aus fleischlichen Anstrengungen entstandenes Wachstum das Richtige ist? Außerdem – wenn eine Methode sowohl bei außerchristlichen Gruppen wie auch bei Gottes Volk funktioniert, gibt es keinen Grund, positive Ergebnisse als den Segen Gottes zu deklarieren.

In beinahe der gesamten Gemeindewachstums-Literatur fehlt völlig eine kritische Analyse der mangelhaften lehrmäßigen Grundlage, auf der das heutige Gemeindewachstum errichtet wird. Ein Autor sagt über Peter Wagner:

> Wagner beurteilt niemanden negativ. Er hat sich zum Ziel gesetzt, herauszufinden, was in wachsenden Kirchen gut ist, und darin bestätigt er sie – ohne viel nach Negativem zu fragen. Das setzt ihn in die Lage, nicht nur Wimbers Vineyard, sondern auch Schullers Crystal Cathedrale, die ganze Denomination der Southern Baptists und jede andere wachsende Gemeinde als Beispiel hinzustellen.[18]

Die Tatsache, daß eine Gemeinde wächst, ist oft als göttliche Zustimmung mißverstanden worden. Außerdem, so meinen die Leute, warum sollte man der Lehre, Gott segne durch zahlenmäßiges Wachstum, kritisch gegenüberstehen? Ist es nicht besser, lehrmäßige Fehler und Abstriche von der Orthodoxie hinzunehmen, wenn dadurch Wachstum und Einheit gewonnen werden? Solch ein Pragmatismus formt und verbiegt also unseren geistlichen Durchblick.

Wagner selbst zum Beispiel war früher ein Non-Charismatiker; aber er änderte seine Ansichten und hieß die Zeichen und Wunder der Bewegung der »Dritten Welle« gut – aus Gründen, die größtenteils pragmatischer Natur sind. Er ist darin sehr ehrlich:

> Ich bin stolz darauf, zu denen zu gehören, die das »Power Evangelism« als ein wichtiges Werkzeug predigen, das uns hilft, den großen Auftrag unserer Zeit zu erfüllen. Einer der Gründe, weshalb ich so begeistert davon bin, ist der, daß es *funktioniert*. Wohin man blickt – die effektivste Evangelisation unserer Tage wird durch Manifestationen übernatürlicher Kräfte begleitet.[19]

Offensichtlich hat also Wagners pragmatische Sichtweise seine Lehre gefärbt, nicht umgekehrt.

Wagner gibt das auch offen zu. Er sagt, die Methodologie der Gemeindewachstumsbewegung sei »phänomenologisch«, nicht theologisch. Er gibt zu, diese Vorgehensweise »könne manchem traditionellen Theologen alles in allem viel zu subjektiv erscheinen«.[20] Er fährt dann fort: »Als Ausgangspunkt blickt das ›Gemeindewachstum‹ oftmals auf das ›ist‹, erst später auf das ›soll‹ … Was Christen über Gottes Wirken in der Welt und in ihrem Leben erfahren, ist nicht immer durch sorgfältiges theologisches Nachdenken vorhergesehen. Vielfach ist die Reihenfolge gerade umgekehrt: Die Theologie wird durch die Erfahrung des Christen umgestaltet.«[21]

Wenn das stimmt, ist dann nicht Wagners Behauptung, sein Pragmatismus sei nicht von der Art, daß er die Lehre kompromittiere,[22] gegenstandslos? Schließlich, wenn die Erfahrung Zeichen und Wunder als effektive Mittel für das Gemeindewachstum ausweist, und wenn es erlaubt ist, daß unsere Erfahrung unsere Theologie beeinflußt, ist es dann nicht folgerichtig, wenn man seine Lehre – wie Wagner es auch tut – pragmatischen und jederzeit veränderbaren Anschauungen anpaßt? Man muß dann nur einen Weg finden, die Schrift jeweils umzudeuten und sie der durch den Pragmatismus diktierten Lehrmeinung anzupassen.

Es ist eine Torheit, zu glauben, man könne pragmatisch *und* biblisch sein. Der Pragmatiker will wissen, *was jetzt funktioniert.* Wer biblisch denkt, kümmert sich um das, *was die Bibel vorschreibt*. Die beiden Philosophien widersprechen sich von Grund auf.

Das Zeitalter des Pragmatismus

Trotzdem war der philosophische Pragmatismus in evangelikalen Gemeinden noch nie so populär wie jetzt. Die Gemeindewachstumsbewegung, die jahrelang ein Hauptfaktor in den missionarischen Bemühungen war, übt jetzt gewaltigen Einfluß auf den westlichen Evangelikalismus selbst aus. Die Hennen des Pragmatismus kehren heim ins Nest. Zu Hunderten experimentieren nordamerikanische Kirchen mit pragmatischen Methodologien. Das Ergebnis ist ein explosionsartiges Anwachsen des Interesses an innovativen Gemeindewachstums-Techniken. Die Gemeindewachstumsbewegung hat eine inoffizielle Allianz derer hervorgebracht, die meinen, Evangelisation sei vor allem ein Marketing-Unternehmen.

Der Pragmatismus in der Kirche spiegelt den Zeitgeist wider. Bücher mit solchen Titeln wie *Marketing und Gottesdienst, Marketing in der Kirche, Die Entwicklung effektiver Marketing- und Kommunikationsstrategien in der Kirche,* sind groß in Mode. Der christliche Büchermarkt bringt immer häufiger Ratschläge für kirchliche Leiter, die aus weltlichen Bereichen stammen, wie Psychologie, Marketing, Unternehmensführung, Politik, Unterhaltung und Handel. Kommentare, biblische Studienhilfen und Bücher über biblische Themen verschwinden dagegen immer mehr.

Das Rollenverständnis des modernen Predigers ist nicht das des Propheten und Hirten – es ist das des Teamarbeiters, des Politikers und im schlimmsten Fall das des Unterhaltungskünstlers. Viele Gemeinden heutzutage verzetteln sich mit Einschaltquoten, Meinungsumfragen, Selbstdarstellung, Wachstumsstatistiken, finanziellem Gewinn, öffentlicher Anerkennung, Top-Ten-Listen und anderen pragmatischen Angelegenheiten. Dabei geht die Leidenschaft der Kirche für Reinheit und Wahrheit immer mehr verloren. Das scheint aber niemanden zu kümmern, solange man begeisterten Zuspruch findet.

Tozer hatte schon zu seiner Zeit festgestellt, daß sich der Pragmatismus in die Kirche einschlich. Er schreibt: »Ohne Zögern sage ich, daß ein Teil, und zwar ein großer Teil der in evangelikalen Kreisen betriebenen Aktivitäten nicht nur vom Pragmatismus beeinflußt sind, sondern völlig von ihm kontrolliert werden.«[23] Tozer beschreibt die Gefahren, die der Kirche auch aus dem sogenannten »geheiligten« Pragmatismus erwachsen:

> Die pragmatische Philosophie ... fragt nicht viel nach der Weisheit dessen, was wir tun, ja, nicht einmal danach, ob es moralisch vertretbar ist. Sie akzeptiert unsere Entscheidungen als gut und richtig und sucht dann nach geeigneten Mitteln und Wegen, diese zu verwirklichen. Wenn etwas funktioniert, findet sie bald einen Text, der es rechtfertigt, »weiht« es dem Herrn, und weiter geht's. Als nächstes wird ein Zeitschriftenartikel darüber verfaßt, dann ein Buch, und schließlich erhält der Erfinder einen Ehrentitel. Danach werden keinerlei Fragen nach den biblischen Grundlagen mehr gestellt, nicht einmal danach, ob es im bürgerlichen Sinne anständig zugeht. Gegen den Erfolg läßt sich nichts einwenden. Die Methode funktioniert; *ergo*, sie muß gut sein.[24]

Eine bankrotte Philosophie

Sehen wir nun, wie die neue Philosophie die gesunde Lehre unterhöhlt? Sie gibt Jesu eigene Methoden – Predigen und Lehren – als wichtigste Tätigkeiten auf und ersetzt sie durch äußerst inhaltsleere Methodologien. Sie ist unabhängig von irgendwelchen Glaubenssätzen oder von einem Kanon. Ja, sie lehnt Dogmen und starke Überzeugungen als spalterisch, unschicklich oder unpassend ab. Sie findet die Lehre akademisch, abstrakt, steril, bedrängend oder einfach unpraktisch. Wenn sie auch nicht gleich Irrlehren verbreitet oder die Wahrheit leugnet, so arbeitet sie mit viel subtileren Mitteln doch genauso effektiv für die Sache des Feindes. Sie wirft die Inhalte einen nach dem anderen über Bord. Anstatt die Orthodoxie direkt anzugreifen, bekennt sie sich äußerlich dazu, unterminiert aber die Grundlagen der Lehre. Anstatt Gott zu erheben, macht sie die Dinge verächtlich, die Ihm wertvoll sind. In dieser Hinsicht ist der Pragmatismus gefährlicher als der Liberalismus, der die Kirche in der ersten Hälfte des Jahrhunderts bedrohte.

Der Liberalismus griff die biblische Predigt an. Einer der führenden amerikanischen Liberalen des beginnenden zwanzigsten Jahrhunderts war Harry Emerson Fosdick. Er schrieb: »Prediger, die Texte aus der Bibel pikken und dann darangehen, sie historisch einzuordnen, danach deren Bedeutung aus dem Kontext ableiten, ihre Stellung in der Theologie des Schreibers deutlich machen und dann noch ein paar praktische Betrachtungen anstellen, haben die Bibel gründlich mißverstanden.«[25]

Fosdicks Abscheu vor der Auslegung biblischer Texte stammt aus der gleichen pragmatischen Sichtweise, die heute den Evangelikalismus überschwemmt:

> Gibt es wohl noch eine Handlungsweise, die besser geeignet wäre, Langeweile und Sinnlosigkeit zu produzieren? Wer glaubt denn im Ernst, daß unter hundert Gottesdienstbesuchern auch nur einer ist, den es interessiert, was zum Beispiel Mose, Jesaja, Paulus oder Johannes mit irgendeinem bestimmten Vers gemeint haben oder der zur Kirche kam, weil er sich damit beschäftigt hatte? Niemand, der in der Öffentlichkeit spricht, kann davon ausgehen, daß die vitalen Interessen der Menschen in der Bedeutung von Worten verborgen sind, die vor zweitausend Jahren gesprochen wurden.[26]

Fosdicks Meinung war, die Prediger hätten mit den erkannten Bedürfnissen der Zuhörer zu beginnen: »Sie sollten nicht erst zum Schluß die vitalen Nöte der Zuhörer bedenken, sondern mit ihnen beginnen! Die ganze Predigt sollte von dem konstruktiven Bemühen geprägt sein, eben diesen Nöten abzuhelfen.«[27]

»All dieses ist ganz vernünftig und gute Psychologie«, schreibt Fosdick und benutzt den Pragmatismus als Rechtfertigung. »Jedermann macht das so, jeder gute Lehrer, jeder gute Werbefachmann. Warum sollten so viele Prediger auf eine dermaßen altmodische Weise weitermachen und dieses alles mißachten?«[28]

Das ist genau die bekannte Weisheit der benutzerfreundlichen, marktorientierten Philosophie. Sie beginnt mit den erkannten Bedürfnissen und begegnet ihnen mit aktuellen Botschaften. Wenn die Bibel überhaupt ins Spiel gebracht wird, so nur zu illustrativen Zwecken – genau, wie Fosdick propagierte. Es ist die reine Anpassung an eine Gesellschaft, die sich dem Eigendünkel und der Unterhaltung verschrieben hat, nur daß jetzt die Verführung aus dem evangelikalen Lager selbst kommt. Man tut, was gefällt, hat aber wenig Interesse an der Wahrheit. Das paßte gut zum Liberalismus, von dem es stammt, ist aber völlig fehl am Platze bei Christen, die daran zu glauben bekennen, daß die Bibel das inspirierte Wort Gottes ist.

Ein kürzlich erschienener evangelikaler Bestseller warnt die Leser vor Predigern, die den Nachdruck auf die *Auslegung* der Schrift und nicht auf deren *Anwendung* legen. Einen Augenblick! Ist das ein weiser Rat? Nein, gewiß nicht. Es besteht keine Gefahr, daß die Lehre belanglos sein könnte; die wirkliche Bedrohung geht davon aus, daß man Dingen Wert beimißt, die lehrmäßig falsch sind. Der Kern für alles wirklich praktisch Brauchbare ist in der Lehre der Schrift zu finden. Wir *machen* nicht die Bibel bedeutungsvoll; sie ist es in sich, einfach, weil sie Gottes Wort ist. Und wie könnte *irgend etwas*, was Gott gesagt hat, bedeutungslos sein (2. Tim. 3,16-17)?

Die Kirche als Kneipe

Der radikale Pragmatismus der »benutzerfreundlichen Schule« beraubt die Kirche ihrer prophetischen Rolle. Sie macht sie zu einer volkstümlichen Institution, die ihre Mitglieder dadurch gewinnt, daß sie ihnen eine warme freundliche Atmosphäre, Essen, Trinken und Unterhaltung bietet. So gleicht die Kirche mehr einer Gastwirtschaft als einem Haus der Anbetung.

Das ist keine Übertreibung. Ein neuer Bestseller, der die pragmatischen Gemeindewachstums-Ideen propagiert, enthält folgenden Vorschlag:

> Erinnert ihr euch noch, wie die Kneipe an der Ecke früher der Ort war, wo sich die Männer der Nachbarschaft trafen, um große Sportveranstaltungen, wie Weltmeisterschaften oder Boxwettkämpfe, im Fernsehen zu verfolgen? Die Zeiten haben sich geändert; aber das gleiche Konzept könnte mit großem Gewinn in den Kirchen angewendet werden. Die meisten Gemeinden besitzen riesige Räume oder Auditorien, die für spezielle Treffen genutzt werden könnten, bei denen Sportereignisse, politische Debatten, besondere Unterhaltungen und ähnliches im Mittelpunkt stehen.[29]

Das ganze Szenario hat offenkundig völlig unbiblische Voraussetzungen zur Grundlage. Die Kirche ist keine Loge, die Mitglieder sammelt. Sie ist nicht die Kneipe von nebenan. Sie ist keine Gewerkschaft, die um Beitrittswillige wirbt. Sie ist kein Dorfgemeinschaftshaus, in dem Feste gefeiert werden. Sie ist kein Rotaryclub der kleinen Leute. Sie ist kein Ort, an dem die Probleme des Wahlbezirks zur Sprache kommen sollen. Sie ist auch nicht der Gerichtshof, an dem die Ungerechtigkeiten der Gesellschaft zurechtgerückt werden. Sie ist kein offenes Forum, keine politische Versammlung, ja, nicht einmal eine evangelistische Kundgebung.

Die Kirche ist der Leib Christi (1. Kor. 12,27), und Gemeindezusammenkünfte dienen der gemeinsamen Anbetung und der Belehrung. Das einzige, wofür die Kirche arbeiten soll, ist »für die Vollendung der Heiligen, für das Werk des Dienstes, für die Auferbauung des Leibes Christi« (Eph. 4,12), das heißt, für innerliches Wachstum, nicht für nur zahlenmäßige Ausdehnung.

Die Ansicht, kirchliche Versammlungen sollten benutzt werden, um Nichtchristen anzulocken und anzuziehen, ist eine relativ neue Erfindung. In der Schrift findet man nichts dergleichen. Im Gegenteil nennt es der Apostel Paulus ein seltenes Ereignis, wenn Ungläubige in die Versammlung kommen (1. Kor. 14,23). Und Hebräer 10,24-25 zeigt uns, daß die Gemeindeversammlungen zum Nutzen der Gläubigen und nicht der Ungläubigen sind: »Laßt uns aufeinander achthaben zur Anreizung zur Liebe und zu guten Werken, indem wir unser Zusammenkommen nicht versäumen.«

Apostelgeschichte 2,42 zeigt das Muster, dem die frühe Kirche bei ihren Versammlungen folgte: »Sie blieben aber beständig in der Apostel Lehre, in der Gemeinschaft, im Brechen des Brotes und in den Gebeten.« Wir sehen deutlich, daß die Prioritäten der frühen Kirche darin lagen, Gott anzubeten und die Brüder zu stärken. Die Gemeinde kam zu Anbetung und Auferbauung zusammen, dann zerstreute sie sich, um der Welt das Evangelium zu bringen.

Unser Herr befahl Seinen Jüngern, auf folgende Weise zu evangelisieren: »Gehet hin und machet alle Nationen zu Jüngern« (Matth. 29,19). Christus macht deutlich, daß die Kirche nicht warten soll, bis die Welt zu ihr kommt. Sie soll sie auch nicht zu ihren Versammlungen einladen, sondern sie soll *zu ihr gehen.* Dafür ist jeder Gläubige verantwortlich.

Wenn man aber innerhalb der Kirchenmauern ein »wohlschmeckendes« Evangelium präsentiert, so fürchte ich, daß dadurch der einzelne Gläubige meint, seine individuelle Verantwortung als Licht der Welt los zu sein (Matth. 5,16).

Noch einmal unterstreichen wir: Die Proklamation des Wortes Gottes muß in der Kirche das Wichtigste bleiben (1. Kor. 1,23; 9,16; 2. Kor. 4,5; 1. Tim. 6,2; 2. Tim. 4,2). Die Aufgabe des Dieners des Herrn ist, »zu gelegener und ungelegener Zeit« zu überführen, zu strafen und zu ermahnen mit aller Langmut und Lehre (2. Tim. 4,2). Ein Prediger, der Unterhaltung höher bewertet als kraftvolle biblische Predigt, sagt sich von der wichtigsten Verantwortlichkeit eines Ältesten los: Er sei »anhangend dem zuverlässigen Wort nach der Lehre, auf daß er fähig sei, sowohl mit der gesunden Lehre zu ermahnen, als auch die Widersprechenden zu überführen« (Tit. 1,9).

Das Ziel der Kirche hat niemals geheißen, der Welt zu gefallen oder in ihren Kategorien zu denken. Von der Kirche wird nicht erwartet, daß sie mit den gleichen Mitteln um den Konsumenten wirbt wie die Werbeagenturen. Echtes Wachstum können wir nicht durch kluge Überredung oder durch immer neue Techniken hervorrufen. Der Herr ist es, der zu der Kirche hinzufügt (Apg. 2,47). Menschliche Methoden können den göttlichen Prozeß weder beschleunigen noch ihn ersetzen. Jegliches Wachstum durch Addition ist eine »Mogelpackung«. Künstliches oder unnatürliches Wachstum im Reich der Biologie kann Mißbildung – im schlimmsten Fall Krebs – erzeugen. Synthetisches Wachstum im Reich des Geistes ist ganz und gar ungesund.

Gute Technik? Nein, schlechte Theologie!

Die Philosophie, bei der Marketing-Technik und Gemeindewachstums-Theorie verbunden werden, ist das Ergebnis schlechter Theologie. Sie geht davon aus, daß ein richtig verpacktes Evangelium die Leute errettet und stammt aus dem Arianismus. Dieser sieht nicht in dem souveränen Gott, sondern in dem Willen des Menschen den entscheidenden Faktor für die Errettung. Er spricht bei der Bekehrung von einer »Entscheidung für Christus«.

Derlei Sprache und Lehre hat begonnen, auf den gegenwärtigen kirchlichen Dienst abzufärben. Das Ziel marktorientierten Dienstes ist eine menschliche Entscheidung aus dem Augenblick heraus, statt einer radikalen Veränderung des Herzens, die der allmächtige Gott durch die Überzeugungsarbeit des Heiligen Geistes und durch Sein Wort bewirkt. Wirklicher Glaube an die Souveränität Gottes bei der Bekehrung würde eine Menge Unsinn abstellen, der jetzt in der Kirche umgeht.

Darüber hinaus wird das gesamte Christentum von dieser Ansicht verdorben, es läge vor allem an der eigenen Entscheidung. Außerdem schmeichelt sie der Fleischeslust, mit der das ganze Weltsystem völlig durchwoben ist (1. Joh. 2,16). Wir haben eine Gesellschaft voll von Leuten, die haben wollen, was sie haben wollen, wenn sie es haben wollen. Alles dreht sich um ihren Lebensstil, ihre Erholung, ihr Vergnügen. Sie wollen Komfort, Glück und Erfolg. Wenn die Kirche diesen ichsüchtigen Wünschen entgegenkommt, gießt sie nur Öl ins Feuer und verhindert wahre Frömmigkeit.

Die Kirche hat sich der Gesellschaft angepaßt, indem sie sich ein Christentum zurechtgemixt hat, in dem die Aufnahme des Kreuzes der eigenen Entscheidung überlassen bleibt – oder sogar für unpassend gilt. Tatsächlich meinen viele Kirchenmitglieder in der westlichen Welt, sie könnten Gott am besten dienen, wenn sie sich von der Welt möglichst wenig unterscheiden.

Nachdem das Christentum die Wertmaßstäbe dieser Welt in sich aufgesogen hat, stirbt es jetzt in unserer Gesellschaft. Langsam aber sicher fressen Weltförmigkeit und Selbstgefälligkeit der Kirche das Herz ab. Das heute gewöhnlich verkündigte Evangelium ist so zurechtgestutzt, daß es den Eindruck vermittelt, der Glaube an Christus sei nichts anderes als der Weg zu Wohlstand und Zufriedenheit. Das Ärgernis des Kreuzes (siehe Gal. 5,11) ist systematisch beiseite geräumt, um die Botschaft Ungläubigen schmackhafter zu machen. Irgendwie meint die Kirche, ihren Frieden mit den Feinden Gottes schließen zu dürfen.

Wenn aus diesem Grund Rockbands, Bauchredner, Clowns, Messerwerfer, Berufsringer, Gewichtheber, Rap-Künstler, Schauspieler, Bodybuilder, Komödianten, Tänzer, Jongleure, Zirkusdirektoren und Showmaster die Stelle des Predigers einnehmen, dann ist damit der Evangeliumsverkündigung ein vernichtender Schlag versetzt worden. »Wie aber werden sie hören ohne einen Prediger?« (Röm. 10,14).

Ich glaube sicher, daß wir innovativ und kreativ in der Darbietung des Evangeliums sein dürfen; aber wir müssen sorgfältig darüber wachen, daß die Methoden mit den zugrundeliegenden geistlichen Wahrheiten, die wir vermitteln wollen, übereinstimmen. Allzu leicht verwässern wir die heilige Botschaft. Und wir müssen die Botschaft, nicht die Darbietungsart, das Wichtigste sein lassen, was wir den Hörern vermitteln wollen.

Wir wollen nicht eilfertig die Trends der High-tech-Megakirchen übernehmen. Und gewiß nicht konventionellen Gottesdienst und die Predigt belächeln. Wir brauchen keine klugen Kunstgriffe, damit Menschen errettet werden (1. Kor. 1,21). Wir brauchen nur zur Predigt der Wahrheit zurückzukehren und den Samen auszustreuen. Wenn wir das treu tun, wird der von Gott vorbereitete Boden auch Frucht tragen.

Aber wenn die Kirche in Amerika nicht zum biblischen Christentum zurückfindet, werden wir bald am Ende unserer Einflußnahme für Christus stehen. Jedermann wundert sich, wie schnell sich die moderne Welt wandelt. Was so wenige Christen wahrzunehmen scheinen, ist, wie gleichzeitig damit die Kirche in erschreckendem Tempo in den Niedergang schliddert. Vielleicht erleben wir jetzt die letzten Tage des biblischen Evangelikalismus als prägender Kraft in unserem Volk. Die Vorstellung ist nicht zu weit hergeholt, daß in zwanzig Jahren Missionare aus Osteuropa in Amerika evangelisieren.

Die Wirklichkeitsnähe dieser Möglichkeit erschreckt mich zutiefst. Wir, die wir die Wahrheit kennen und lieben, müssen die prophetische Stimme unseres Gottes sein und die Heiligkeit Seines Namens hochhalten. Wir müssen verlangen, daß alles, was im Namen unseres Herrn geschieht, die Integrität Seines Wesens darstellen muß. Er ist »Heilig, heilig, heilig« (Jes. 6,3) und muß so dargestellt werden. Nichts Geringeres wird Seiner Majestät, Ehrfurcht gebietenden Macht und Heiligkeit gerecht.

Der Aussatz ist ausgebrochen

Spurgeon sah die gleiche Tendenz, das Vergnügen in der Kirche zu etablieren, schon am Ende des neunzehnten Jahrhunderts. Als die »Down-Grade-Kontroverse« im Jahre 1889 tobte, mußte Spurgeon, weil seine Kräfte in erschreckendem Maße abnahmen, oftmals auf den sonntäglichen Predigtdienst verzichten. An einem Mittwochabend im April aber hielt er im Tabernacle folgende Ansprache:

> Ich glaube, nicht die Neigung zu haben, Fehler zu entdecken, wo keine Fehler sind. Aber ich kann meine Augen nicht öffnen, ohne Dinge in unseren Gemeinden zu sehen, von denen wir vor dreißig Jahren noch nicht einmal geträumt haben. Was die Vergnügungen angeht, sind die Bekenner auf dem Wege der Laxheit weit fortgeschritten. Und, was schlimmer ist, die Gemeinden sind zu der Ansicht gelangt, es sei ihre Pflicht, die Leute zu amüsieren. Dissidenten, die bisher gegen den Theaterbesuch protestierten, veranlassen jetzt, daß das Theater zu ihnen kommt. Müßten nicht eigentlich viele (Kirchengebäude) eine Lizenz für Aufführungsrechte beantragen? Wenn jemand auf rigider Gesetzeserfüllung bestünde, würde der nicht eine solche Lizenz verlangen?
>
> Ich wage gar nicht von all dem zu reden, was in bezug auf Basare und Jahrmärkte zu sagen wäre. Wenn diese von ordentlichen Weltmenschen durchgeführt worden wären, hätten sie dann anders ausgesehen? Welche Torheit ist unversucht gelassen? Welche Absurdität war zu groß für das Gewissen solcher, die bekennen, Kinder Gottes zu sein, die sagen, sie seien nicht von dieser Welt, sondern wandelten mit Gott in einem abgesonderten Leben?
>
> Die Welt sieht die hohen Ansprüche solcher Menschen als Heuchelei an; und ich finde wahrhaftig auch keine andere Bezeichnung dafür. Man bedenke: Menschen, die sich der Gemeinschaft mit Gott erfreuen, spielen in Kostümen einen Narren! Sie reden davon, wie sie im stillen Gebet mit Gott ringen; aber sie treiben unverhohlen ihre Albernheiten mit der Welt. Kann das richtig sein? Haben Recht und Unrecht die Plätze gewechselt? Ganz bestimmt, zu dem Werk der Gnade an den Herzen gehört ein nüchtern-ernstes Betragen, und Frivolität zeigt an, daß der Geist des Bösen die Oberhand hat.
>
> Ja, meine Herrschaften, es mag eine Zeit gegeben haben, in der es die Christen zu genau nahmen; aber das war nicht in meinen Tagen. Es mag so schreckliche Dinge wie puritanische Rigidität gegeben haben,

> aber ich habe sie nie zu sehen bekommen. Von diesem Übel, wenn es denn je bestanden hat, sind wir heute völlig frei. Wir sind von der Freiheit zum Libertinismus gelangt. Wir sind vom Zweifelhaften ins Gefährliche geraten, und niemand kann vorhersagen, wo wir landen werden. Wo ist die Heiligkeit der Kirche Gottes heute? ... Sie ist so verschwommen wie Rauch und wird mehr ins Lächerliche gezogen als mit Ehrfurcht betrachtet.
>
> Wird der Einfluß der Kirche nicht durch das Maß ihrer Heiligkeit bestimmt? Wäre der große Haufen der bekennenden Christen sowohl im häuslichen Bereich wie auch in der Öffentlichkeit durch den Geist geheiligt, so stellte die Kirche eine starke Kraft in dieser Welt dar. Gottes Heilige haben allen Grund, über Jerusalem zu weinen, wenn sie sehen, wie Spiritualität und Heiligkeit so sehr am Boden liegen! Andere mögen das für belanglos halten; wir aber erkennen darin einen aufbrechenden Aussatz.[30]

Der Aufruf an die Kirche Christi lautet: »Laßt uns uns selbst reinigen von jeder Befleckung des Fleisches und des Geistes, indem wir die Heiligkeit vollenden in der Furcht Gottes« (2. Kor. 7,1). Es ist nicht die Raffinesse unserer Methoden, nicht die Technik unseres Dienstes, auch nicht unsere Predigtkunst, die unserem Zeugnis Kraft verleiht. Nur der Gehorsam gegen einen heiligen Gott und die Treue gegenüber Seinen gerechten Maßstäben im täglichen Leben sind ausschlaggebend dafür.

Wir müssen aufwachen. Der Abwärtstrend ist kein Ort zum Ausruhen. Wir können uns Gleichgültigkeit nicht leisten. Wir sind gefordert, den geistlichen Kampf aufzunehmen, und wir können ihn nicht gewinnen, indem wir den Feind zu beschwichtigen suchen. Eine schwache Kirche muß stark werden, und eine Welt, die es nötig hat, muß mit dem Evangelium von der Errettung konfrontiert werden. Zeit ist nicht mehr zu verlieren, so wie Paulus an die Gemeinde in Rom schrieb: »Die Stunde (ist) schon da, daß wir aus dem Schlaf aufwachen sollen; denn jetzt ist unsere Errettung näher, als da wir geglaubt haben. Die Nacht ist weit vorgerückt, und der Tag ist nahe. Laßt uns nun die Werke der Finsternis ablegen und die Waffen des Lichts anziehen« (Röm. 13,11-12).

Kapitel 4

Alles für jedermann

Das Ausmaß reiner Frivolität und völlig hohler Vergnügungen, wie sie mit einigen Orten der Anbetung in Zusammenhang gebracht werden müssen, haben ein geradezu unglaubliches Ausmaß erreicht ... Es besteht kein Zweifel, daß alle nur denkbaren Unterhaltungen, bis hin zu Theaterstücken, an heiliger Stätte aufgeführt werden und heute hoch im Kurs stehen. Können diese Dinge die Heiligung oder die Gemeinschaft mit Gott fördern? Können Menschen nach dem Besuch solcher Dinge zu Gott um die Errettung von Sündern oder um die Heiligung der Glaubenden flehen? Es widersteht mir, mich mit diesen unheiligen Dingen zu befassen; sie erscheinen mir zu fern dem Wandel im Glauben und dem Weg himmlischer Gemeinschaft. In einigen Fällen sind die beklagten Torheiten unter der Menschenwürde und könnten eher Schwachsinnigen als denkenden Menschen zugerechnet werden.

Charles Haddon Spurgeon[1]

Ich glaube, in der ganzen Geschichte der Christenheit hat es niemanden gegeben wie Schwester Paula. Sie beschreibt sich selbst als »einen offen transsexuellen Christen, der das Evangelium verkündigt«[2]. Schwester Paula wurde als Larry Nielsen geboren und soll »im Jahre 1950, als ein 12jähriger, von Natur weichlicher Knabe« Christ geworden sein. Nachdem durch eine Operation aus Larry eine Paula geworden war, meinte eine Pfingstevangelistin, Larry/Paula solle Fernseh-Gottesdienste halten. Die Zeitschrift *People* beschreibt Schwester Paula als eine dreiundfünfzigjährige, über 1,80 Meter große Frau »von der Statur eines Verteidigers beim Football«[3].

Kann man sich etwas Unpassenderes als einen transsexuellen Evangelisten vorstellen? Aber Schwester Paula meint, in unserer Generation einen den Menschen nützlicheren Dienst tun zu können als die typischen »normalen« Christen, die nichts als das Evangelium zur Hand haben. Ihre Dienstphilosophie entspricht denn auch völlig dem Stil, den die Marketing-Experten propagieren. Obwohl dankenswerterweise niemand die Sache so weit getrieben sehen möchte.

Die Meinung, die Kirche müsse der Welt gleich werden, um die Welt zu gewinnen, hat das evangelikale Lager im Sturm erobert. Tatsächlich findet sich für jede weltliche Attraktion ein »christliches« Gegenstück. Es gibt christliche Motorradgangs, christliche Bodybuilding-Gruppen, christliche Tanzclubs, christliche Vergnügungsparks, und ich habe sogar von einem christlichen FKK-Strand gelesen.

Woher haben Christen nur die Idee, sie könnten die Welt durch Nachahmung gewinnen? Liefert uns die Bibel auch nur den kleinsten Anhalt für diese Denkweise? Viele kirchliche Marketing-Spezialisten behaupten das, und sie haben Scharen von Predigern überzeugt. Seltsamerweise bezeichnen sie den Apostel Paulus als einen, der dafür plädierte, das Evangelium dem Geschmack der Zuhörer anzupassen. Einer schrieb: »Paulus schuf, was ich als einzigartig hellsichtige Perspektive für die Vermarktung einer Botschaft betrachte: das Prinzip der *Kontextaktualisierung* (1. Kor. 9,19-23). Paulus ... war willens, die Botschaft den Bedürfnissen gemäß zu gestalten, um die erwünschte Antwort zu erhalten.«[4] »Paulus war der erste Marktforscher«, echot ein anderer.[5]

Allerdings, der Apostel *hat* geschrieben: »Ich bin allen alles geworden, auf daß ich auf alle Weise etliche errette. Ich tue aber alles um des Evangeliums willen, auf daß ich mit ihm teilhaben möchte« (1. Kor. 9,22-23). Ist das ein Mandat für kirchlichen Pragmatismus? Meinte der Apostel, man könne die Evangeliumsbotschaft den Menschen dadurch schmackhaft machen, daß man ihren Appetit auf gewisse Vergnügungen stillt oder ihre Laster hätschelt? Wie weit wäre er wohl mit dem Prinzip der »Kontextaktualisierung« gegangen?

Die Botschaft ist nicht »übertragbar«

Dieses ist sonnenklar: Der Apostel Paulus war nicht Menschen gefällig. Er schreibt: »Suche ich jetzt Menschen zufriedenzustellen oder Gott? Oder suche ich Menschen zu gefallen? Wenn ich noch Menschen gefiele, so wäre ich Christi Knecht nicht« (Gal. 1,10). Weder änderte noch verkürzte Paulus seine Botschaft, um die Leute fröhlich zu machen. Im Gegenteil: Er wollte um keinen Preis das Ärgernis des Evangeliums beseitigen (Gal. 5,11). Er benutzte keine Methodologie, die den Lüsten der Hörer schmeichelte. Und ganz gewiß folgte er nicht der pragmatischen Philosophie moderner marktorientierter Prediger.

Paulus war nicht effektiv, weil er den Markt durchschaute, sondern weil er hartnäckig an der Wahrheit festhielt. Er war der Gesandte Christi, nicht Sein Pressesprecher. Die Wahrheit mußte verkündet werden. Man konnte sie nicht in weltliche Währung übertragen. Paulus schämte sich des Evangeliums nicht (Röm. 1,16). Willig litt er wegen des Evangeliums

(2. Kor. 11,23-28). Er steckte nicht zurück angesichts von Opposition und Verwerfung. Er ging mit den Ungläubigen keine Kompromisse ein und schloß mit den Feinden Gottes keinen Frieden.

Die Botschaft des Paulus war *immer* »unübertragbar«. Im selben Kapitel, in dem er sagt, er sei allen alles geworden, schreibt er: »Eine Notwendigkeit liegt mir auf; denn wehe mir, wenn ich das Evangelium nicht verkündigte!« (1. Kor. 9,16). Sein Dienst entsprach einem göttlichen Mandat. Gott hatte ihn berufen und ausgesandt. Paulus predigte das Evangelium genauso, wie er es direkt vom Herrn erhalten hatte (1. Kor. 15,3). Er war kein Händler oder Marktschreier, sondern ein göttlicher Bote. Ganz sicher war er nicht »willens, seine Botschaft anzupassen«, um seinen Hörern gefällig zu sein und das gewünschte Echo zu erzielen. Die Tatsache, daß er gesteinigt und für tot gehalten wurde (Apg. 14,19), daß man ihn geschlagen, eingekerkert und schließlich um der Wahrheit willen umgebracht hat, sollte zur Genüge beweisen, daß er seine Botschaft nicht den Hörerwünschen angeglichen hat. Und die persönlichen Leiden, die er um seines Dienstes willen ertrug, zeigen gerade *nicht*, daß er etwas falsch machte, sondern daß alles ganz in Ordnung war!

Was meinte also Paulus, wenn er schrieb: »Ich bin allen alles geworden, auf daß ich auf alle Weise etliche errette. Ich tue aber alles um des Evangeliums willen«? Wie immer, macht auch hier der Kontext die Bedeutung klar.

Aufgeben, um zu gewinnen

Achtet wieder auf das, was Paulus in diesen Versen wirklich sagt:

> Denn wiewohl ich von allen frei bin, habe ich mich doch allen zum Sklaven gemacht, auf daß ich so viele wie möglich gewinne. Und ich bin den Juden geworden wie ein Jude, auf daß ich die Juden gewinne; denen, die unter Gesetz sind, wie unter Gesetz (wiewohl ich selbst nicht unter Gesetz bin), auf daß ich die, welche unter Gesetz sind, gewinne; denen, die ohne Gesetz sind, wie ohne Gesetz (wiewohl ich nicht ohne Gesetz bin vor Gott, sondern Christus gesetzmäßig unterworfen), auf daß ich die, welche ohne Gesetz sind, gewinne. Den Schwachen bin ich geworden wie ein Schwacher, auf daß ich die Schwachen gewinne. Ich bin allen alles geworden, auf daß ich auf alle Weise etliche errette. Ich tue aber alles um des Evangeliums willen, auf daß ich mit ihm teilhaben möge (1. Kor. 9,19-23).

Der erste Satz dieses kurzen Abschnitts zeigt deutlich, worüber Paulus redet. Er beschreibt nicht seine Bereitschaft, die Botschaft zu opfern, sondern sich selbst dranzugeben, um die Botschaft zu predigen. Er wollte alles aufgeben – ja, selbst ein Sklave aller werden –, wenn das zur Förderung des unverfälschten Evangeliums diente. Sein Wunsch, Seelen zu gewinnen, ist das Herzstück dieses Textes, und er wiederholt mehrmals: »Auf daß ich so viele wie möglich gewinne«; »auf daß ich die Juden gewinne«; »auf daß ich die, welche unter Gesetz sind, gewinne«; »auf daß ich die, welche ohne Gesetz sind, gewinne«; »auf daß ich die Schwachen gewinne«; »auf daß ich auf alle Weise etliche gewinne«. Menschen für Christus zu gewinnen war also sein einziges Ziel. Zu diesem Zweck war er bereit, alles aufzugeben: seine Rechte und Privilegien, seine Stellung, seinen Rang, seinen Lebensunterhalt, seine Freiheit – und schließlich sogar sein Leben. Wenn es nur der Ausbreitung des Evangeliums diente, wollte er auf alle Rechte verzichten, keine Forderungen stellen und auf keine Standesrechte bestehen.

Und genau dem entsprachen das Leben und der Dienst des Paulus. Niemals wollte er der Welt zuliebe die Botschaft ändern; aber er wollte sich so betragen, daß sein persönliches Verhalten niemals und niemandem ein Hindernis sei, die Botschaft zu hören und zu verstehen. Er beschreibt eine Haltung persönlicher Opferbereitschaft, nicht der Kompromißfreude. Nie würde er den klaren zupackenden Aufruf zu Buße und Glauben verändern.

Paulus stellt klar, daß die christliche Freiheit von der Liebe begrenzt wird. Das ist das große Thema von 1. Korinther 8 bis 10 und der Kontext zu diesen Versen. Die Korinther stritten sich offenbar über das Wesen der christlichen Freiheit und darüber, wie weit sie gehen darf. Einige meinten, sie könnten aus dieser Freiheit heraus tun, was ihnen beliebte. Andere neigten der Gesetzlichkeit zu und mißgönnten den anderen ihre Freiheit in Christus. Paulus erinnert beide Gruppen daran, daß christliche Freiheit zur Verherrlichung Gottes und zum Dienst an anderen gebraucht werden soll und nicht zu egoistischen Zwecken.

Ich nenne hier nur ein Beispiel für diesen Grundsatz: Einige Korinther hatten den Apostel offenbar gefragt, ob sie die Freiheit hätten, Götzenfleisch zu essen (8,1). Solches Fleisch wurde oft von den Götzentempeln auf den Markt gebracht und dort billig verkauft. Paulus sagte ihnen, das Essen dieses Fleisches sei an sich nicht falsch; aber indem man es tut, kann man einem anderen ein Ärgernis geben, und das sei falsch. Er faßt dann seine Antwort in dem Satz zusammen: »Ob ihr nun eßt oder trinkt oder irgend etwas tut, tut alles zur Ehre Gottes. Seid ohne Anstoß, sowohl Juden als Griechen und der Versammlung Gottes; gleichwie auch ich mich in allen Dingen gefällig mache, indem ich nicht meinen Vorteil suche, sondern den der Vielen, auf daß sie errettet werden« (1. Kor. 10,31-33).

Wie benutzte Paulus selbst seine Freiheit in Christus? »Wiewohl ich von allen frei bin, habe ich mich allen zum Sklaven gemacht, auf daß ich so viele wie möglich, gewinne« (9,19). Er sah in seiner persönlichen Freiheit und in seinen menschlichen Rechten etwas, das man für die Ehre Gottes und nicht zum eigenen Vorteil einsetzen sollte. Wenn er seine eigene Freiheit für die Möglichkeit, das Evangelium zu verkünden, eintauschen konnte, um andere dadurch frei zu machen, dann wollte er es gerne tun.

Freiheit in Christus

Es ist von entscheidender Wichtigkeit, das Wesen der christlichen Freiheit zu verstehen. Wir sind nicht unter Gesetz, sondern unter Gnade (Röm. 6,14). Freiheit vom Gesetz bedeutet nun keinesfalls, daß die Grundsätze der im Alten Testament offenbarten Gerechtigkeit ungültig wären. Sie bedeutet nicht, daß die Zehn Gebote keine Anwendung mehr auf unser Leben fänden. Sie bedeutet auch nicht, daß wir Gottes heilige Maßstäbe unserem Gutdünken unterwerfen dürfen, und ganz gewiß befreit sie uns nicht von den Anforderungen des Anstands.

Was bedeutet sie denn? Sie entbindet uns von der Verpflichtung, die alttestamentlichen Rituale einhalten zu müssen. Wir brauchen keine Tiere zu opfern, nicht die Reinigungsvorschriften zu beachten, auch nicht Neumonde und Feste und Opfergesetze. Wir brauchen nicht die von Mose dem Volk Israel gebotenen Speisegesetze zu befolgen. Von all dem sind wir frei.

Genauso sind wir befreit von allen heidnischen religiösen Zeremonien und Aberglauben. Was immer unser religiöser Hintergrund oder unsere Erblast sein mag, in Christus sind wir von all diesen Zwängen befreit. Wir leben jetzt von Gottes Gnade, der das Prinzip wahrer Gerechtigkeit innewohnt.

Mit anderen Worten: Unser geistliches Leben wird nicht nur durch ein von außen kommendes Gebot bestimmt, sondern durch Gottes Gnade, die in uns die gerechten Forderungen des Gesetzes erfüllt (Röm. 8,4). Gnade »unterweist uns, auf daß wir, die Gottlosigkeit und die weltlichen Lüste verleugnend, besonnen und gerecht und gottselig leben in dem jetzigen Zeitlauf« (Tit. 2,12). Und die Gnade gibt auch die Kraft, so zu leben.

Diese riesige Freiheit ist einer der bemerkenswertesten Aspekte des christlichen Lebens. Wir haben nicht nötig, auf menschliche Meinungen und Gebräuche und Zeremonien zu achten. Es gibt keine irdischen Priester, die zwischen uns und Gott vermitteln. »Denn Gott ist einer, und einer Mittler zwischen Gott und Menschen, der Mensch Christus Jesus« (1. Tim. 2,5). Wir brauchen keine Wallfahrten zu einem Heiligtum zu machen, um dort anzubeten; unser eigener Leib ist der Tempel des Heiligen Geistes (1. Kor. 6,19). Wir können Gott jederzeit und an jedem Ort in Geist und Wahrheit anbeten (Joh. 4,23-24). Was wir im Namen Jesu bitten, wird Er tun (Joh. 14,13-14). Alles ist unser, wir aber sind Christi, Christus aber ist Gottes (1. Kor. 3,21-23).

Diener eines neuen Bundes

Doch gibt es ein Paradoxon, das die Wahrheit von der Freiheit in der Balance hält. Obwohl frei, sind alle Christen Sklaven. Das ist keine neue Art von Gebundenheit: Wir sind »Diener des neuen Bundes, nicht des Buchstabens, sondern des Geistes; denn der Buchstabe tötet, der Geist aber macht lebendig« (2. Kor. 3,6). Als willige Sklaven müssen wir gern unsere Freiheit zugunsten anderer einschränken. Hat uns der Herr Jesus das nicht selbst gelehrt? »Wenn jemand der erste sein will, so soll er der letzte von allen und aller Diener sein« (Mark. 9,35). Paulus wendet diesen Grundsatz auf den freiwilligen Dienst am Evangelium an. Er machte sich zum Sklaven aller – auch der rauhesten, verachtetsten und unausstehlichsten Heiden. Selbst ganz frei, begab er sich trotzdem mit Freuden um des Evangeliums willen in die Sklaverei.

Dieser Grundsatz freiwilliger Knechtschaft wird im Alten Testament sehr eindrücklich dargestellt. 2. Mose 21,5-6 beschreibt den Prozeß, durch den man sich einem anderen als Sklaven hingab: »Wenn aber der Knecht etwa sagt: Ich liebe meinen Herrn, mein Weib und meine Kinder, ich will nicht frei ausgehen, so soll sein Herr ihn vor die Richter bringen und ihn an die Tür oder an den Pfosten stellen, und sein Herr soll ihm das Ohr mit einer Pfrieme durchbohren; und er soll ihm dienen auf ewig.« Israeliten durften andere Juden nur sechs Jahre als Knechte behalten. Im siebten Jahr mußten sie freigelassen werden. Wenn aber jemand freiwillig Sklave bleiben wollte, so mußte ihn sein Herr an den Türpfosten stellen und sein Ohr mit einem Pfriemen durchbohren. Dieses Loch im Ohr war dann das Zeichen, daß er aus Liebe ein Sklave geblieben war, nicht, weil er es nötig gehabt hätte. Auch Paulus sagte, er habe freiwillig auf seine Freiheit verzichtet, um den Menschen dadurch zu dienen. Im geistlichen Sinn hatte Paulus sein Ohr um der Verlorenen willen durchbohren lassen. »Wiewohl ich von allen frei bin, habe ich mich allen zum Sklaven gemacht, auf daß ich so viele wie möglich gewinne« (1. Kor. 9,19). Der Ausdruck »zum Sklaven gemacht« ist die Übersetzung des griechischen Wortes »duoloo«, das eigentlich »versklaven« heißt. Das ist eine starke Formulierung. Dasselbe Wort wird in 1. Korinther 7,15 in Verbindung mit der Ehe gebraucht, und in Römer 6,18 und 22 spricht es von dem Einssein mit Christus. Es beschreibt eine außerordentlich feste Verbindung. Paulus hatte sich im wahrsten Sinn des Wortes selbst verleugnet, indem er gegenüber allen Menschen in einen solchen Bund trat. Wiewohl er in Christus frei war, hatte er doch ein so starkes Interesse an den Verlorenen, daß er bereit war, sich als Sklave hinzugeben, wenn er dadurch nur die Möglichkeit erhielt, ihnen das Evangelium zu verkünden. Von einer ähnlichen Selbstverpflichtung spricht er in 2. Timotheus 2,10: »Deswegen erdulde ich alles um der Auserwählten willen, auf daß auch sie die Seligkeit erlangen, die in Christus Jesus ist, mit ewiger Herrlichkeit.«

Wir halten fest: Paulus litt um des Evangeliums willen. Er wurde gefangengenommen. Er lag im Kerker. Er wurde geschlagen, gegeißelt, war schiffbrüchig und wurde gesteinigt. Immer wieder achtete er sein Leben gering. Schließlich wurde er um des Evangeliums willen umgebracht. Und wie wir aus dem Brief an die Gemeinde in Rom erfahren, wäre er bereit gewesen, noch weiter zu gehen, wenn dieses möglich wäre; denn dort finden wir die erschütternden Worte: »Ich habe große Traurigkeit und unaufhörlichen Schmerz in meinem Herzen; denn ich selbst, ich habe gewünscht, durch einen Fluch von Christus entfernt zu sein für meine Brüder, meine Verwandten nach dem Fleische« (Röm. 9,3). Mit anderen Worten: Er war bereit, seine eigene Seligkeit hinzugeben, damit seine jüdischen Brüder gerettet würden.

Im Gegensatz dazu bestanden die Korinther auf ihren Rechten, ja, sie mißbrauchten ihre Freiheit auf Kosten anderer. Schwache Brüder strauchelten und sehr wahrscheinlich fühlten sich die Ungläubigen durch die Selbstsüchteleien und den Streit abgestoßen, der die korinthische Gemeinschaft beherrschte, und von denen uns der erste Brief an sie sehr detaillierte Informationen liefert.

Paulus fordert sie nun auf, seinem Beispiel zu folgen. »Seid meine Nachahmer, gleichwie auch ich Christi« (1. Kor 11,1). Und worin bestand sein Beispiel? Nur einen Vers zuvor, am Ende des zehnten Kapitels, lesen wir: »Gleichwie auch ich mich in allen Dingen allen gefällig mache, indem ich nicht meinen Vorteil suche, sondern den der Vielen, auf daß sie errettet werden.« Es gibt also auch für Christen eine Weise, »menschengefällig« sein zu können, ja, zu sollen. Aber sie besteht darin, daß ein jeder nicht auf das Seine sieht, sondern auch auf das des Anderen (Phil. 2,4).

Darum geht es Paulus hier. Er propagiert keinen Marketing-Plan. Er redet auch nicht der »Kontextaktualisierung« das Wort. Er war auch nicht der Ansicht, die Botschaft müsse verbrauchergerechter gestaltet werden, auch wollte er nicht die Predigt durch Psychologie und weltliche Unterhaltung verdrängen. Er rief auf zu Selbstverleugnung und Opferbereitschaft, damit denen, die Christus nicht kennen, die unverfälschte Wahrheit verkündigt würde.

Den Juden ein Jude

Wie wandte Paulus dieses Prinzip an? In 1. Korinther 9,20 beschreibt er, wie die Selbstverleugnung praktisch aussieht: »Ich bin den Juden geworden wie ein Jude ... denen, die unter Gesetz sind, wie unter Gesetz.« Daraus sehen wir, wie Paulus seine persönliche Freiheit opfert, da er selbst nicht unter Gesetz war. Paulus ordnete sich freiwillig den Forderungen des Ritualgesetzes unter, um die zu gewinnen, die unter Gesetz waren. Mit anderen Worten: Er übernahm ihre Sitten. Was auch immer das Zeremonialgesetz forderte, er befolgte es willig. Wenn es für sie wichtig war, kein Schweinefleisch zu essen, dann enthielt er sich dessen. Wenn sie im Gewissen gebunden waren, bestimmte Feste einzuhalten, hielt er sich auch daran. Warum? Nicht um ihrem Stolz zu schmeicheln oder ihre Religion zu bestätigen, sondern um eine Möglichkeit zu erhalten, das Evangelium kompromißlos zu verkündigen, damit er sie für Jesus Christus gewinnt.

Johann Calvin hatte guten Einblick in diese Dinge:

> (Paulus) übernahm die jüdischen Lebensformen, wenn er in Gesellschaft von Juden war; er tat das aber nicht zu aller Zeit; denn viele waren widerspenstig, und unter dem Einfluß der Pharisäer hätten Stolz oder böser Wille nur allzu gern die Freiheit ganz und gar unterdrückt gesehen. *Niemals hätte Paulus ihnen so weit nachgegeben; denn Christus will nicht, daß wir uns solcher Menschen wegen Kummer machen.* Unser Herr sagt: »Laßt sie, sie sind blinde Leiter der Blinden« (Matth. 15,14). Darum müssen wir uns den Schwachen anpassen, nicht den Halsstarrigen. *Paulus wollte sie zu Christus bringen, nicht ihren eigenen Lüsten dienen, auch nicht ihr Wohlwollen erringen.*

> ... Jene Leute irren sich, deren Hauptaugenmerk auf ein kummerfreies Dasein gerichtet ist, und die zu diesem Zweck darauf achten, den Leuten kein Ärgernis zu geben, vor allem den Bösen, weit weniger den Schwachen. Außerdem: all jene, die nicht zwischen neutralen und bösen Dingen unterscheiden, machen einen doppelten Fehler. Weil sie diesen Unterschied nicht machen, zögern sie nicht, Dinge zu tun, die Gott verboten hat, nur um den Menschen zu gefallen. *Aber ihre Hauptsünde besteht darin, daß sie den Spruch des Paulus falsch auslegen, um daraus eine Entschuldigung für ihre eigene boshafte Heuchelei zu machen.*[6]

Paulus hätte sich auf keinen Kompromiß in bezug auf die Wahrheit eingelassen. Er opferte einfach seine Freiheit und was ihm lieb war. Damit räumte er alle unnötigen Ablenkungen und alle Ausreden aus dem Weg, die ihn hätten hindern können, ihnen kraftvoll und ohne Abstriche das rettende Evangelium zu verkünden.

Paulus war nicht der Ansicht, das Evangelium erhalte mehr Kraft, wenn es in den jeweiligen kulturellen Kontext eingepaßt wird. Er sprach auch nie davon, *die Botschaft* gefälliger machen zu wollen. Er sagte nur, er wolle die Möglichkeit zur Wortverkündigung nicht aufs Spiel setzen, indem er die Menschen unnötig kränkte. Wenn die Kränkung in der Botschaft selbst lag, so mußte es dabei bleiben. »Wir aber predigen Christus als gekreuzigt, den Juden ein Ärgernis, und den Nationen eine Torheit« (1. Kor. 1,23). Aber Paulus *selbst* wollte den Ungläubigen kein Stolperstein werden: »Seid ohne Anstoß, sowohl Juden als Griechen und der Versammlung Gottes« (1. Kor. 10,32).

Einige Beispiele aus dem Neuen Testament mögen das illustrieren: In Apostelgeschichte 15 lesen wir von dem Jerusalemer Konzil, der ersten Kirchenversammlung, die darüber entscheiden mußte, wie die Heidenchristen eingegliedert werden sollten. Viele Judenchristen waren so sehr von ihren Traditionen durchdrungen, daß sie den zu Christus bekehrten Heiden nicht trauten. So kamen einige aus Judäa und lehrten die Christen: »Wenn ihr nicht beschnitten worden seid nach der Weise Moses, könnt ihr nicht errettet werden« (15,1). Mit anderen Worten behaupteten sie, die Heiden könnten erst Christen werden, wenn sie vorher Juden geworden waren. Die Kirche geriet in Verwirrung.

Das Jerusalemer Konzil kam zusammen, um die Angelegenheit zu beraten. Die Schrift sagt, es habe viel Wortwechsel stattgefunden (Vers 7). An einer Stelle bezeugte Petrus, er sei dabei gewesen, als die Heiden zum erstenmal den Heiligen Geist empfingen und alle Kennzeichen aufwiesen, daß es von Gott gewirkt war (Vers 7-12). Zum Schluß traf Jakobus, der Leiter, die Entscheidung: »Deshalb urteile ich, daß man diejenigen, welche sich von den Nationen zu Gott bekehren, nicht beunruhige« (Vers 19).

Das regelte diese Frage. Die Kirche würde die Heiden so annehmen wie sie sind, ohne sie dem jüdischen Zeremonialgesetz zu unterwerfen.

Man beachte nun aber die nächsten Verse! Jakobus fuhr fort, um hinzuzufügen: »(Wir wollen ihnen schreiben), daß sie sich enthalten von den Verunreinigungen der Götzen und von der Hurerei und vom Erstickten und vom Blute.« Er nannte vier Dinge, von denen sich die Heiden fernhalten sollten. Erstens »Verunreinigungen der Götzen«. Das bedeutete Speisen, die den Götzen geopfert waren. Genau diese Sache beunruhigte auch die Korinther. Götzenopfer zu essen war ein schreckliches Ärgernis für Juden. Sie verabscheuten den heidnischen Götzendienst. Paulus aber vertrat die Ansicht, das Essen von Götzenopfern sei an sich nichts Schlechtes. Was ist denn ein Götze in Wirklichkeit?! »Wir wissen, daß ein Götzenbild nichts ist in der Welt, und daß kein anderer Gott ist, als nur einer« (1. Kor. 8,4). Trotzdem blieb das Jerusalemer Konzil bei der Warnung, sich von allem zu enthalten, was durch Götzen verunreinigt wurde, um die Juden nicht unnötig zu kränken.

Zweitens sollten sich die Heiden der Hurerei enthalten. Dies hieß nicht einfach, sie sollten keine Hurerei *betreiben*. Das ist ganz klar. Hier gibt es keine Grauzone. In der apostolischen Lehre finden wir vieles, was die Hurerei in jeglicher Form untersagt. Darum bedeutet »enthalten ... von Hurerei« viel mehr als den Befehl, keine Hurerei zu begehen. Weil sich die heidnischen Religionen größtenteils um Sexriten, Tempelprostitution und wilde Orgien drehten, sagt ihnen Jakobus, die Heidenchristen sollten mit dem ganzen früheren Götzendienst nichts mehr zu schaffen haben. Sie sollten nie mehr an solchen Zeremonien teilnehmen. Und sie hätten alle Fäden zu durchschneiden, die sie an den heidnischen Kultus banden, der den Juden so widerwärtig war.

Drittens sollten sie sich vom Fleisch erstickter Tiere fernhalten und viertens von Blut. Ersticktes Fleisch enthält eine Menge Blut, und das jüdische Gesetz verlangte, daß zum Verzehr bestimmte Tiere völlig blutleer zu sein hatten. Für die Juden war das Blutessen eine der anstößigsten heidnischen Angewohnheiten. Zu einigen heidnischen Riten gehörte sogar das Trinken von Tierblut. Das Jerusalemer Konzil befahl daher den Heidenchristen, sich dieser Praxis zu enthalten.

Verstehen wir die Bedeutung dieser Gebote? Das Jerusalemer Konzil verurteilte ausdrücklich jegliche Gesetzlichkeit. Das Konzil lehnte es ab, die Heiden unter das mosaische Gesetz zu bringen. Warum stellte es aber diese vier Verbote auf? Der Grund wird in Apostelgeschichte 15,21 deutlich gemacht: »Denn Mose hat von alten Zeiten her in jeder Stadt solche, die ihn predigen, indem er an jedem Sabbath in den Synagogen gelesen wird.«

Mit anderen Worten: Sie sollten diese vier Dinge meiden, um die ungläubigen Juden nicht zu reizen. Wenn Heidenchristen die höchst anstößigen heidnischen Riten weiter mitmachten, würden sich die ungläubigen Juden vom Evangelium abwenden, bevor sie es gehört hatten.

Apostelgeschichte 16 liefert ein ähnliches Beispiel. Hier treffen wir in der Schrift zum erstenmal auf Timotheus. Lukas berichtet von ihm, er war »der Sohn eines gläubigen jüdischen Weibes, aber eines griechischen Vaters« (Vers 1). Juden sahen ihn für einen Heiden an, weil sein Vater Heide war. Außerdem hätte Timotheus Mutter dann als Verräterin betrachtet werden müssen, weil sie einen Heiden geheiratet hatte.

Doch Timotheus hatte »ein gutes Zeugnis von den Brüdern in Lystra und Ikonium. Paulus wollte, daß dieser mit ihm ausgehe, und er nahm und beschnitt ihn« (Vers 2 und 3).

Einen Augenblick! Warum tat er das? Ganz gewiß glaubte Paulus nicht, daß Heiden beschnitten werden müssen, um errettet zu werden. Tatsächlich widersetzte sich Paulus den Legalisten in Jerusalem, als sie verlangten, Titus müsse beschnitten werden (Gal. 2,1-5). Darüber hinaus hatte Paulus dem Petrus »ins Angesicht widerstanden«, als dieser vor den Legalisten zurückwich (Gal. 2,11-14). Er fragte Petrus: »Wenn du, der du ein Jude bist, wie die Nationen lebst und nicht wie die Juden, wie zwingst du denn die Nationen, jüdisch zu leben?« (Vers 14). Warum hat dann aber Paulus den Timotheus beschnitten? Gab er doch nach? War er inkonsequent?

Nein. Timotheus tat es nicht, um errettet zu werden. Offensichtlich war er bei seiner Bekehrung *nicht* beschnitten worden. Auch tat er es nicht, um verhärtete Legalisten froh zu stimmen oder um das Ärgernis des Evangeliums zu mildern. Er wollte sich nur mit den Juden identifizieren, um ihnen die frohe Botschaft verkündigen zu können. Paulus und Timotheus hegten nicht die Hoffnung, pseudo-christliche Legalisten zu beschwichtigen, auch wollten sie nicht heucheln und noch weniger das Evangelium abschwächen. Sie wollten nur die Türen zu den Juden offenhalten, um ihnen predigen zu können. Dies war weder ein Kompromiß noch Menschengefälligkeit. Es war liebende – und körperlich äußerst schmerzhafte – Selbstaufopferung um der Verlorenen willen.

Wo immer er die starken religiösen Traditionen eines Volkes anerkennen konnte und ihre Gefühle nicht verletzen mußte, da tat er es gerne –

wenn er damit nicht Gottes Wort übertrat oder gegen das Evangelium verstieß. Aber niemals paßte der Apostel seinen Dienst weltlichen Begierden oder sündiger Eigenliebe an.

Den Heiden ein Heide

Kehren wir noch einmal zu 1. Korinther 9 zurück! Dort lesen wir im 21. Vers: »Denen, die ohne Gesetz sind (wurde ich) wie ohne Gesetz (wiewohl ich nicht ohne Gesetz vor Gott bin, sondern Christus gesetzmäßig unterworfen), auf daß ich die, welche ohne Gesetz sind, gewinne.« »Denen, die ohne Gesetz sind«, das sind die Heiden. In diesem Vers müssen wir auf den Einschub achten. Er legt Wert darauf, »nicht ohne Gesetz vor Gott, sondern Christus gesetzmäßig unterworfen« zu sein. Er sagt damit deutlich: Ich werde nicht gesetzlos handeln, um Verächtern der wahren Gerechtigkeit zu gefallen.

Obwohl er in Hinsicht auf das Ritual und das Zeremonialgesetz »gesetzlos« war, so lebte er doch nicht lasterhaft und beging keine Ungerechtigkeiten. Er hätte für Antinomisten keine Sympathien empfunden. Das sind Leute, die meinen, für Christen gäbe es überhaupt keine Gesetze. »Ohne Gesetz« bezieht sich nicht auf das Moralgesetz. Paulus will auch nicht sagen, er könne »auf den Putz hauen«, um bei den Heiden Bewunderung zu erhaschen. Niemandem hat er jemals zu der Meinung Anlaß gegeben, er könne Christ werden und doch einem weltlichen Lebensstil huldigen. Noch einmal: Er sprach über das alttestamentliche Zeremonialgesetz. Wenn er den Heiden diente, ließ er alle jüdischen Traditionen, die mit der Moral nichts zu tun hatten, beiseite. Bei den Heiden folgte er heidnischer Gewohnheit und Lebensart, sofern diese nicht mit dem Gesetz Christi kollidierten. Er vermied es, sie unnötig zu reizen.

War er dagegen zum Beispiel in Jerusalem, so folgte er den jüdischen Regeln. Er hielt Feste und Sabbathe und beachtete die jüdischen Speisegesetze. Als er jedoch nach Antiochien kam, aß er mit den Heiden, auch wenn das seiner Tradition und Erziehung wehtat. Petrus kam auch dorthin und aß ebenfalls mit den Heiden, bis einige Judaisten auftauchten. Dann zogen sich Petrus und einige mit ihm zurück und hielten sich abseits (Gal. 2,12). Paulus sagte, »daß selbst Barnabas durch ihre Heuchelei mit fortgerissen wurde« (Vers 13). Das war, als Paulus dem Petrus in aller Öffentlichkeit »ins Angesicht widerstand«.

Zu beachten ist, warum Paulus gegen Petrus Stellung bezog: »Ich aber sah, daß sie nicht den geraden Weg nach der Wahrheit des Evangeliums wandelten« (Vers 14). Der Grund, weshalb Paulus allen alles werden wollte, war nicht der, das Evangelium heimlich von hinten herum einzuschleusen. Im Gegenteil, so konnte er ohne unnötige Behinderung die Wahrheit des Evangeliums noch offener verkündigen. Paulus sah in dem Kompromiß des Petrus etwas, was die Klarheit und die Kraft des Evangeliums untergrub, und darum trat er ihm entgegen.

Den Schwachen ein Schwacher

Wenn wir zu 1. Korinther 9 zurückkehren, finden wir eine dritte Gruppe, die Paulus erwähnt: »Den Schwachen bin ich geworden wie ein Schwacher« (Vers 22). Wer sind die Schwachen? In der Paulinischen Theologie bezieht sich dieser Ausdruck auf übergewissenhafte Christen – unreife Gläubige, die ihre Freiheit noch nicht begriffen haben. In der jüdischen Gemeinde zum Beispiel wollten einige neue Christen immer noch den Sabbath halten, die Synagogen besuchen, den Speisegesetzen folgen und alle Feste und Feiern des alttestamentlichen Gesetzes halten. Einige in der christlichen Gemeinschaft hatten schwache Gewissen und hielten diese Dinge noch für verbindlich. Sie waren gerade aus dem Judentum aufgetaucht und hielten aus Gewissensgründen an all dem fest, was ihnen in Fleisch und Blut übergegangen war und was darüber hinaus mit dem wahren Gott und den Schriften des Alten Testaments verbunden war.

Unter den Heiden waren andererseits solche, die, aus dem Götzendienst errettet, sich nun fürchteten, durch Opferfleisch wieder mit den Götzen in Berührung zu kommen. Vielleicht lebte in manchen noch alter Aberglaube oder Dämonenfurcht, oder sie wollten einfach absolut nichts mehr mit dem alten Leben zu tun haben.

Paulus war ganz sicher frei von Furcht und Aberglauben. Auch vom Zeremonialgesetz des Alten Testaments war er frei. Das Gesetz Christi regierte ihn. Obwohl er sich frei fühlte, Dinge zu tun, die anderen ihr Gewissen nicht erlaubt hätte, so nahm er sich doch sehr in acht, die Gefühle der schwächeren Brüder nicht zu verletzen. Er verhielt sich so, daß er sie nicht ärgerte. Aus Liebe verzichtete er eher auf seine Freiheit, als daß er einen schwächeren Bruder geärgert hätte.

Wie wirkte sich das praktisch aus? Einmal nahm er ein Nasiräergelübde auf sich, um einem Gerücht unter den gläubigen Juden in Jerusalem die Grundlage zu entziehen, er predige gegen Mose und zwänge Juden, ihre Kinder nicht zu beschneiden (Apg. 21,17-26). Ironischerweise war es die Erfüllung dieses Gelübdes, das ihn am Ende ins Gefängnis brachte. Die ungläubigen Juden haßten die Botschaft des Evangeliums, und darum trachteten sie danach, den Botschafter aus dem Weg zu räumen. Aber sie fanden gegen Paulus persönlich keine rechtmäßige Anklage; denn er war nur seinen Weg gegangen, den Juden ein Jude, den Heiden ein Heide und den schwachen Brüdern ein schwacher Bruder zu sein.

Noch einmal fragen wir: Warum hat Paulus das alles auf sich genommen? In 1. Korinther 9,22-23 sagt er: »Ich bin allen alles geworden, auf daß ich auf alle Weise etliche errette. Ich tue aber alles um des Evangeliums willen.« »Auf alle Weise« mag zunächst wie echter Pragmatismus klingen; aber wir dürfen nicht vergessen, daß Paulus hier von Herablassung, nicht von Kompromissen spricht. Worin besteht der Unterschied? Sich herablassen ist das Beseitesetzen unnützer Gewissensbeschwerden bei anderen auf Kosten persönlicher optimaler Freiheit. Kompromisseschließen ist das Beiseitesetzen wesentlicher Wahrheiten, wodurch das Evangelium verändert oder geschwächt wird.

Paulus vergleicht sich mit den kompromißbereiten Krämerseelen von 2. Korinther 2,17: »Wir fälschen nicht, wie die vielen, das Wort Gottes, sondern als aus Lauterkeit, sondern als aus Gott, vor Gott, reden wir in Christus.« Der Kompromißbereite verkauft ein billiges Evangelium und versucht es dadurch ansprechend zu machen, daß er das Ärgernis Christi daraus entfernt. Paulus suchte nur zu vermeiden, selbst ein Hindernis oder Stolperstein für die Gewissen der Zuhörer zu sein, damit die unverfälschte Botschaft die Herzen erreiche und ihr Werk tun könne. Wenn sich die Menschen an der Botschaft ärgerten, so suchte Paulus nicht den Anstoß des Evangeliums zu beseitigen oder das Ärgernis des Kreuzes aus dem Weg zu räumen, auch wollte er die nicht gewähren lassen, die das taten (siehe Gal. 5,11). Er war aber bereit, Selbstverleugnung und Nachsicht zu üben, wenn ihm dadurch die Predigt ermöglicht wurde.

»Kontextaktualisation« und die Korrumpierung der Kirche

Jetzt sollte es klar sein, daß alle, die Kirche als Markt betrachten, den Apostel Paulus nicht als Vordenker ihrer Methodologie oder als Vater ihrer Philosophie ausgeben dürfen. Obwohl Paulus unter den übelsten Heiden in der ganzen römischen Welt arbeitete, hat er die Kirche nie dem weltlichen gesellschaftlichen Geschmack angepaßt. Nie wäre ihm der Gedanke gekommen, die Botschaft oder das Wesen der Kirche zu ändern. Jede von ihm gegründete Gemeinde hatte ihre unverwechselbare Eigenart und die dazugehörigen Probleme. Doch blieben des Paulus Lehre, seine Strategie und vor allem seine Botschaft während seines ganzen Dienstes immer dieselben. Seine Vorstellung über seinen Dienst war – wie wir im nächsten Kapitel sehen werden –, immerfort zu predigen, frei und offen die biblischen Wahrheiten zu verkündigen.

Im Gegensatz dazu hat die »Kontextaktualisation« des Evangeliums die Kirche mit dem Zeitgeist infiziert. Sie hat die Kirchentüren weit aufgesperrt für Weltförmigkeit und Oberflächlichkeit. Oft herrscht nur noch eine richtige Partystimmung. Die Welt schreibt der Kirche die Agende vor.

Das wird deutlich in James Davison Hunters Buch demonstriert. Er ist Soziologieprofessor an der Universität von Virginia und führte Umfragen unter Studenten an evangelikalen Colleges und Seminaren durch. Er kam zu dem Schluß, daß in der evangelikalen Christenheit während der letzten drei Jahrzehnte ein dramatischer Wandel stattgefunden hat. Junge Evangelikale wurden deutlich toleranter gegenüber Aktivitäten, die früher als weltlich oder unmoralisch galten, wie Rauchen, Marihuanagenuß, Filmkonsum und vorehelicher Sexualverkehr. Hunter schreibt:

> Die symbolischen Grenzen, die früher das, was im konservativen Protestantismus schicklich war, definierten, haben viel von ihrer Klarheit verloren. Viele der Unterschiede, die das christliche Verhalten vom »weltlichen« trennten, werden nun in Frage gestellt oder unterlaufen. Sogar die Begriffe *weltlich* und *Weltförmigkeit* haben innerhalb einer Generation ihre traditionelle Bedeutung verloren … Die herkömmliche Bedeutung von *Weltförmigkeit* ist für die kommende Generation der Evangelikalen belanglos geworden.[7]

Was Hunter bei evangelikalen Studenten feststellte, spiegelt wider, was in der ganzen evangelischen Kirche geschehen ist. Viele bekennende Christen machen sich offenbar viel mehr Gedanken darüber, was die Welt meint, als darüber, was Gott sagt. Die Gemeinden sind so vertieft darin, den Nichtchristen zu gefallen, daß sie ihre vornehmste Pflicht, nämlich Gott zu gefallen, völlig vergessen (2. Kor. 5,9). Die Kirche hat sich so »über-kontextaktualisiert«, daß sie von der Welt zugrunde gerichtet wurde.

Auf alle Weise etliche erretten

Paulus machte sich einzig deshalb zum Sklaven aller, damit er etliche erretten möchte. Er wollte keinen Popularitätswettstreit gewinnen. Er wollte weder sich noch das Evangelium anbiedern. C. H. Spurgeon sagt in einer Predigt über diesen Text:

> Ich fürchte, es gibt etliche, die predigen mit der Absicht, die Leute zu amüsieren, und solange die Menschen in Haufen zusammenströmen und ihre Ohren gekitzelt werden und sie erfreut über das Gehörte nach Hause gehen können, ist der Redner zufrieden, faltet die Hände und geht selbstzufrieden heim. Aber Paulus war nicht darauf aus, den Menschen zu gefallen und große Massen an sich zu locken. Wenn er sie nicht retten konnte, hielt er es für unnütz, ihr Interesse zu wecken. Wenn die Wahrheit nicht die Herzen durchbohrte, das Leben veränderte und neue Menschen aus ihnen wurden, ging Paulus nach Hause und weinte: »Wer hat unserer Verkündigung geglaubt, und wem ist der Arm des HERRN offenbar geworden?«
>
> Nun seht, Brüder, wenn ich, oder ihr, oder einer von uns, oder wir alle unsere Tage nur damit verbracht haben, die Leute zu amüsieren, sie zu erziehen oder ihnen Moral beizubringen, dann werden wir an dem letzten, großen Tag traurig dastehen und werden nur einen elenden Bericht abliefern können; denn welchen Nutzen bringt es, einen Menschen ausgebildet zu haben, wenn er in die Verdammnis kommen wird? Oder welchen Dienst haben wir ihm mit unserer Unterhaltung erwiesen, wenn die Posaune erschallt, wenn Himmel und Erde erschüttert werden und der Abgrund seinen feurigen Rachen aufreißt und die unerretteten Seelen verschlingt? Was hilft es, die Moral eines Menschen zu heben, solange er noch an der linken Seite des Richters steht und das »Gehet von mir, Verfluchte!« zu erwarten hat?[8]

Genau dasselbe denke ich von den heutigen Gemeindewachstumsstrategien. Das Ziel ist, die Kirchenfernen anzuziehen. Zu welchem Zweck? Um sie zu unterhalten? Um sie zu regelmäßigem Kirchgang anzuregen? Nur die Entkirchlichten zu »kirchlichen« hat überhaupt keinen Ewigkeitswert. Leider bleibt diese Strategie nur allzu oft dabei hängen. Oder sie ist mit einem verwässerten Evangelium kombiniert, das fälschlich versichert, eine positive »Entscheidung« für Christus sei genauso gut wie eine wahre Bekehrung. Große Scharen, die keine authentischen Christen sind, identifizieren sich jetzt mit der Kirche. Die Kirche erlebt also die Invasion weltlicher Werte, weltlicher Interessen und der Bürger dieser Welt.

Wir müssen mit aller Kraft die Rettung der Verlorenen suchen. Wir müssen uns allen zu Knechten machen und jedermann behutsam nachgehen. Den Juden sollten wir ein Jude und den Heiden ein Heide und für Kinder kindlich werden. Das gilt für jede Facette des Menschseins. Aber das Hauptanliegen dürfen wir dabei nicht aus den Augen verlieren: die offene, Christus-zentrierte Verkündigung des unverfälschten Gotteswortes. Wer das Wort gegen Vergnügungen und Schauspiele eintauscht, wird entdecken, daß er kein wirksames Mittel hat, um die Menschen mit der Wahrheit Christi zu erreichen.

Kapitel 5

Die Torheit Gottes

Betet ohne Unterlaß und predigt das zuverlässige Wort klarer als je zuvor. Solch ein Verhalten mag manchem wie Stillstand und Nichtstun erscheinen, in Wahrheit aber bringt es Gott auf das Schlachtfeld; und wenn Er kommt, die Mühsal Seiner Getreuen zu rächen, wird Er es kurz machen. »Stehe auf, o Herr, tritt für Deine Sache ein!«

Charles Haddon Spurgeon[1]

Niedergangstendenzen hat es immer und ununterbrochen in der Kirchengeschichte gegeben. Niemals gab es eine Zeit, in der biblisches Christentum nicht durch Weltförmigkeit und falsche Lehren bedroht war. Der Evangelikalismus des zwanzigsten Jahrhunderts ist dafür ein besonders pikantes Beispiel. Die Geschichte der weltweiten evangelikalen Bewegung ist ein langer und schier hoffnungsloser Kampf gegen die Einflüsse der liberalen Theologie und gegen die Kompromisse mit der Welt. Das fing vor mehr als hundert Jahren mit Spurgeon und der »Down-Grade-Kontroverse« an. Seither wurde das evangelikale Lager immer wieder wegen der gleichen Anlässe zerrissen und gespalten, die Spurgeon schon so viel Kummer bereiteten.

Spurgeons frühe Warnungen vor dem Modernismus und dem Niedergang verhallten weitgehend ungehört. In der ersten Dekade dieses Jahrhunderts wurde es allerdings deutlich, daß der orthodoxe Protestantismus die Schlacht gegen den Liberalismus verlieren würde. Im Jahre 1909 begann eine Gruppe christlicher Leiter, die sich der biblischen Wahrheit verpflichtet fühlte, mit der Herausgabe einer Artikelserie unter dem Titel *The Fundamentals*. A.C. Dixon, Pastor an der Moody Memorial Church in Chicago, war der Chefherausgeber der Serie. Ihm standen R.A. Torrey und Louis Meyer zur Seite. 1911 wurde Dixon als Pastor an das Metropolitan Tabernacle in London – Spurgeons berühmte Wirkungsstätte – berufen. So kehrte das Hauptquartier des Kampfes gegen den »Down-Grade« schließlich an seinen Ausgangsort zurück.

Die Artikel der *Fundamentals* wurden in zwölf Bänden gesammelt und waren 1915 komplett. Finanziert von zwei christlichen Geschäftsleuten aus Kalifornien, wurden beinahe drei Millionen Exemplare kostenlos an kirchliche Arbeiter in aller Welt verteilt. Mit ihnen war eine gesunde biblische Verteidigung aller wesentlichen Lehren ermöglicht, die damals von der liberalen Theologie angegriffen wurden. Die Artikel verurteilten die »höhere Bibelkritik« (in der menschliche Sichtweisen der biblischen Wissenschaft aufgezwungen wurden, und die in blanken Unglauben mündete). Sie verteidigten die Unfehlbarkeit der Bibel und ihre Autorität, die Historizität der Schrift, die Verbalinspiration, die Gottheit Christi, die Lehre von dem stellvertretenden Sühnungswerk und mehrere andere biblische Charakteristika. Unter den bekannten Mitarbeitern der Serie waren B.B. Warfield, J.C. Ryle, G. Campbell Morgan, C.I. Scofield, James M. Grey (der Präsident des Moody Bibelinstituts), A.T. Pierson (ein weiterer Nachfolger Spurgeons) und Thomas Spurgeon, Charles' Sohn.

Diese Bücher riefen eine Bewegung ins Leben, die uns als *Fundamentalismus* bekannt ist. Um 1919 war diese Bewegung eine Größe, mit der man rechnen mußte. Im Mai jenes Jahres fand die »Weltkonferenz der christlichen Fundamentalisten« in Philadelphia statt. Mehr als sechstausend Christen mit unterschiedlichsten denominationellen Hintergründen waren dort versammelt. Der Fundamentalismus schien einer großartigen Zukunft entgegenzugehen. Leider erwies sich die Versammlung in Philadelphia als Höhepunkt der Fundamentalisten-Bewegung. Noch vor Ende des Jahrhunderts sollte der Ausdruck »Fundamentalisten« einen sehr negativen Klang erhalten und mehr auf die gnadenlosen islamischen Ayatollahs als auf gottesfürchtige Christen angewendet werden. Die Fundamentalisten-Bewegung ist heute zerteilt und in winzige Grüppchen aufgespalten. Und wie wir gesehen haben, bringt eine neue Art des Modernismus die Christen weiter in den Niedergang.

Was geschah? Warum ist das biblische Christentum so verwundbar für Kompromisse und weltlichen Einfluß?

Ein faszinierender Bericht über die fundamental/evangelikale Bewegung in einem kleinen Bereich kann man in George Marsdens Buch finden. Es heißt: *Die Reform des Fundamentalismus: Das Fuller-Seminar und der Evangelikalismus.*[2] Indem Marsden die Geschichte dieser einflußreichen Institution schildert, zeigt er detailliert, wie das Fuller-Seminar seine Grundsätze aufs Spiel setzte und schließlich seine Bindung an die Unfehlbarkeit der Bibel aufgab. Die Anstalt war ursprünglich als biblische Ausbildungsstätte konzipiert, nachdem die denominationellen Seminare dem Liberalismus verfallen waren oder in anderer Weise den Glauben verleugneten. Aber innerhalb weniger Jahrzehnte kapitulierte das Fuller-Seminar selbst vor dem Thema »biblische Unfehlbarkeit«. Warum? Marsdens Bericht zeigt, daß die Fuller-Gründer und viele ihrer Mitarbeiter von der Idee besessen waren, sie müßten den höchsten intellektuellen und akademischen Ansprüchen genügen. Sie wollten, daß das Fuller-Seminar als Elitehochschule betrachtet und den gleichen Rang wie die denominationellen Hochschulen einnehmen sollte. Unglücklicherweise huldigt aber das intellektuelle Klima unserer Tage kritiklos dem Skeptizismus, dem Liberalismus und dem Humanismus, dazu einem unchristlichen Rationalismus. Gerade die Gesellschaft, deren Anerkennung die Fuller-Leute suchten, hatte derjenigen Theologie den Krieg erklärt, für die das Fuller-Seminar zu kämpfen gedachte. Um den gewünschten Status zu erlangen, waren die Fuller-Leute bereit, Kompromisse einzugehen. Die Geschichte dieser Schule liest sich daher über weite Strecken wie die traurige Chronik vom Kampf und Untergang der christlichen Lehre.

Wenn Torheit Weisheit ist

Ist intellektuelle und akademische Anerkennung ein lohnendes Ziel? Nicht, wenn die Welt festsetzt, was akzeptabel ist und was nicht. »Niemand betrüge sich selbst. Wenn jemand unter euch sich dünkt, weise zu sein in diesem Zeitlauf, so werde er töricht, auf daß er weise werde. Denn *die Weisheit dieser Welt ist Torheit bei Gott«* (1. Kor. 3,18-19). Es ist töricht, Anerkennung von der menschlichen Weisheit zu suchen. Das Ziel in sich ist unvereinbar mit der Integrität der Bibel.

Der Apostel Paulus schreibt in seinem ersten Brief an die Korinther sehr ausführlich gerade über dieses Thema. Weil er wußte, daß die biblische Wahrheit von der Welt oft als ausgemachter Unsinn betrachtet wird, schreibt Paulus: »Das Törichte Gottes ist weiser als die Menschen, und das Schwache Gottes ist stärker als die Menschen« (1. Kor. 1,25). Wir mögen es kaum sagen, daß Gott töricht ist oder Torheit begeht; aber Paulus braucht diesen Begriff, um den Konflikt zwischen menschlicher Philosophie und biblischer Wahrheit deutlich herauszuarbeiten. Göttliche Weisheit braucht menschlicher Wertschätzung durchaus nicht immer als solche zu *erscheinen*.

In einem pragmatischen Zeitalter wie dem unseren mag das, was wahr ist, nur gelegentlich mit dem übereinstimmen, was funktioniert. Und was richtig ist, kann grundsätzlich verschieden sein von dem, was weltliches Urteil für annehmbar hält. Tatsächlich ist dies oft der Fall. Aber das zeigt keinen Mangel am Evangelium; vielmehr unterstreicht es die Unzulänglichkeit menschlicher Weisheit.

Paulus verteidigt das Evangelium gegen die Behauptung, es sei etwas Geringeres als die Weisheit der Welt. Dabei will er die Botschaft von Christus weder als gelehrte Abhandlung darstellen, noch sucht er die Wertschätzung und Anerkennung der weltlichen sogenannten Gelehrten. Statt dessen gibt er zu, daß das Evangelium, mit den Augen menschlicher Weisheit betrachtet, ganz und gar unsinnig erscheint. Er sagt:

> Denn Christus hat mich nicht ausgesandt zu taufen, sondern das Evangelium zu verkündigen; nicht in Redeweisheit, auf daß nicht das Kreuz Christi zunichte gemacht werde. Denn das Wort vom Kreuz ist denen, die verloren gehen, Torheit; uns aber, die wir errettet werden, ist es Gottes Kraft. Denn es steht geschrieben: »Ich will die Weisheit der Weisen vernichten, und den Verstand der Verständigen will ich hinwegtun.« Wo ist der Weise? Wo der Schriftgelehrte? Wo der Wortstreiter dieses Zeitlaufs? Hat nicht Gott die Weisheit der Welt zur Torheit gemacht? Denn weil ja in der Weisheit Gottes die Welt durch die Weisheit Gott nicht erkannte, so gefiel es Gott wohl, durch die Torheit der Predigt die Glaubenden zu erretten; weil ja sowohl Juden Zeichen fordern, als auch Griechen Weisheit suchen; wir aber predigen Christus als gekreuzigt, den Juden ein Ärgernis, und den Nationen eine Torheit; den Berufenen selbst aber, sowohl Juden als Griechen, Christus, Gottes Kraft und Gottes Weisheit; denn das Törichte Gottes ist weiser als die Menschen, und das Schwache Gottes ist stärker als die Menschen.
>
> Denn sehet eure Berufung, Brüder, daß es nicht viele Weise nach dem Fleische, nicht viele Mächtige, nicht viele Edle sind; sondern das Törichte der Welt hat Gott auserwählt, auf daß er die Weisen zu Schanden mache und das Schwache der Welt hat Gott auserwählt, auf daß er das Starke zu Schanden mache; und das Unedle und das Verachtete der Welt hat Gott auserwählt, und das, was nicht ist, auf daß er das, was ist, zunichte mache, damit sich vor Gott kein Fleisch rühme. Aus ihm aber seid ihr in Christus Jesus, der uns geworden ist Weisheit von Gott und Gerechtigkeit und Heiligkeit und Erlösung; auf daß, wie geschrieben steht: »Wer sich rühmt, der rühme sich des Herrn.«
>
> Und ich, als ich zu euch kam, Brüder, kam nicht nach Vortrefflichkeit der Rede oder Weisheit, euch das Zeugnis Gottes verkündigend. Denn ich hielt nicht dafür, etwas unter euch zu wissen, als nur Jesus Christus, und ihn als gekreuzigt. Und ich war bei euch in Schwachheit und in Furcht und in vielem Zittern; und meine Rede und meine Predigt war nicht in überredenden Worten der Weisheit, sondern in Er-

weisung des Geistes und der Kraft, auf daß euer Glaube nicht beruhe auf Menschenweisheit, sondern auf Gotteskraft (1. Kor. 1,17-2,5).

Die Minderwertigkeit der menschlichen Weisheit

Wir erinnern uns, daß Paulus seinen Dienst in einer Zivilisation tat, die den Gipfel ihrer Herrlichkeit während des griechischen Weltreichs erklommen hatte und nun eine Wiedererweckung der hohen Kultur unter der Römerherrschaft forderte. Die alten Griechen sahen die Philosophie für den Gipfel menschlicher Betätigungen an und bauten ihre ganze Gesellschaft um sie herum auf. Gelehrte Griechen nahmen ihre Philosophie sehr ernst. Es gab wenigstens vier Dutzend verschiedene philosophische Systeme, die miteinander um Einfluß und Anerkennung im Wettstreit lagen. Viele von ihnen waren vornehmlich religiöser Natur und erklärten den Ursprung des Menschen, die Moralität, soziale Beziehungen und die Bestimmung des Menschen mit Hilfe eines Pantheons heidnischer Götter. Die griechischen Philosophien waren hochentwickelt und bestimmten das gesamte soziale, ökonomische und politische Leben und darüber hinaus die Erziehung der Jugend. Die meisten von ihnen, aber nicht alle, widersprachen vollkommen der in der Schrift geoffenbarten Wahrheit.

Kurz gesagt: Die griechische Gesellschaft betete die menschliche Weisheit an. Das Wort »Philosophie« bedeutet »Liebe zur Weisheit«. Unglücklicherweise hielten einige der bekehrten Korinther an dieser Liebe zu menschlicher Weisheit fest und versuchten, sie in die Kirche einzuschleusen. Offensichtlich meinten sie, menschliche Weisheit könne sich auf die göttliche Offenbarung vorteilhaft auswirken, oder dem, was sie in Christus hatten, etwas hinzufügen. Darum holt Paulus in dem obigen Abschnitt so weit aus, um sie zu korrigieren.

Eine ähnliche Ermahnung finden wir auch in dem Brief an die Kolosser: »Seht zu, daß nicht jemand sei, der euch als Beute wegführe durch die Philosophie und durch eitlen Betrug, nach der Überlieferung der Menschen, nach den Elementen der Welt, und nicht nach Christus« (2,8). Ihm ging es darum, daß Christen sich nicht mit Menschenweisheit befassen sollten. Sie dient weder dem geistlichen Wohl der Unbekehrten, noch kann sie dem Gläubigen etwas bieten. In der Tat, menschliche Weisheit bringt nichts als Verwirrung und Trennung.

Dabei ist zu beachten, daß sich die Argumente des Paulus nicht gegen irdische Fakten und rationale Einsicht wenden. Er bezog keine gedankenlose, anti-intellektuelle Stellung. Im Gegenteil, Paulus appellierte oft an den Verstand der Jünger: »Werdet verwandelt durch die Erneuerung eures *Sinnes*« (Röm. 12,2); »... aber erneuert werdet in dem Geiste eurer *Gesinnung*« (Eph. 4,23); »*Sinnet* auf das, was droben ist« (Kol. 3,2); »... auf daß ihr erfüllt sein möget mit der *Erkenntnis* seines Willens in aller Weisheit und geistlichem *Verständnis*« (Kol. 1,9). Er war nicht anti-intellektuell. Aber für Paulus war alle Wahrheit in Gottes unfehlbarem Wort eindeutig für immer festgelegt und uns geoffenbart. Dabei wußte er, daß diese Wahrheit eingehendes Studium erforderte (2. Tim. 2,15). Das ist eine Angelegenheit des Verstehens, nicht des Gefühls (1. Kor. 14,14-20). Die Wahrheit, so lehrt er mit Nachdruck, muß rational erfaßt, nicht durch mystische Intuition wahrgenommen werden (siehe Hiob 38,36; Lukas 24,45). Niemand komme auf die Idee, Paulus unterschätze den Wert des Verstandes!

So war er auch nicht gegen Technologie und Wissenschaft. Medizin, Architektur, Technik, Mathematik und andere Wissenschaften wurden in den Tagen des Paulus sehr gepflegt, genau wie in den unseren. Paulus verdammte kein Wissensgebiet per se. Er wandte sich nicht gegen Gelehrsamkeit und gegen die Anwendung der gottgegebenen Wohltaten der Wissenschaft. Auch heute hätte er nichts gegen Elektronik und Automation gesagt. Christen können und sollen Gott für den Segen danken, den ihnen die Wissenschaften brachten. Solange diese in rechter Weise angewendet werden – d. h. solange sie nicht die Grundlage zu Spekulationen über Gott, über richtig und falsch, über gut und böse oder über die geistliche Dimension des Lebens bilden –, steht wahre Wissenschaft nicht im Widerspruch zur Wahrheit des Evangeliums.

Wogegen sich Paulus wandte, war die menschliche Weisheit hinter den weltlichen Philosophien, die in die Gemeinde einzudringen drohten: »Hat nicht Gott die Weisheit der Welt zur Torheit gemacht?« (1. Kor. 1,20). An anderer Stelle schreibt er: »Unser Rühmen ist dieses: das Zeugnis unseres Gewissens, daß wir in Einfalt und Lauterkeit Gottes, *nicht in fleischlicher Weisheit*, *sondern in der Gnade Gottes* unseren Verkehr gehabt haben in der Welt, am meisten aber bei euch« (2. Kor. 1,12).

Im Gegensatz zu Paulus hat der heutige Evangelikalismus menschliche Ansichten und weltliche, fleischliche Weisheit unangemessen hoch erhoben. Beinahe das ganze vergangene Jahrhundert hat sich die evangelikale Theologie vor dem Schrein der akademischen Welt verneigt und versucht, säkulare Theologie, Philosophie, Politik, Psychologie, moralischen Relativismus, Evolutionstheorie und andere Modetorheiten zu assimilieren. Wenn die Christen dann feststellten, daß diese Dinge mit der Bibel und der Schlichtheit des Evangeliums unvereinbar sind, so waren sie nur zu oft bereit, die göttliche Wahrheit solange zu drehen und zu verändern, bis sie passend gemacht war. Zahllose Mengen wurden dadurch von dem einfachen Befolgen biblischer Lehre abgewandt, um menschliche Weisheit wertzuschätzen.

Der heiße Wunsch, intellektuell anerkannt zu werden, hat zweifellos mehr christliche Leiter und Institutionen in den Niedergang gehetzt als jede andere Kraft für sich genommen. In Verfolgung dieses falschen Zieles blieb die verweltlichte Kirche pflichtschuldigst immer einen oder zwei Schritte hinter der Welt mit ihren Moden und Einfällen zurück. Bibeltreue Evangelikale müssen daher einen beständigen Kampf gegen augenblicklich umlaufende menschliche Ansichten führen.

Der Wille zum Widerstand wird immer schwächer, je mehr die Gemeinden sich der Welt angleichen. Selbst unter echten Evangelikalen ist es Standardpraxis geworden, ihre Psychologie und Methodologie von der Welt zu entleihen. Manche meinen, sie könnten einfach menschliche Einsichten der Schrift hinzufügen und so weltliche Weisheit »christlich« machen.

Paulus dagegen wollte absolut keine menschliche Weisheit mit der Kirche verbinden. Statt dessen geht er auf sie wie auf einen schandbaren Feind los: »Christus hat mich … ausgesandt … das Evangelium zu verkündigen; nicht in Redeweisheit, auf daß nicht das Kreuz Christi zunichte gemacht werde« (1. Kor. 1,17). »Redeweisheit« ist die Übersetzung des griechischen Ausdrucks *sophia logou* – wörtlich: »Weisheit der Worte«. Die Aufgabe des Apostels war es, das Wort Gottes zu predigen, nicht menschliche Weisheit.

Hier ist die Frage erlaubt, ob es *immer* falsch ist, an die menschliche Weisheit zu appellieren, auch im Zusammenhang mit der Evangeliumsverkündigung. Es ist ja immerhin unsere Aufgabe, die Welt mit dem Evangelium zu erreichen. Warum sollte man das nicht auf eine Weise tun, die dem menschlichen Denken entgegenkommt? Paulus beantwortet diese Frage, indem er sagt, ein solcher Versuch mache das Kreuz Christi zunichte. Aus zwei Gründen ist das so. Vor allem ist die Botschaft vom Kreuz für alle, die verlorengehen, »Torheit« (Vers 18). Das läßt sich nicht umgehen, wenn wir der Botschaft treu bleiben wollen. Und zweitens kann man menschliche Weisheit nicht erheben, ohne Gottes Wahrheit herabzuziehen. Menschliche Weisheit schmeichelt dem Eigenwillen, dem intellektuellen und sozialen Stolz, fleischlicher Lust und dem Begehren, von Gott unabhängig zu sein. Menschliche Weisheit und das Evangelium sind daher grundsätzlich unvereinbar. Versucht man beide zu kombinieren – so sagt uns Paulus –, würde dadurch das Evangelium bedeutungslos und zunichte gemacht.

Der wahre Grund, weshalb die Menschen gern über Religion philosophieren und hochgestochen über Moral reden möchten, ist der, daß dieses dem menschlichen »Ego« entgegenkommt. Dieselben Leute spotten dann über das Evangelium, gerade weil es dem menschlichen Dünkel entgegentritt. Das Evangelium verlangt von den Menschen die Anerkennung ihrer Sünde und ihres geistlichen Unvermögens. Es demütigt sie, überführt sie und nennt sie Sünder. Außerdem bietet es die Erlösung als gnädiges Werk Gottes an – nicht als etwas, das die Leute sich selbst erarbeiten könnten. So zerbricht das Kreuz den menschlichen Stolz auf der ganzen Linie.

Die Überlegenheit der göttlichen Weisheit

Menschliche Weisheit weist die Wahrheit Gottes als »Torheit« von sich (Vers 18). Wer sich für weltweise hält, braucht oft Attribute wie »simplizistisch«, »naiv«, »unwissenschaftlich« oder sogar »töricht«, um das Evangelium zu beschreiben – und das ist es auch für ihn. »Sag selbst, wie könnte Jesus, den sie schon vor so langer Zeit in einem versteckten Weltwinkel auf einem einsamen Hügel an ein Stück Holz genagelt haben, auch nur die geringste Bedeutung für die moderne Menschheit und deren ewiges Schicksal haben? Ist wirklich kein Raum für persönliche Vervollkommnung, menschliche Güte, natürlichen guten Willen oder fromme Verdienste? Ist Gott tatsächlich so harsch, die Sünder zu bestrafen? Sind wir am Ende denn allesamt nur dreckige Sünder?« So überlegt der gefallene Verstand.

Und so ist das Wort vom Kreuz Torheit denen, die verlorengehen. Wenn Paulus vom »Wort vom Kreuz« redet, dann meint er natürlich die Botschaft des Evangeliums damit. Das Kreuz steht in der Mitte all unseres Glaubens und Predigens. Vergeßt nicht, daß das Kreuz, bevor es von den Menschen als schmückendes Anhängerchen getragen wurde, ein verhaßtes Exekutionswerkzeug war. Es diente zum schrecklich qualvollen Tod der niedrigsten Verbrecher. Was hätte schändlicher sein können als das? Aber Paulus meint nicht nur die Botschaft, die mit dem Kreuz an sich zu tun hat, sondern die ganze göttliche Wahrheit von unserer Errettung. Das Kreuz, das im Zentrum der göttlichen Offenbarung steht, ist das Hauptziel menschlicher Verachtung; aber die uns von Gott offenbarte Wahrheit als Ganzes wird von der Welt für »Torheit« gehalten und ist der Verachtung durch die Weisheit dieser Welt ausgesetzt.

Kurz bevor Paulus nach Korinth kam, war er in Athen auf dem Areopag der menschlichen Weisheit entgegengetreten (Apg. 17,18-21) – siehe auch Kapitel 7. Die Intellektuellen Athens grinsten über ihn wegen der

Auferstehung (Vers 32). Er wußte, daß ihm in Korinth auch solche begegnen würden, war es doch eine Stadt, die für ihre Ergebenheit zur weltlichen Philosophie, zu irdischem Vergnügen und zu fleischlicher Lust bekannt war. Ein Marketing-Experte hätte Paulus geraten, sich anders einzuführen, die Botschaft anzupassen, all das, von dem er wußte, daß es Ärger machen würde, etwas moderater zu verkündigen und mit ihnen über Dinge zu sprechen, die deutlicher Bezug auf Leben und Denken der Hörer nehmen.

Aber Paulus »hielt nicht dafür, etwas anderes zu wissen, als nur Jesus Christus, und ihn als gekreuzigt« (1. Kor. 2,2). Er wollte nicht die Botschaft ändern, um sich den Korinthern anzupassen. Sie kannten genügend menschliche Meinungen und irdische Philosophien, daß Paulus dem seine eigenen nicht hinzuzufügen brauchte. Was sie aber dringend brauchten, war die grundeinfache, doch tief gegründete Botschaft vom Kreuz.

Menschliche Weisheit – Torheit bei Gott

Obwohl der menschliche Verstand das Kreuz ärgerlich und töricht findet, ist es »uns, die wir errettet werden, ... Gottes Kraft« (Vers 18). Das Kreuz ist der Gipfel göttlicher Weisheit und die Demonstration ihrer Überlegenheit. Gottes Weisheit übertrifft menschliche Weisheit in mehrfacher Hinsicht.

Menschliche Weisheit ist zeitlich – Gottes Weisheit ist ewig

»Ich will die Weisheit der Weisen vernichten, und den Verstand der Verständigen will ich hinwegtun« (Vers 19) ist ein Zitat aus Jesaja 29,14. Im ersten Korintherbrief schießt Paulus eine Reihe von Fragen ab, durch die menschliche Weisheit verspottet wird. »Wo ist der Weise? Wo der Schriftgelehrte? Wo der Wortstreiter dieses Zeitlaufs? Hat nicht Gott die Weisheit der Welt zur Torheit gemacht?« (Vers 20). Er fragt also im Grunde: »Wo sind die Leute, die das menschliche Denken soweit veredelt haben, daß es sich über Gott erheben darf?« Hat die menschliche Klugheit Krieg, Hunger, Kriminalität, Armut oder Unmoral beseitigt? Wohin haben all die klugen Argumente und die flammende Rhetorik die Menschheit gebracht? Sind die Menschen durch sie besser – oder wenigstens selbstzufriedener oder genügsamer geworden? Die menschliche Weisheit hat nichts verändert. Das Leben ist noch immer voll der gleichen Probleme und Jämmerlichkeiten, die seit jeher dem Menschengeschlecht zu schaffen gemacht haben.

Menschliche Meinungen widersprechen sich oft, wechseln dauernd und kommen zeitweise aus der Mode, nur um dann in einer anderen Generation wieder aufzuleben. Weil sie Gottes Weisheit verworfen haben, gibt es für die »Recycling-Wahrheiten« dieser Welt keinen Anker, der ihnen Beständigkeit gewährt.

Menschliche Weisheit ist kraftlos – Gottes Weisheit ist stark

In den Versen 21 bis 25 zeigt Paulus, wie geistlich ineffektiv die weltliche Weisheit ist. Sie kann die menschliche Natur nicht verbessern und die Leute Gott nicht näherbringen.

Die Kirche von heute braucht verzweifelt nötig diese Einsicht. All die Philosophen, Intellektuellen, Soziologen, Anthropologen, Psychologen, Politiker und all die anderen klugen Leute zusammen haben keine Lösung für das Problem gefunden, die Menschheit auch nur einen Schritt näher zu Gott zu bringen. Tatsächlich geht es unserer Spezies heute geistlich schlechter denn je zuvor, mit höheren Selbstmordraten, der Furcht vor dem Atomkrieg, der massenhaften Hoffnungslosigkeit, Verwirrung, Depression und Ausschweifung. Die menschliche Weisheit ist heute genauso bankrott wie all die Philosophie im antiken Korinth – wenn nicht schlimmer.

Die Wahrheit ist, daß die menschliche Weisheit und ihre Philosophie den Zustand der Menschheit dauernd nur verschlimmern und ihn keinesfalls bessern. Die heutigen Probleme wie Kriege, Rassismus, Trunksucht, Kriminalität, Scheidungen, das Drogenproblem und die Armut bestätigen das. Diese Dinge werden weltweit als Übel angesehen; aber sie wachsen beständig und nehmen an Dramatik zu – wenn kein Heilmittel gefunden wird. Und je mehr die Welt von ihrer eigenen Weisheit abhängig ist, um so schlimmer wird alles werden.

Gibt es eine Lösung? Ganz gewiß: »... so gefiel es Gott wohl, durch die Torheit der Predigt die Glaubenden zu erretten« (Vers 21). »Predigen« heißt im *Griechischen: kerygma* und bedeutet etwa »Heroldsruf«. Beides, *Botschaft* und *Methode,* sind darin enthalten. Gott hat als wichtigstes Mittel zur Errettung der Menschen diesen Ausruf Seiner Botschaft bestimmt. In unserer Bibel heißt es: »Gott gefiel es wohl, durch die Torheit der Predigt die Glaubenden zu erretten.« Wer nun diese Predigt durch Theater, Musik oder ähnliches ersetzen will, tut gut daran zu bedenken, daß es Gott *wohlgefiel*, diese Botschaft und diese Methodologie zu wählen, die von der Weltweisheit als Torheit betrachtet wird. Gottes Errettungsweg ist in den Augen der Weltweisen nichts als Torheit. Aber es ist Gottes einzige Strategie, die Botschaft auszubreiten.

»Uns aber, die wir errettet werden, ist es Gottes Kraft« (Vers 18). Alle, die menschliche Weisheit für die göttliche Torheit drangeben, empfangen ewiges Leben. Diese »Torheit« ist die einzige Hoffnung für jeden Menschen. Das einfache Evangelium schafft also, was die gesammelte menschliche Weisheit immer versucht hat. »Wenn jemand unter euch sich dünkt, weise zu sein in diesem Zeitlauf, so werde er töricht, auf daß er weise werde« (3,18).

Seht, Gott *erwartet nicht,* daß die Menschen durch eigene Geschicklichkeit zur Erkenntnis der Wahrheit kommen. *Er* wählte die Torheit der Predigt aus. Die Menschen können den Weg zu Gott nicht allein finden oder durch Überredung dahin gebracht werden. Aber Gott »gefiel es, durch die Torheit der Predigt die Glaubenden zu erretten« (Vers 21). Das ist Sein Plan, eingesetzt »in der Weisheit Gottes«.

Paulus redete nicht dummem Predigen das Wort. Er sagt nur, daß die Predigt des Evangeliums *nach Einschätzung der Weltweisheit* Torheit ist. Wer für Marketing-Grundsätze ist, meint, wenn die Leute keine Predigt hören wollen, dann sollten wir ihnen geben, was sie verlangen. Wie dachte Paulus darüber?

Paulus sagt unzweideutig: »Weil ja sowohl Juden Zeichen fordern, als auch Griechen Weisheit suchen; *wir aber predigen Christus als gekreuzigt*, den Juden ein Ärgernis und den Nationen eine Torheit« (Verse 22-23). Die Juden wollen ein Zeichen. Warum gibt man ihnen keines? Die Griechen lieben Philosophie; warum kleidet man die Botschaft nicht in einen philosophischen Dialog? Immerhin handelt es sich doch um den gleichen Apostel, der gesagt hat: »Ich bin allen alles geworden.« Aber wieder sehen wir: Paulus war bereit, sich allen zum Sklaven zu machen; aber er war *nicht* bereit, die Botschaft zu ändern oder Gottes Weise, diese zu predigen. Er wollte nicht den Vorlieben menschlicher Weisheit schmeicheln, indem er Zeichen tat, um denen zu gefallen, die das Sensationelle mögen. Auch wollte er seiner Botschaft keinen philosophischen »Touch« verleihen, um den »Anspruchsvolleren« zu imponieren. Statt dessen predigte Paulus den gekreuzigten Christus, ein Ärgernis für die ungläubigen Juden und eine Torheit für die gebildeten Griechen.

Die Juden wollten »Power« sehen, und die Griechen wollten Weisheit hören. Aber nur, die auf die Torheit der Predigt eingingen, fanden beides: »Den Berufenen selbst aber, sowohl Juden als Griechen, Christus, Gottes *Kraft* und Gottes *Weisheit*« (Vers 24). Ironischer- und tragischerweise für so viele ist das, was der menschlichen Weisheit als töricht und schwach erscheint, der klarste Ausdruck göttlicher Macht und Weisheit. »Denn das (sogenannt) Törichte Gottes ist weiser als die Menschen, und das (vermeintlich) Schwache Gottes ist stärker als die Menschen« (Vers 25).

Menschliche Weisheit ist für die Elite – Göttliche Weisheit ist für alle

Paulus kannte die Mitglieder der Gemeinde in Korinth sehr wohl. Und so erinnert er sie daran, daß nur wenige von ihnen in der Welt etwas dargestellt hatten: »Denn seht eure Berufung, Brüder, daß es nicht viele Weise nach dem Fleische, nicht viel Mächtige, nicht viel Edle sind; sondern das Törichte der Welt hat Gott auserwählt, auf daß er das Starke zu Schanden mache; und das Schwache der Welt hat Gott auserwählt, auf daß er das Starke zu Schanden mache« (Vers 26-27). Indem er weiterhin von dem zweifachen Kontrast »weise/töricht« und »stark/schwach« redet, zeigt er den Korinthern, daß sie nicht sehr gebildet, mächtig, reich oder berühmt waren. Und solche, die es waren, hätten viel von ihrem Status eingebüßt, wenn sie Christen wurden.

Gottes Kraft wird in menschlicher Schwachheit vollbracht (2. Kor. 12,9). Seine Weisheit erscheint nach menschlichen Maßstäben töricht zu sein. Doch braucht er die Torheit dieser Welt, um die Weisen zu Schanden zu machen und die Schwachen, um die Starken, die Niedrigen, um die Stolzen und die Verachteten, um die Bedeutenden zu beschämen (1. Kor. 1,27-28). Wir meinen, Gott müsse Intellektuelle benutzen, um andere Intellektuelle zu gewinnen. Aber tatsächlich wurde niemand durch intellektuelle Überlegenheit oder Klugheit gewonnen. Wer intellektuell beeindruckt werden möchte, wird die Botschaft als töricht empfinden. Andererseits: Wer die Tiefe weltlicher Weisheit ausgelotet hat und ihre Hohlheit erkannte, braucht keine eindrucksvollen Argumente, um vom Evangelium überzeugt zu werden. Ich kenne Doktoren und Professoren unter meinen Kollegen, die durch Hausmeister und Arbeiter gewonnen wurden. Der Herr gestaltete das Evangelium so, daß »sich vor Gott kein Fleisch rühme« (Vers 29).

Menschliche Weisheit erhebt den Menschen – Göttliche Weisheit verherrlicht Gott

»Aus ihm aber seid ihr in Christus Jesus, der uns geworden ist Weisheit von Gott und Gerechtigkeit und Heiligkeit und Erlösung; auf daß, wie geschrieben steht: ›Wer sich rühmt, der rühme sich des Herrn‹« (Verse 30-31). Die Errettung ist allein Gottes Werk. »Denn durch die Gnade seid ihr errettet, mittels des Glaubens; und das nicht aus euch, Gottes Gabe ist es; nicht aus Werken, auf daß niemand sich rühme« (Eph. 2,8-10).« Wo ist der Ruhm? Er ist ausgeschlossen worden. Durch was für ein Gesetz? Das der Werke? Nein, sondern durch das Gesetz des Glaubens. Denn wir urteilen, daß der Mensch durch Glauben gerechtfertigt wird, ohne Gesetzeswerke« (Röm. 3,27-28). »Wer sich aber rühmt, rühme sich des Herrn« (2. Kor. 10,17).

Menschliche Weisheit möchte einen Weg zur Errettung erfinden, bei dem den Menschen das Verdienst zufällt. Wenn sie den haben können, wollen sie schon einiges dafür einsetzen. Aber nach Gottes Plan hat keiner der Geretteten etwas, auf das er stolz sein könnte. Darum tut Gott alles selbst, was zum Heil nötig ist. Niemand trägt etwas dazu bei. Er wählt uns aus, Er beruft, Er zieht uns zu sich und Er befähigt uns zum Glauben. Sein souveräner Wille – kein menschlicher Entschluß, keine menschliche Entscheidung – legt sogar fest, *wer* errettet wird. Alles ist »Sein Werk«. Kein Aspekt des Heils hängt von irgend etwas Gutem an dem Gläubigen ab, sondern von »Christus Jesus, der uns geworden ist Weisheit von Gott und Gerechtigkeit und Heiligkeit und Erlösung« (1. Kor. 1,30).

Wir werden in Kapitel 8 Gottes souveräne Rolle bei der Erlösung näher betrachten. Hier soll genügen: Das Wichtigste an dem göttlichen Erlösungswerk ist in unserer Vereinigung mit Christus zu erblicken. Gott *gibt uns* nicht einfach Weisheit, Gerechtigkeit, Heiligkeit und Erlösung. Er versetzt uns »*in* Christus Jesus, der uns *geworden ist* Weisheit und Gerechtigkeit und Heiligkeit und Erlösung« (Vers 30). Gottes Allmacht vereint uns mit Christus, so daß alles was Sein ist, jetzt uns gehört.

Seht, so vollkommen genügt das Rettungswerk Gottes. Weisheit, Gerechtigkeit, Heiligkeit und Erlösung – brauchen wir noch mehr als das, was uns in Christus gegeben wurde? Ganz gewiß nicht. Ja, jeder Versuch, das, was Gott für uns getan hat, zu verbessern, heißt Seine Gnade ungültig zu machen (siehe Gal. 2,21). Jede Anstrengung, Seiner vollkommenen Gabe etwas hinzuzufügen, tut ihr Abbruch (Jak. 1,17). Jede Bemühung, die göttliche Weisheit durch irdische Einsichten zu verstärken, entstellt nur ihre bis ins letzte gehende Vollkommenheit. Wie könnten wir jemals Christus und Sein Wort verbessern? Ganz anders als menschliche Weisheit, die den Sünder erhöht, verherrlicht göttliche Weisheit Gott. »Wie geschrieben steht: ›Wer sich rühmt, der rühme sich des Herrn‹« (1. Kor. 1,31). An anderer Stelle schreibt Paulus: »Von mir aber sei es ferne, mich zu rühmen, als nur des Kreuzes unseres Herrn Jesus Christus, durch welchen mir die Welt gekreuzigt ist und ich der Welt« (Gal. 6,14).

Kein Wunder, daß sich Paulus entschieden hatte, nichts als den gekreuzigten Christus zu wissen (1. Kor. 2,2). Warum sollte er sich auf Philosophie und menschliche Erkenntnis einlassen? Diese Dinge hatten ihm nichts zu bieten. Aber Jesus Christus – der gekreuzigte, auferstandene, ihn erlösende Retter – bot ihm wahre Hoffnung für die Welt. Der treue Prediger – und jeder wahre Jünger – muß Jesus Christus einer ungläubigen Welt als den einzigen Weg, die einzige Wahrheit und das einzige Leben vor die Blicke rücken (siehe Joh. 14,6). Wenn wir sie durch Unterhaltung oder durch kluge Argumente oder durch gelehrte Beweise oder durch Weltweisheit zu gewinnen suchen, werden wir scheitern und sie letztendlich verführen.

Paulus sagte den Korinthern: »Meine Rede und meine Predigt war nicht in überredenden Worten der Weisheit, sondern in Erweisung des Geistes und der Kraft« (1. Kor. 2,4). Hätte er sie durch Gelehrsamkeit, durch kluge Argumente oder durch dynamische Rede gewonnen, wäre ihre Zuversicht fehl am Platze.

Wir dürfen nicht vergessen, daß Paulus nach Korinth kam, nachdem er in Philippi geschlagen und eingesperrt worden war. Aus Thessalonich mußte er nach Beröa fliehen und wurde in Athen verspottet (Apg. 16,22-24; 17,10.13.14.32). Er wußte, daß Korinth eine moralisch heruntergekommene Stadt war – ein Zentrum der Sittenlosigkeit und der Prostitution. Die Stadt trieb den heidnischen Lebensstil auf die Spitze. Wie leicht hätte er versucht sein können, etwas gemäßigter aufzutreten. Er hätte vielleicht seinen Auftrag etwas »differenzierter« betrachten und das Ärgernis des Kreuzes abmildern können. Aber er sagt ausdrücklich, er habe sich gewissenhaft entschieden, nichts dergleichen zu tun. Seine »Rede und ... Predigt war nicht in überredenden Worten der Weisheit« (1. Kor. 2,4). Es ging ihm nicht darum, die Ansichten der Leute zu verändern, sondern deren Leben. Er hatte nicht seine eigene Botschaft auszurichten; er mußte das Evangelium verkündigen. Und darin lag die Kraft seines Dienstes.

1871 sagte Spurgeon in einer Predigt:

> Jesus Christus ist uns von Gott zur Weisheit gemacht. Wir schauen nicht mehr umher nach Gedanken, die dem menschlichen Hirn entsprungen sind, sondern auf Christus selbst. Wir erwarten keine Weisheit, die aus der menschlichen Kultur zu uns kommt, sondern wir erwarten, weise gemacht zu werden. Indem wir zu Füßen unseres Meisters sitzen und Ihn als die Weisheit Gottes selbst betrachten.

Dann fügte er die wenig schmeichelhafte Bemerkung hinzu, die seinen Standpunkt in der späteren »Down-Grade-Kontroverse« ahnen ließ:

> In der Gegenwart haben wir weitgehend die gleichen Verhältnisse wie in den Tagen der Apostel. Es gibt einige, die der Ansicht sind, das Evangelium – das schlichte Evangelium –, so wie es von Bunyan, Whitefield oder Wesley gepredigt wurde, sei sehr gut für die einfachen Leute und für die dunklen Zeiten, in denen sie lebten; man konnte dadurch der großen Masse der Menschen helfen und sie voranbringen. Aber jetzt brauchen wir wegen der Neunmalklugheit unseres so hell erleuchteten Jahrhunderts eine fortschrittlichere Theologie, die hoch über der jetzt allgemein belächelten Evangeliumsverkündigung steht. Männer des Geistes, Gentlemen mit profundem Wissen sollten uns lehren, wovon unsere Väter nichts ahnen konnten. Wir werden weiter fortschreiten und die Erkenntnis der göttlichen Wahrheit weit über Petrus und Paulus und solche alten Dogmatiker hinausführen. Niemand weiß, wie weit wir unsere Klugheit noch treiben werden.
>
> Brüder, wir verabscheuen derlei Gedanken; wir hassen diesen Lobgesang auf Fortschritt und Gedankentiefe; wir hätten statt dessen gern so viel von Christus gewußt wie die alten Prediger. Wir fürchten, daß wir, statt mehr Licht zu erhalten durch das Nachdenken der Menschen, durch die Spekulationen und Meditationen der Schriftsteller, der neuen wie der alten, und durch die Entdeckungen der Intellektuellen und Zu-Höherem-Berufenen, in tiefere Finsternis geraten sind und manches Licht ausgelöscht haben, das vordem in der Welt war. Wieder einmal hat sich erfüllt: »Ich will die Weisheit der Weisen vernichten, und den Verstand der Verständigen will ich hinwegtun. Wo ist der Weise, wo der Schriftgelehrte? Wo der Wortstreiter dieses Zeitlaufs? Hat nicht Gott die Weisheit der Welt zur Torheit gemacht?«

Gott hat die Weisheit der Welt immer wieder als Torheit herausgestellt. Doch die Kirche hat sich immer wieder von der Idee betören lassen, weltliche Weisheit habe doch irgendeinen Wert oder Nutzen, den wir zu einem effektiven Dienst heranziehen müssen. Paulus wußte es besser. Männer Gottes aller Zeiten wußten es besser. Unser Glaube kann nicht auf Menschenweisheit beruhen, sondern nur auf der Kraft Gottes (1. Kor. 2,5).

KAPITEL 6

Die Kraft Gottes zur Errettung

Würde das Evangelium unter der Leitung des vom Himmel gesandten Heiligen Geistes vollständig und kraftvoll verkündigt, so blieben in unseren Gemeinden nicht nur die Dazugehörigen da, sondern es kämen noch Bekehrte hinzu. Aber wenn das, was unsere Kraft ausmacht, weg ist – das heißt, wenn das Evangelium verdunkelt wird und das Gebetsleben daniederliegt –, wird alles nur zu leerer Form und Einbildung. Darüber ist unser Herz tief erschüttert.

Charles Haddon Spurgeon[1]

Ein neueres Buch aus der benutzerfreundlichen Szene enthält einen Abschnitt mit dem Titel: »Andere Zeiten brauchen andere Botschaften.« Dieser Titel fesselte mich, so daß ich anfing, ihn zu lesen. Dieser Autor – ein Pastor in einer großen benutzerfreundlichen Kirche – sagt, die moderne Zeit habe den Menschen so sehr ihr Selbstvertrauen geraubt, daß sie tatsächlich eine andere Botschaft hören müßten, als sie vor hundert Jahren angebracht war. Er schreibt:

> In früheren Zeiten war der menschliche Geist sehr viel robuster als heute. Das moderne Leben verlangt ihm einen hohen Zoll ab, so hoch wie die Kosten des »Traumes von Amerika«. Der Streß des modernen Lebens hat äußerst negative Auswirkungen auf den modernen Menschen.
>
> Daraus folgt ein hohes Maß an Zerbrechlichkeit im menschlichen Ego. Die Nachkriegsgeneration wurde in besonderem Maße durch den rasanten Fortschritt verunsichert und in sich zerrissen. Darum befindet gerade sie sich in einem äußerst zerbrechlichen Zustand.
>
> Haben Sie sich jemals die Zeit genommen, die Botschaften einiger der großen Prediger des neunzehnten Jahrhunderts zu lesen …? Wenn ja, dann werden Sie höchstwahrscheinlich festgestellt haben, daß (jene Männer) zu einem ganz anderen Publikum redeten als wir heute, und dieses auch auf ganz andere Art ansprachen. Und wegen dieser Unterschiede wende ich mich gegen solche, die behaupten, jene Predigten seien auch das Richtige für unsere Zeit.
>
> Wie Sie sehen, sind die Menschen unseres Kulturkreises wahrhaft zerbrochen und traumatisiert. Sie bedürfen unbedingt der Heilung und

> der Aufrichtung. Aber der Prozeß der Heilung verläuft, wie ich meine, in jedem Zeitabschnitt und in jeder Generation anders. Da macht die heutige keine Ausnahme.
>
> Ja, verschiedene Zeiten brauchen verschiedene Botschaften.[2]

Der Autor äußert ungewöhnlich offen seine Meinung. Er gibt ehrlich zu, daß er glaubt, die Predigt habe sich dem Zeitgeist anzupassen. (Sein Buch wird daher auch von mehreren der großen benutzerfreundlichen und marktorientierten Gemeindewachstums-Bewegungen uneingeschränkt befürwortet.) Wie meint nun dieser Pastor feststellen zu können, was die angemessene Botschaft für unsere Zeit ist? Er macht den Predigern folgende Vorschläge:

> 1. Schau dich in den örtlichen Buchläden in der Abteilung »Hilfen zur Selbsthilfe« um.
> 2. Laß regelmäßig kleinere Gruppen aufschreiben, was sie zu Hause und bei der Arbeit am meisten aufregt.
> 3. Stelle bei mehreren Ungläubigen deines Wohnortes ähnliche Fragen nach ihren Kümmernissen.
> 4. Halte dir regelmäßig die *Time, Newsweek* und *USA Today,* weil diese Zeitungen am Puls der Zeit sind und Ängste und Nöte der Menschen beim Namen nennen.
> 5. Jedwedes Studium, jede Predigt und jedes Programm in deiner Kirche muß ein praktisches Ziel verfolgen.
> 6. Gib deiner Botschaft (Predigt) stets eine praktische, zündende Überschrift, einerlei um welchen Bibeltext es sich handelt.
> 7. Begrenze deine Predigt auf rund zwanzig Minuten, weil die jetzt im Erwerbsleben stehende Generation nicht allzuviel Zeit hat. Und denke immer daran: Deine Predigt muß leicht und informativ sein, wie ein warmer Regen, humorvoll und mit persönlichen Anekdoten gewürzt.[3]

Diese Liste ist das Rezept für eine schwächliche und geistlose Predigt, steht also dem biblischen Verkündigungsdienst diametral entgegen. In einer vorzüglichen Kritik der kirchlichen Marketing-Bewegung vergleicht Douglas D. Webster biblische Predigt mit benutzerfreundlichen Methoden:

> Biblische Predigt war Gott-konzentriert, deckte die Sünde auf, überführte die Menschen und forderte ihr ganzes Sein heraus – ganz im

> Gegensatz zu den seichten, nur belehrenden Vorträgen, die Selbsthilfeprogramme für Christentum verkaufen und eher unterhalten als überzeugen. Die heutigen marktgesteuerten Predigten enthalten so viele Bilder, daß der Hörer die dadurch illustrierte biblische Wahrheit ganz vergißt; auch enthalten sie so viele persönliche Anekdoten, daß die Zuhörer den Prediger besser kennen als Christus und so viele Geschichten aus dem Alltagsleben, daß man die Predigt als komfortablen Ersatz für das Lesen der Sonntagszeitung ansehen kann, und schließlich ist sie so »praxisbezogen«, daß kaum etwas bleibt, was die Leute in die Praxis umsetzen müßten.
>
> Kein Wunder also, daß Namenschristen beschwingt den Gottesdienst verlassen. Ihr Selbstbewußtsein ist völlig intakt geblieben. Ihre Herzen und Gewissen sind mit weichlicher Theologie gestreichelt und beruhigt worden, außerdem haben sie einige christliche Grundsätze und etliche Tips in bezug auf den Umgang mit ihrem Selbstwertgefühl, mit Kindern oder der Arbeit erhalten. Aber die Frage bleibt bestehen: Wurde das Wort Gottes effektiv und getreulich verkündet, konnte die Wahrheit Jesu Christi den Panzer der Bequemlichkeit und den Firnis der Selbstgerechtigkeit durchdringen?[4]

Die einfache Wahrheit ist: Niemand kann marktorientierten Strategien folgen und der Schrift treu bleiben. Prediger, die sich mit Benutzerfreundlichkeit beschäftigen, können nicht furchtlos »den ganzen Ratschluß Gottes« verkündigen. Wer eine zeitgemäße Verkündigung anstrebt, wird sich bald im Widerspruch zu der zeitlosen Wahrheit der Bibel befinden. Prediger, die für ihre Vorbereitung mehr die *USA Today* als die Bibel benutzen, werden bald entdecken, daß ihre Botschaft, die vorige Woche so bedeutungsvoll schien, heute »Schnee von gestern« ist. Eine Predigt, die das unwandelbare Evangelium hinter flüchtigen Tagesthemen versteckt, verhüllt gerade die Kraft, die gute Predigt wahrhaft wirkungsvoll macht. Denn es sind ja schließlich nicht unsere Anekdoten, Anwendungen, Ratschläge, Späße, griffigen Überschriften, klugen Ausführungen oder andere Kunstgriffe – sondern das *Evangelium,* das sich als »Gottes Kraft, jedem Glaubenden zum Heil« erweist (Röm. 1,16).

Abgesondert zum Evangelium

Der Brief des Paulus an die Römer ist eine gründliche Beschreibung des Evangeliums, in dem es Punkt für Punkt abgehandelt wird. In den ersten

Versen des Briefes stellt sich Paulus selbst vor als »abgesondert zum Evangelium Gottes«. Das Evangelium war die Grundlage seines Dienstes, und im Römerbrief stellt er es eingehend dar. Er schreibt über Gottes Zorn und menschliche Sünde (Kapitel 1-3), über Rechtfertigung und uns zuerkannte Gerechtigkeit (3-5), über Heiligung und praktische Gerechtigkeit (6-8), über die Erwählung Israels und wie es Christus verworfen hat (9-11), und von Kapitel 12 bis zum Schluß wendet er zahlreiche Wahrheiten des Evangeliums auf das praktische Leben an. Das Evangelium ist sein einziges Thema, und ein Ziel des Römerbriefes scheint darin zu liegen, die zentrale Bedeutung des Evangeliums für alles christliche Leben und Wirken herauszustellen.

Wenn wir von »Evangelium« reden, neigen wir dazu, darin vor allem die Botschaft des Evangelisten zu erblicken – und wahrlich, das ist sie auch. Aber es enthält nicht nur die zu unserer Errettung nötigen Wahrheiten. Das *Evangelium* – so wie es Paulus und alle Apostel verstanden – umschließt die gesamte offenbarte Wahrheit von Jesus Christus (siehe Röm. 1,1-6; 1. Kor. 15,3-11). Es hört nicht mit Bekehrung und Rechtfertigung durch Glauben auf, sondern umschließt alle Aspekte der Errettung von der Heiligung bis zur Verherrlichung. Das Evangelium verliert also nicht mit dem Augenblick der Wiedergeburt seine Bedeutung, sondern ist die Grundlage aller christlichen Erfahrung. Und wenn Paulus oder die anderen Schreiber des Neuen Testaments von der »Verkündigung des Evangeliums« sprechen, so meinen sie nicht nur die Predigt vor Ungläubigen (siehe Vers 15).

Aller Dienst in der jungen Kirche drehte sich um das Evangelium; niemand wäre auf die Idee verfallen, über solche Dinge zu debattieren wie weltliche Politik, Schlankheitskuren, Komödien und Bühnenspiele; Seminare für Kleinkinder, damit sie aufs Töpfchen gehen oder Schulen für Manager einzurichten, damit diese ihre Zeit besser einzuteilen lernen und häufiger den Gottesdienst besuchen können. Die Kirche und all ihr Dienst waren einfältig mit der einen Aufgabe beschäftigt, die Gläubigen in dem Bemühen zu stärken, das Evangelium in der Welt auszubreiten.

Wie sehr sich Paulus mit dem Evangelium als dem Mittelpunkt all seines Dienstes einsgemacht hat, kann man deutlich an dem Eingangskapitel des Römerbriefes erkennen, wo er seinen Wunsch ausspricht, nach Rom zu kommen, um den Heiligen dort zu dienen. Er wollte unbedingt dorthin kommen, aber nicht um alte Bekanntschaften aufzufrischen, obwohl er viele gute Freunde in der dortigen Gemeinde hatte. Er wollte auch nicht dorthin, weil er die römische Gemeinde gegründet hatte, denn diese war ohne ihn entstanden. Ebensowenig ging es ihm darum, sich irgendeiner Verfolgung zu entziehen; denn ihm war klar, daß er es ganz sicher nicht leicht haben würde in einer Stadt, die dem Christentum so militant feindlich gegenüberstand. Nein, ihn trieb seine Leidenschaft für die Predigt des Evangeliums, und er konnte es kaum erwarten, im Zentrum der zivilisierten Welt das Wort Gottes zu verkündigen.

Ich diene Gott, indem ich das Evangelium predige

Paulus schreibt: »Aufs erste danke ich Gott durch Jesus Christus euer aller halben, daß euer Glaube verkündigt wird in der ganzen Welt. Denn Gott ist mein Zeuge, welchem ich diene in meinem Geiste in dem Evangelium seines Sohnes, wie unablässig ich euer erwähne, allezeit flehend in meinen Gebeten, ob ich nun wirklich einmal durch den Willen Gottes so glücklich sein möchte, zu euch zu kommen« (Röm. 1,8-10). Ein großer Reichtum geistlicher Wahrheiten über biblische Verkündigung steckt in diesem kurzen Abschnitt, den ich andernorts eingehend kommentiert habe.[5] Hier möchte ich damit beginnen, daß ich die Aufmerksamkeit auf einen kurzen Satz aus Vers 9 lenke: »Ich diene in meinem Geiste in dem Evangelium seines Sohnes.«

Für Paulus war die Predigt des Evangeliums ein Akt geistlichen Gottesdienstes. Das mit »dienen« übersetzte griechische Wort *latreuo* heißt eigentlich »Gottesdiensten« (siehe auch Phil. 3,3). Paulus diente (verrichtete Gottesdienst) Gott in seinem Geiste, indem er das Evangelium predigte. Mit anderen Worten, Paulus sah seinen Dienst als hohe und heilige Priesterpflicht an: »Wenn ich das Evangelium verkündige, so habe ich keinen Ruhm, denn eine Notwendigkeit liegt mir auf; denn wehe mir, wenn ich das Evangelium nicht verkündigte!« (1. Kor. 9,16). Doch war es nicht nur eine Pflicht, es war ebenso sehr ein unsagbares Vorrecht. »... bin ich ... bereitwillig, auch euch ... das Evangelium zu verkündigen« (Röm. 1,15).

Vom Augenblick seiner Errettung an war sein Geist voll Eifer, Gott zu dienen. Seine erste Frage als Christ war: »Was soll ich tun, Herr?« (Apg. 22,10). Sein Herz und seine ganze Kraft waren auf die Predigt gerichtet, und so tat er es aus tiefster Seele.

Wir sollten beachten, daß es Paulus vor allem um das geistliche Wohl seiner Hörer ging: »Mich verlangt sehr, euch zu sehen, auf daß ich euch etwas geistliche Gnadengabe mitteile« (Röm. 1,11). Er wollte nicht nach Rom als Tourist kommen. Er hatte auch nicht die Absicht, die Römer nur zu unterhalten oder zu sehen, wie viele Ungläubige er in die Versammlungen locken konnte. Er dachte auch nicht daran, was er an Gegenleistung, Anerkennung oder Entlohnung erhalten würde. Er wollte sich selbst für das geistliche Wohl der anderen hingeben.

Welche »geistlichen Gnadengaben« wollte Paulus den Römern mitteilen? Sicher dachte er dabei nicht an solche geistlichen Gaben, wie sie in 1. Korinther 12 und Römer 12 aufgeführt werden. Diese Gaben werden jedem Gläubigen selbst durch den Heiligen Geist verliehen (1. Kor 12,7-11), nicht von Person zu Person weitergereicht. Paulus sprach von einer Gabe von geistlichem Wert, von etwas, das ihnen helfen würde, »befestigt« zu werden. Das, woran er dachte, war in seiner Predigt enthalten (siehe Röm. 1,15). Er wollte sie durch den ganzen Reichtum der Wahrheit des Evangeliums ermutigen und dann selber Mut aus ihrem Glauben an die Wahrheit gewinnen: »... das ist aber, mit euch getröstet zu werden in eurer Mitte« (1,12).

So läßt sich die von Paulus empfundene Bürde wegen der Gemeinde in Rom zusammenfassen in seinem Wunsch, ihnen durch die Predigt des Evangeliums zu dienen. Am Ende konnte er das in Rom auch ausführen – aber zu welch einem Preis! Er wurde in Ketten dorthin gebracht, gefesselt an einen römischen Bewacher. Aber wenn er auch schon beim Schreiben des Briefes gewußt hätte, was es ihn kosten würde, nach Rom zu gelangen, so hätte das seinen Wunsch, dorthin zu kommen, nicht im Geringsten beeinträchtigt.

Immerhin war er ja auch nach Jerusalem gegangen, obwohl er wußte, daß er dort eingekerkert würde (siehe Apg. 21,10-15). Wenn seine Brüder verzweifelt suchten, ihm die Reise nach Jerusalem auszureden, dann antwortete er ihnen: »Was macht ihr, daß ihr weint und mir das Herz brecht? Denn ich bin bereit, nicht allein gebunden zu werden, sondern auch in Jerusalem für den Namen des Herrn Jesus zu sterben« (Apg. 21,13). Paulus wäre unter den gleichen Umständen auch willig nach Rom gegangen – und schließlich tat er es auch. An die Philipper schrieb er aus Rom: »Es grüßen euch alle Heiligen, besonders die aus des Kaisers Hause« (Phil. 4,22). Paulus stand unter Hausarrest, als er das schrieb und wartete auf das Urteil des kaiserlichen Gerichts. Selbst unter diesen schwierigen Umständen predigte er treu das Evangelium. Offensichtlich wurde er dazu gebraucht, selbst Leute des kaiserlichen Hofes zur rettenden Erkenntnis Christi zu führen.

Offenbar war die Verkündigung des Evangeliums für Paulus eine innere Notwendigkeit. Daher sagte er von sich, er sei »abgesondert für das Evangelium« (1,1). Er kannte keinen anderen Dienst.

Ein Schuldner aller Verlorenen

Paulus schreibt in Römer 1,14: »Sowohl Griechen als Barbaren, sowohl Weisen als Unverständigen bin ich ein Schuldner.« Paulus predigte das Evangelium nicht nur aus persönlichen Gründen oder weil ihm diese Berufung innere Genugtuung bereitete. Er fühlte sich dazu verpflichtet.

Vor seiner Bekehrung war er der entschiedenste Gegner der Kirche. Er haßte Christus und alle Christen. Als Stephanus, der erste Märtyrer, getötet wurde, war Paulus dabei und »willigte in seine Tötung mit ein« (Apg. 8,1). Nach seiner Bekehrung war sein Eifer für Christus noch größer als sein vormaliger Eifer, die Christen zu verfolgen. Dieser Vers zeigt uns, warum. Paulus betrachtete die Sache so: Weil Gott einen Feind wie ihn, den »ersten der Sünder« (siehe 1. Tim. 1,15), berufen hatte, fühlte er sich gedrungen, anderen Sündern das Evangelium zu predigen. Er wußte sich von oben her für diese Aufgabe bestimmt, und es war ihm eine heilige Verpflichtung, diesem Ruf nachzukommen.

Wir alle, die wir dem Evangelium geglaubt haben, stehen in der gleichen Pflicht. Erstens, wie schon früher bemerkt, hat Christus selbst uns die Predigt des Evangeliums befohlen (Mark. 16,15). Und zweitens sind wir, die wir den Weg zum ewigen Leben wissen, den Ungläubigen diese Botschaft ebenso schuldig, wie wir sie warnen müßten, wenn ihr Haus brennt oder wie wir moralisch verpflichtet sind, einem Verdurstenden Wasser zu trinken zu geben.

Paulus fühlte sich den Juden gleichermaßen verpflichtet wie den Heiden, den Gebildeten genauso wie den Barbaren. Er wendete sich nicht den jungen, aufstrebenden, kultivierten Leuten zu und ignorierte Sklaven und den übrigen Bodensatz der Gesellschaft. Er predigte allen, weil er der Schuldner aller war. »Denn es ist kein Ansehen der Person bei Gott« (Röm. 2,11). So gab es das bei ihm auch nicht.

Im Gegensatz dazu ist das Schlüsselwort der benutzerfreundlichen Gemeinde-Bewegung die »Marktforschung«. George Barna erklärt diesen Begriff folgendermaßen:

> Um ein Produkt erfolgreich verkaufen zu können, muß man den anvisierten Markt möglichst genau erkennen. Der Schlüssel dazu liegt darin, sich möglichst genau die richtigen Leute für sein Produkt auszusuchen und andererseits das Produkt soweit wie möglich auf die Interessen und Bedürfnisse dieser Bevölkerungsgruppe abzustimmen. Wenn man das Produkt auf diese Weise optimiert hat, kann man sich darauf

> konzentrieren, es in der vorteilhaftesten Weise darzustellen, und braucht nicht Kraft und Zeit mit Leuten zu verschwenden, die das Produkt weder brauchen noch sich dafür interessieren. Alle Verkaufsbemühungen können dann so gestaltet werden, daß sie einen maximalen Nutzen abwerfen.[6]

Mit anderen Worten: Entscheide dich, wem du predigen willst, gestalte das »Produkt« so, wie es dem Publikum gefällt und vergeude keine Zeit mit Leuten, die außerhalb dieser Zielgruppe liegen.

Wie kommt es wohl, daß beinahe alle benutzerfreundlichen Gemeinden ihre Marktforschung auf junge, wohlhabende Akademiker und andere gutsituierte Gruppen gerichtet haben? Warum wenden sich nur so wenige dieser Kirchen den Armen oder den Versammlungen der Innenstädte zu oder denen, die sich aus verschiedenen Klassen und Rassen zusammensetzen? Die Antwort liegt auf der Hand. Ein führender Prediger in dieser Bewegung sagte: »Ein Prediger kann die anvisierte Zielgruppe dadurch bestimmen, daß er sich überlegt: Mit wem möchte ich meinen Urlaub oder einen erholsamen Abend verbringen?« Man könnte sich kaum eine Predigerphilosophie vorstellen, die dem Wort Gottes noch weniger entspricht. Sagt nicht die Schrift: »Meine Brüder, habet den Glauben unseres Herrn Jesus Christus, des Herrn der Herrlichkeit, nicht mit Ansehen der Person« (Jak. 2,1)? »Wenn ihr aber die Person anseht, so begeht ihr Sünde, indem ihr von dem Gesetz als Übertreter überführt werdet« (Vers 9).

Wer seinen Dienst auf eine auserlesene »Ziel-Hörerschaft« beschränkt, arbeitet sicher nicht im Sinne des Paulus, der sich allen gleichermaßen zu dienen schuldig fühlte.

Bereitwillig zur Verkündigung

Wenn der Apostel sagt: »Eine Notwendigkeit liegt mir auf« (1. Kor. 9,16), so meint er damit nicht, er sei ein widerwilliger Zeuge Christi. Das sehen wir deutlich in Römer 1,15: »Ebenso bin ich, soviel an mir ist, bereitwillig, auch euch, die ihr in Rom seid, das Evangelium zu verkündigen.« Er fügte sich nicht nur darin, nein, er brannte darauf, das Evangelium auch in Rom zu predigen. Paulus hätte solche Prediger nicht verstehen können, die das Vorrecht haben, das Evangelium verkünden zu dürfen und statt dessen lieber die Leute mit Anekdoten unterhalten oder sich selbst darstellen wollen. Er war dafür bereit, Verfolgung zu erleiden, geschlagen zu werden, ins Gefängnis zu gehen und sogar sich umbringen zu lassen.

C. H. Spurgeon sagte:

> Der Apostel war bereit, mit dem Evangelium überall hinzugehen; aber er war nicht bereit, ein anderes Evangelium zu predigen; niemand hätte ihn soweit bringen können. Er war nicht bereit, das Evangelium zu verbergen, er war nicht bereit, es abzuschwächen, er war nicht bereit, es zu verkürzen oder auszuweiten. Er sagte: »Ich schäme mich des Evangeliums nicht; denn es ist Gottes Kraft zum Heil jedem Glaubenden, sowohl dem Juden zuerst als auch dem Griechen.« Wenn es um das Evangelium ging, stand er immer bereit; er hielt keine seiner Wahrheiten zurück, noch irgendeinen Teil seiner Lehren. Selbst wenn es ihm Spott und Widerstand einbringen sollte, wenn es den Juden als Ärgernis und den Griechen als Torheit erschien, so würde er doch sagen: »Ich bin, soviel an mir ist, bereitwillig, das Evangelium zu predigen«, und zwar allen. Er fühlte sich der Arbeit nicht immer gleich gut gewachsen; er fand nicht immer die gleichen offenen Türen oder die gleiche Freiheit zum Reden; aber er war stets bereit, da zu predigen, wo ihm der Herr eine Möglichkeit eröffnete.[7]

Am Ende seines Lebens konnte Paulus sagen: »Ich habe den guten Kampf gekämpft, ich habe den Lauf vollendet, ich habe den Glauben bewahrt« (2. Tim. 4,7). Das konnte er sagen, weil er sich nie erlaubt hat, sich von seiner Berufung abhalten zu lassen. Er gab nie der Versuchung nach, volkstümlich zu erscheinen. Nie ging er mit einem Feind des Evangeliums einen Kompromiß ein. Nie erlaubte er, daß sein Dienst verweltlichte. Nie kitzelte er die Ohren der Massen.

Äußerlich mag es der Welt erscheinen, Paulus sei gescheitert. Er wurde verhaftet, lag jahrelang im Gefängnis und wurde schließlich von den römischen Behörden umgebracht. Doch selbst in solchen dunklen Zeiten hörte er nicht auf zu predigen. Wenn er nicht den Vielen predigen konnte, bezeugte er dem ihn bewachenden Soldaten die Wahrheit. Wenn er nicht in den Gemeinden dienen konnte, so tat er es in den Gefängnissen. Er war allzeit bereit, das Evangelium weiterzusagen – aber nie mit Abstrichen.

Ich schäme mich des Evangeliums nicht

Den nächsten Satz des Paulus könnte man den Arbeitstitel für den Römerbrief nennen: »Ich schäme mich des Evangeliums nicht, denn es ist Gottes Kraft zum Heil jedem Glaubenden« (Röm. 1,16). Das ist eine der kräftigsten und durchschlagendsten Aussagen im ganzen Neuen Testament. Er setzt das Evangelium mit der Kraft des allmächtigen Gottes gleich! Da wundert es nicht, wenn er sich dieses Evangeliums nicht schämt.

Die ganze übrige Epistel ist die Erklärung zu diesem einen Satz. In brillanter Einzeldarstellung entfaltet er die Wahrheiten des Evangeliums und zeigt, warum dieses so mächtig ist. Darum nimmt der Römerbrief eine so herausragende Stellung unter den Paulinischen Briefen ein. Paulus fühlte sich dermaßen mit dem Evangelium verbunden, daß er es gelegentlich »mein Evangelium« nannte (Röm. 2,16; 16,25; 2. Tim. 2,8). Weit davon entfernt, sich des Evangeliums zu schämen, sprach er von ihm als seinem hochgeschätzten Besitz!

Allerdings wußte Paulus, daß die Kosten, für das Evangelium geradezustehen, hoch sein können. Gerade aus diesem Grund schämen sich ja allzu viele Christen des Evangeliums.

Spott war eine Hauptwaffe der frühesten Feinde des Christentums. Besonders die Römer neigten dazu, das Christentum als eine rohe und unterentwickelte Religion anzusehen. Man munkelte in Kreisen der römischen Gesellschaft, die Christen seien Kannibalen, weil sie am Abendmahl teilnahmen. Christen wurden des Aufruhrs, des Mordes oder des Verrats bezichtigt. Einige Feinde des Evangeliums behaupteten, die Christen hielten Orgien ab. Heiden griffen die Gläubigen als Atheisten an, weil sie nichts von den Göttermythen wissen wollten. Der Preis für die Nachfolge Christi konnte extrem hoch ausfallen.

Wie wir wiederholt angemerkt haben, erscheint der Welt das Evangelium als solches unglaubwürdig, unattraktiv, abstoßend und schockierend. Es legt die Sünde offen, verdammt den Stolz, überführt ungläubige Herzen und zeigt, daß menschliche Gerechtigkeit – auch bei den besten und liebenswertesten unter ihnen – nur wertlosen, schmutzigen, unflätigen Lumpen gleicht (siehe Jes. 64,6). Es behauptet, daß alle wirklichen Lebensprobleme kein anderer als wir selbst verursacht haben. Wir sind gefallene Sünder mit betrügerischen Herzen und üblen Motiven, und dabei sind wir voller Stolz. Wir können niemand als uns selbst für unser Versagen und unser Elend zur Rechenschaft ziehen. Das hört man nicht gern, besonders in unserem verpsychologisierten Klima. Auch ist es eine schlechte Nachricht für alle, die die Sünde lieben; und viele, die es zum erstenmal hören, ziehen mit Hohn und Verachtung über den Prediger her.

Es ist nicht so einfach, standhaft zu bleiben und sich des Evangeliums nicht zu schämen. Die meisten von uns müssen bekennen, daß sie oft die gleiche Schwäche wie Petrus zeigen, der den Herrn in der Nacht vor der

Kreuzigung dreimal verleugnete und sich angstvoll vor einer Dienstmagd duckte, die ihn als Nachfolger Christi erkannt hatte (Luk. 22,56-62).

Im Leben des Paulus finden wir jedoch nichts dergleichen. Vom Augenblick seiner Bekehrung an war er ein Mann mit einer Mission, und nie wurde er diesem Auftrag, das Evangelium zu verkündigen, untreu. Er hatte dessen bemerkenswerte Kraft an sich selbst erfahren, und es drängte ihn, davon zu berichten. Wie konnte er sich dann des Evangeliums schämen? Er hatte es direkt vom Herrn selbst empfangen (Apg. 20,24; 1. Kor. 11,23; 15,23). Und so brannte er darauf, es allen Menschen ohne Furcht und Scham zu verkündigen.

Das Evangelium ist Gottes Kraft

Es ist kaum vorstellbar, daß einer, der die Kraft des Evangeliums begriffen hat, sich der Verkündigung schämen kann. »Es ist Gottes Kraft« (1,16). *Dynamis* ist das griechische Wort für »Kraft«. Wir leiten davon den Begriff »Dynamit« ab. Und »Dynamit« ist kein zu starkes Wort für das, was Paulus hier meint.

Dem Evangelium wohnt die Kraft des allmächtigen Gottes inne. Nur diese Kraft ist in der Lage, auch den schmutzigsten Sünder zu retten und das härteste Herz zu verändern – ganz ohne menschliche Argumente, Illustrationen oder Kunstgriffe.

Der Prophet Jeremia schreibt: »Kann ein Schwarzer seine Haut ändern, ein Leopard seine Flecken?« (Jer. 13,23). In der Tat, die Menschen sind völlig machtlos gegen ihre eigene Sünde. Die Sünde ist ein Teil unserer Natur und gehört zu uns wie die Flecken zu einem Leoparden. Wir können uns nicht selber ändern. Selbsthilfe-Techniken und »moralische Aufrüstung« mögen den Menschen für einige Zeit ein besseres Selbstwertgefühl verleihen; sie haben aber nicht die Kraft, die Sünde abzuschaffen oder das Menschenherz zu verändern.

Nur das Evangelium kann das bewirken. Es ist Gottes Kraft zur Errettung. Mit anderen Worten: Die objektive Wahrheit des Evangeliums verfügt über die Kraft, Menschenleben zu verändern, wenn Gott sie an den Herzen wirken läßt. Petrus nennt das Wort Gottes einen Samen, aus dem neues Leben und die Wiedergeburt erwachsen: »... Die ihr nicht wiedergeboren seid aus verweslichem Samen, sondern aus unverweslichem, durch das lebendige und bleibende Wort Gottes« (1. Petr. 1,23). Beide Apostel sagen im Grunde dasselbe: Gottes Wort – die Botschaft des Evangeliums – ist das Vehikel, durch das die verwandelnde Kraft Gottes in ein Leben eindringt und es zur Wiedergeburt führt.

In einem früheren Kapitel haben wir bereits festgestellt, daß Paulus ähnliche Worte auch an die Gläubigen in Korinth gerichtet hat: »Das Wort vom Kreuz ist denen, die verloren gehen, Torheit; *uns aber, die wir errettet werden, ist es Gottes Kraft*« (1. Kor. 1,18). Und: »Wir aber predigen Christus als gekreuzigt, den Juden ein Ärgernis und den Nationen eine Torheit; den Berufenen selbst aber, sowohl Juden als Griechen, Christus, *Gottes Kraft und Gottes Weisheit*« (Verse 23-24). Das Evangelium ist die *einzige* Botschaft, die Gott zu unserer Rettung benutzt. Da bleibt Raum für Überzeugung, eindrückliche Schilderung und passende Vergleiche. Selbstverständlich wird jeder Prediger, der den Namen verdient, alles versuchen, um die Aufmerksamkeit der Zuhörer zu erwecken – aber nur, um die Botschaft des Evangeliums an den Mann zu bringen. Wenn die einfache Wahrheit des Evangeliums nicht das Herz erreicht, bringt auch noch so vieles Zureden oder geschicktes Anbieten von seiten des Evangelisten niemanden zur Bekehrung.

Denn: Das Evangelium »ist Gottes Kraft zum Heil *jedem Glaubenden*« (Röm. 1,16). Einige Menschen bleiben vom Evangelium unberührt. Wie kraftvoll auch die Botschaft sein mag, so hat sie doch keinen Einfluß auf solche, die sich im Unglauben abwenden. Paulus hatte wahrlich genug Spott und Verwerfung von denen erfahren, die das Evangelium ablehnten. Trotzdem weigerte er sich, seine Botschaft ihrem Geschmack anzupassen. Er hielt die Verwerfung durch die Ungläubigen nicht für die Folge eines Mangels an Kraft im Evangelium. Dafür hatte er diese unvergleichliche Kraft des Evangeliums, die *»jeden Glaubenden«* verwandelt, zu eindeutig an sich selbst erfahren.

Indem Paulus das Evangelium als »die Kraft Gottes zum Heil« beschreibt, bekräftigt er, daß das Evangelium den *einzigen* Weg zur Errettung offenbart. Jesus sagte: »Ich bin der Weg und die Wahrheit und das Leben. Niemand kommt zum Vater als nur durch mich« (Joh. 14,6). Und in Apostelgeschichte 4,12 steht: »Es ist in keinem anderen Heil, denn auch kein anderer Name ist unter dem Himmel, der unter den Menschen gegeben ist, in welchem wir errettet werden müssen.«

Biblisch predigen heißt Jesus Christus predigen (2. Kor. 4,5) – Seine Person und Sein Werk. Der wohl schwerste Vorwurf, den man der zeitgenössischen marktorientierten Predigt machen muß, ist, daß Christus in ihr fehlt. Sein Name und einige Aussagen über Ihn mögen schließlich noch erwähnt werden; aber unser Herr ist selten das zentrale Thema der heute im Trend liegenden Predigt.

Das Evangelium offenbart Gottes Gerechtigkeit

Der Begriff »Evangelium« wird heute oft mißbraucht. An anderer Stelle habe ich mich eingehend über die modernen Irrtümer in bezug auf das Evangelium geäußert.[8] Hier möge der Hinweis genügen, daß viele Evangelikale das Evangelium im Sinne des Humanismus umdeuten. Anstatt den gekreuzigten Christus zu verkünden und den Blick auf Gottes Gerechtigkeit zu lenken, sprechen sie über die Nöte der Menschen. Aber das Evangelium ist zuerst einmal die Botschaft von Gottes Gerechtigkeit: »Denn Gottes Gerechtigkeit wird darin geoffenbart, aus Glauben zu Glauben, wie geschrieben steht: Der Gerechte wird aus Glauben leben« (Röm. 1,17).

Das Wort »Gerechtigkeit« und davon abgeleitete Begriffe erscheinen mindestens fünfunddreißigmal im Römerbrief. Die göttliche Gerechtigkeit ist Ausgangspunkt und Inhalt der Evangeliumsbotschaft. Die von der sündigen Menschheit verworfene Gerechtigkeit Gottes, wurde durch die Fleischwerdung Christi vollkommen erfüllt. Sie wird dem Sünder, der Buße tut und an den Herrn Jesus glaubt, zugerechnet, um sich dann in der Praxis des Christenlebens zu offenbaren. Das ist die Summe des Evangeliums, wie Paulus es im Römerbrief entfaltet.

»Die Gerechtigkeit Gottes« hat zwei Seiten: Da ist zunächst einmal Gottes heiliger Haß gegen die Sünde. Anfang des 15. Jahrhunderts saß Martin Luther im Turm des Schwarzen Klosters in Wittenberg und las diesen Vers. »Der Ausdruck ›Gerechtigkeit Gottes‹ traf mein Herz wie ein Blitzschlag«, sagte Luther viele Jahre später. »Ich haßte Paulus aus vollem Herzen, als ich las, die Gerechtigkeit Gottes sei im Evangelium offenbart.«[9] Luther erkannte in der Gerechtigkeit Gottes ein unüberwindliches Hindernis, selig zu werden. Er war sich seiner Sündhaftigkeit zutiefst bewußt und erkannte, daß er daher vor einem gerechten Gott nicht bestehen konnte. Und so ließ ihn dieser Vers in tiefe Verzweiflung geraten.

Aber es gibt noch eine andere Seite der Gerechtigkeit; von der lesen wir in Vers 17: »Der Gerechte aber wird durch Glauben leben.« Da ist von Christi vollkommener Gerechtigkeit die Rede, die dem gläubigen Sünder zugerechnet wird (Röm. 4,24). Als Luther endlich auch diese Bedeutung des Wortes *Gerechtigkeit* verstanden hatte, erkannte er die wahre Bedeutung des Evangeliums, und daraus entsprang die protestantische Reformation.

Diese Lehre ist als *Rechtfertigung* bekannt. Sie besagt, daß Gott frei und umsonst die ganze Gerechtigkeit Christi auf die Haben-Seite im Kontobuch des Gläubigen setzt und alle Sündenschulden auf der Soll-Seite ausstreicht. Wenn Gott auf einen Gläubigen blickt, so sieht er diese Person in der vollen Gerechtigkeit Christi stehen. Das ist die Weise, wie Gott »die Gottlosen rechtfertigt« (Röm. 4,5). Weil Christus durch Seinen Tod und Seine Auferstehung die Sünde vollständig gesühnt hat, kann Gott dem Sünder vergeben, ohne Seine eigene Gerechtigkeit zu kompromittieren – »... daß er gerecht sei, und den rechtfertige, der des Glaubens an Jesus ist« (Röm. 3,26). Dieses ist das Zentrum des ganzen Evangeliums. Darum nennt man es *die frohe Botschaft.*

Das Evangelium offenbart Gottes Zorn

Der Zorn ist allerdings gar keine frohe Botschaft. Tatsächlich gibt es für niemanden eine frohe Botschaft, der sich von Christus abwendet. Wir sollten beachten, daß der Ausgangspunkt für das Evangelium des Paulus der Zorn Gottes über die Sünde ist: »Denn es wird geoffenbart Gottes Zorn vom Himmel her über alle Gottlosigkeit und Ungerechtigkeit der Menschen« (Vers 18). Paulus wendet dann zwei ganze Kapitel daran, uns systematisch aufzuzeigen, daß die ganze Menschheit sündig ist und unter dem Zorn Gottes liegt.

Der Zorn Gottes fehlt nahezu völlig in der modernen Darstellung des Evangeliums. Es gilt als ungehörig, von Gottes Zorn zu reden oder davon, daß die Menschen Gott fürchten sollten. Üblicherweise fängt man heute genau anders herum an. Paulus schreibt von dem »Zorn Gottes ... über alle Gottlosigkeit und Ungerechtigkeit der Menschen«. Moderne Evangelikale aber beginnen mit: »Gott liebt dich und will dich glücklich machen.«

Man lese die Literatur der benutzerfreundlichen Gemeindebewegung! Dort wird man das ängstliche Bemühen erkennen, nur positive Botschaften zu vermitteln. Ein leitender Prediger dieser Bewegung schreibt:

> Die entkirchlichte Nachkriegsgeneration mag im stillen Kämmerlein zugeben, daß sie fehlerhaft – vielleicht sogar sündhaft – ist. Sie wird sich aber kaum an einem öffentlichen Ort als Würmer, gefallene Kreaturen und moralisch total verkommene Subjekte bezeichnen lassen wollen ...
>
> Als Prediger für diese Menschen bin ich überzeugt, daß ihnen sogar negative Botschaften auf positive Weise dargeboten werden müssen. Dieses ist das Sieb, durch das wir die Dinge gießen. Denn wenn wir uns nicht positiv auszudrücken verstehen – auch wenn wir Negatives zu sagen haben –, werden diese Leute höchstwahrscheinlich gar nicht hinhören.

> Wir müssen uns also über die im Gottesdienst zu wählende Tonart ernsthaft Gedanken machen … Ich habe mir jetzt angewöhnt, meine Botschaft an diese Altersgruppe immer auf ihren positiven Klang hin zu überprüfen.[10]

Kommentare in den Gemeindewachstum-Schriften, wie der eben zitierte, enthalten fast alle die Versicherung, der Autor wolle damit nicht irgendwelchen Kompromissen das Wort reden. Auch der vorliegende macht da keine Ausnahme; denn der Autor fährt fort: »Nun, ich will damit nicht den biblischen Grundsatz in den Hintergrund drängen, daß wir alle gefallene Sünder sind und es unendlich nötig haben, errettet zu werden. Zugegeben, wir sind fehlerhaft; doch präsentiert uns das Evangelium auch den Grundsatz, daß, weil wir im Bilde Gottes geschaffen sind, Gott uns wert genug hält, Seinen Sohn zu unserer Errettung zu senden.«[11] Er fährt dann fort, indem er wieder erklärt, daß, wer in dieser Generation erfolgreich arbeiten will, stets einen »optimistischen« Ton anschlagen muß.

Zunächst möchte ich sagen, daß ich einer ziemlich großen Gruppe dieser Nachkriegsgeneration diene, und ich kann die unhaltbare Verallgemeinerung des Schreibers nicht akzeptieren, diese Leute würden bei negativen Wahrheiten automatisch »abschalten«. Die wirklich Bekehrten müssen und wollen gewiß das Negative als Ansporn zur Buße annehmen. Außerdem: Es ist eine Sache zu sagen, »daß wir alle gefallene Sünder sind und es unendlich nötig haben, errettet zu werden«, und eine ganz andere, wenn es bei Paulus heißt, daß »Gottes Zorn vom Himmel her über alle Gottlosigkeit und Ungerechtigkeit der Menschen geoffenbart« ist. Beide Sätze sind wahr, ganz gewiß. Das Evangelium wäre nicht vollständig ohne diese beiden Seiten. Der Unterschied liegt darin, daß der Ausgangspunkt des Paulus – der Zorn Gottes, nicht die Feststellung menschlicher Not – von den modernen Predigern unserer Zeit häufig ausgelassen wird.

Wie schon zuvor gesagt, gibt es keinen Weg, die Wahrheit von Gottes Zorn mit einer nur positiven Präsentation des Evangeliums zu vereinen. Es ist unmöglich, vor ungläubigen Sündern der Wahrheit von Gottes Zorn eine »positive Seite« abzugewinnen. In Gemeinden, wo man das versucht, wird oft ein verkürztes Evangelium gepredigt – und der Punkt, der dabei als erster der Zensur zum Opfer fällt, ist gerade der, mit dem Paulus die Beschreibung des Evangeliums beginnt – die Wahrheit von dem göttlichen Zorn!

Wer meint, immer Optimismus verbreiten zu müssen, ist gezwungen, wesentliche Teile der Heiligen Schrift auszulassen, wie das meiste von Römer 1, Lukas 16, alle Warnungen an die Hebräer, vieles vom Mark der alttestamentlichen Wahrheit und die Hälfte der Lehren Jesu. Auf diese Weise gestaltet die Philosophie die Botschaft.

Niemand denke nun, harte, stets negative, bedrückende und grimmige Predigt gefiele mir am besten. Ganz gewiß nicht. Aber, wie wir schon wiederholt sagten, muß man zwischen Negativem *und* Positivem die Balance halten, sonst arbeiten wir nicht so wie Gott es von uns haben will. Nun aber besteht die Strategie der augenblicklichen Modepredigt darin, das Evangelium ausschließlich positiv darzustellen. Das ist unmöglich die biblische Botschaft. Und es ist auch nicht jenes Evangelium, das »die Kraft Gottes zur Errettung« enthält.

Für Paulus war die Drohung mit dem ewigen Gericht Gottes das *erste*, was ausgesprochen werden muß. Ihm ging es darum, daß die Hörer die schreckliche Realität des heiligen Gotteszornes und die Abscheulichkeit menschlicher Verlorenheit begriffen. Und es gibt keinen beschwingten Weg, dieses Thema zu behandeln. Aber so ging Paulus unter der Inspiration des Heiligen Geistes mit dem Evangelium um.

Gottes Zorn gehört ganz wesentlich zu Ihm. Alle Seine Eigenschaften befinden sich in göttlich perfekter Balance. Hätte Er keinen gerechten Zorn, so wäre Er nicht Gott. Ohne Seinen Zorn ist auch Seine Liebe bedeutungslos: »Gerechtigkeit hast du geliebt und Gesetzlosigkeit gehaßt« (Ps. 45,7). Außerdem haßt Gott die Sünde genauso vollkommen und gründlich, wie Er die gefallenen Sünder liebt. Eine Seite ist ohne die andere völlig unglaubwürdig.

Oft laufen die beiden Äußerungen »Zorn und Barmherzigkeit« nebeneinander her. »Wer an den Sohn glaubt, hat ewiges Leben; wer aber dem Sohne nicht glaubt, wird das Leben nicht sehen, sondern der Zorn Gottes bleibt auf ihm« (Joh. 3,36). Dieser Vers steht in demselben Kapitel wie die bekannten Worte von Johannes 3,16. Für den, der keinen Begriff von dem Ernst des Zornes Gottes wider die Sünde hat, wird auch der Ausdruck »nicht verloren gehen« sinnlos.

Gottes Zorn ist kein zweitrangiges Thema in der Heiligen Schrift. Er wird sowohl im Alten wie im Neuen Testament betont. In Psalm 7,11-12 steht: »Gott ist ein gerechter Richter, und ein Gott, der jeden Tag zürnt. Wenn er (der Mensch) nicht umkehrt, so wetzt er sein Schwert; seinen Bogen hat er gespannt und gerichtet.« Der Ausdruck »der Zorn des HERRN entbrannte wider Israel« steht zu wiederholten Malen im Alten Testament (z. B. Richter 2,14; 3,8; 10,7; 2. Sam. 6,7; 24,1; 2. Kön. 13,3; Ps. 106,40). Auch das Neue Testament ist voller Warnungen vor dem Zorn Gottes (z. B.

Röm. 2,5; 3,5; 9,22; Eph. 5,6; Kol. 3,6; Offb. 14,10). Der Schreiber an die Hebräer sagt schlicht: »Auch unser Gott ist ein verzehrendes Feuer« (Hebr. 12,29; siehe auch 5. Mose 4,24; 9,3).

Solche Wahrheiten werden uns *nicht* mitgeteilt, damit wir uns wohlfühlen oder größeres Selbstvertrauen gewinnen. Sie sollen uns mit Furcht und Zittern erfüllen. Denn »die Furcht des HERRN ist der Weisheit Anfang« (Spr. 9,10). Nur wenn das Evangelium einen heiligen Schrecken vor Gott hervorgerufen hat, kann es in Wahrheit als *gute Botschaft* wertgeschätzt werden. »In der Furcht des HERRN ist ein starkes Vertrauen« (14,26); »Die Furcht des HERRN ist ein Born des Lebens« (14,27); »Die Furcht des HERRN ist Unterweisung zur Weisheit« (15,33).

Verschiedene Botschaften für unterschiedliche Zeiten?

Das Evangelium, das heute gepredigt werden sollte, ist die gleiche Botschaft, die zu verkündigen Paulus sein Leben geweiht hatte. Er warnte die Kirche ernstlich davor, an dem Evangelium herumzupfuschen oder es irgendwie zu verändern (Gal. 1,6-9). Die Kirchengeschichte ist voller Beispiele, wie man versucht hat, die Botschaft für die jeweilige Zeit zurecht zu passen – und jedesmal endete es damit, daß die Wahrheit korrumpiert wurde und man sich selbst Verdammnis zuzog. Die meisten solcher Versuche, das Evangelium benutzerfreundlicher zu machen, geschahen nicht mit der Absicht, das Evangelium dadurch zu verderben. Aber man hätte bedenken müssen, daß der Wunsch nach einer gefälligeren, attraktiveren Botschaft mit dem wahren Evangelium unvereinbar ist. Wenn eine solche Bewegung erst in Fahrt kommt, erkennt man immer deutlicher, daß sie auf der gleichen Straße talwärts steuert, die auch die Modernisten vor hundert Jahren benutzt hatten.

Wenn man aus der Kirchengeschichte überhaupt etwas lernt, dann dies, daß verschiedene Zeiten und verschiedene Gesellschaftsordnungen *keine* unterschiedlichen Botschaften brauchen. Wer etwas anderes als das unverfälschte Evangelium predigt, bringt sich um die Kraft Gottes zu seinem Dienst.

Charles Spurgeon sagte von den Modernisten seiner Tage, sie suchten sich einen Glauben auszudenken, der »zu dem gegenwärtigen Jahrhundert paßt – vielleicht sollten wir lieber vom gegenwärtigen Monat reden«.[12] Er schreibt:

> Der Gedanke an ein progressives Evangelium scheint vielen Menschen großen Eindruck zu machen. Uns allerdings erscheint dieses Ansinnen

> wie eine Kreuzung zwischen Unsinn und Blasphemie. Nachdem sich das Evangelium als wirksames Mittel zur ewigen Errettung unzähliger Scharen erwiesen hat, scheint es für eine Änderung eigentlich zu spät zu sein. Und da es die Offenbarung des allweisen und unwandelbaren Gottes ist, erscheint es mir einigermaßen dreist, diese verbessern zu wollen. Wenn wir uns die Herrschaften in Gedanken vor Augen führen, die diese Verwegenheit vorgenommen haben, fühlen wir uns beinahe versucht, zu lachen, gleicht ihr Bemühen doch dem Versuch von Maulwürfen, das Licht der Sonne zu verbessern ...
>
> Meinen die Menschen wirklich, daß es für jedes Jahrhundert ein eigenes Evangelium gibt? Oder alle fünfzig Jahre eine neue Religion?[13]

Spurgeon erkannte klar, daß alle, die in einer veränderlichen Welt gern für »relevant« gehalten werden wollen, dem unwandelbaren Wort Gottes nicht lange treu bleiben konnten und dieses auch nicht tun würden. Er zitierte zustimmend aus einem Brief von Henry Varley an den Herausgeber der Zeitschrift *Word and Work*. Da schrieb Varley: »Unveränderliche Offenbarung ist nicht flexibel genug für ein Zeitalter, von dem man sagen könnte, ›der Wechsel gibt in ihr den Ton an‹. Um so notwendiger wird es daher, an dem ›Bild gesunder Worte‹ festzuhalten und ernsthaft ›für den einmal den Heiligen überlieferten Glauben zu kämpfen‹.«[14]

Wenn der Wechsel schon die Mode des neunzehnten Jahrhunderts war, wieviel mehr gilt das dann heute! Mehr als jede voraufgegangene Christengeneration müssen wir sorgfältig das uns anvertraute Gut bewahren (2. Tim. 1,14). Laßt es uns nicht für die Torheiten und Phantasien einer wankelmütigen Welt eintauschen!

Das Evangelium muß eindringlich, ernst und klar gepredigt werden. Und da besteht in der Tat ein schwerwiegender Mangel an Predigern und Zeugen für Christus mit hohen intellektuellen und kreativen Gaben, die in ihren Gemeinschaften die Fähigkeit vermitteln, das Evangelium sorgfältig zu lehren. Es ist keineswegs falsch, frisch, immer neu, überzeugend und interessant zu predigen. Jeder Prediger, der wahrhaft vom Evangelium ergriffen und mit ihm betraut wurde, wird von selbst diese Eigenschaften zeigen. Aber wir müssen unser Augenmerk auf die Botschaft, nicht auf den Stil richten. Wir müssen das Evangelium zu unserer einzigen Botschaft an die Welt machen. Denn allein das Evangelium – nicht menschliches Bemühen, nicht »Benutzerfreundlichkeit«, nicht kluge Technik oder moderne Methodologie – ist die Kraft Gottes zur Errettung für alle, die daran glauben.

Kapitel 7

Paulus auf dem Areopag

In der letzten Zeit ging es (den Predigern des »Down-Grade«) darum, von den Menschen als achtbar, vernünftig, gemäßigt und gelehrt angesehen zu werden. Zu diesem Zweck verließ man die puritanischen Lehren, mit denen man begonnen hatte, oder milderte deren Wahrheiten ab. Das geistliche Leben, um dessentwillen man einst zum Dissidenten wurde, siecht, dem Tode nahe, immer mehr dahin ... Leider kehren viele wieder zu den vergifteten Bechern um, von denen dieses zugrundegehende Geschlecht betäubt worden ist.

Charles Haddon Spurgeon[1]

Jene, die meinen, das Geheimnis einer kraftvollen Predigt liege in ihrer Gegenwartsbezogenheit, weisen gern auf den Dienst des Paulus in Athen hin. Dieses sei ein Musterbeispiel für die Anpassung seiner Botschaft und seiner Methodologie an die jeweilige Kultur seiner Hörerschaft. Sie meinen, in der Areopagrede des Paulus *das* Paradebeispiel für marktorientierte Predigt vor sich zu haben.

Auf den ersten Blick mag es auch so scheinen. Paulus predigte vor der intellektuellen Elite der Stadt. Er sprach zu ihnen in der ihnen eigenen Sprache, zitierte aus dem Stegreif ihre Dichter und Philosophen und benutzte die Methode der öffentlichen Debatte, um mit ihnen ins Gespräch zu kommen. Ist das nicht genau der Prototyp für »Kontextaktualisation« und marktorientierte Methoden?

So ist denn auch Apostelgeschichte 17,16-33 ein Schlüsseltext für die zeitgenössische Gemeinde-Marketing-Bewegung:

> Während aber Paulus sie (Silas und Timotheus) in Athen erwartete, wurde sein Geist in ihm erregt, da er die Stadt voll von Götzenbildern sah. Er unterredete sich nun in der Synagoge mit den Juden und mit den Anbetern, und auf dem Markte an jedem Tage mit denen, welche gerade herzukamen. Aber auch etliche der epikuräischen und stoischen Philosophen griffen ihn an; und etliche sagten: Was will doch dieser Schwätzer sagen? andere aber: Er scheint ein Verkündiger fremder Götter zu sein, weil er ihnen das Evangelium von Jesus und der Auferstehung verkündigte. Und sie ergriffen ihn, führten ihn zum Areopag

und sagten: Können wir erfahren, was diese neue Lehre ist, von welcher du redest? denn du bringst etwas Fremdes vor unsere Ohren. Wir möchten nun wissen, was das sein mag. Alle Athener aber und die Fremden, die sich da aufhielten, brachten ihre Zeit mit nichts anderem zu, als etwas Neues zu sagen oder zu hören.

Paulus aber stand mitten auf dem Areopag und sprach: Männer von Athen, ich sehe, daß ihr in jeder Beziehung den Göttern sehr ergeben seid. Denn als ich umherging und die Gegenstände eurer Verehrung betrachtete, fand ich auch einen Altar, an welchem die Aufschrift war: *Dem unbekannten Gott*. Den ihr nun, ohne ihn zu kennen, verehrt, diesen verkündige ich euch. Der Gott, der die Welt gemacht hat und alles, was darinnen ist, dieser, indem er der Herr des Himmels und der Erde ist, wohnt nicht in Tempeln, die mit Händen gemacht sind, noch wird er von Menschenhänden bedient, als wenn er noch etwas bedürfe, da er selbst allen Leben und Odem und alles gibt. Und er hat aus einem Blute jede Nation der Menschen gemacht, um auf dem ganzen Erdboden zu wohnen, indem er verordnete Zeiten und die Grenzen ihrer Wohnung bestimmt hat, daß sie Gott suchen, ob sie ihn wohl tastend fühlen und finden möchten, obgleich er nicht fern ist von einem jeden von uns. Denn in ihm leben und weben und sind wir, wie auch etliche eurer Dichter gesagt haben: »Denn wir sind auch sein Geschlecht.« Da wir nun Gottes Geschlecht sind, so sollen wir nicht meinen, daß das Göttliche dem Gold oder Silber oder Stein, einem Gebilde der Kunst und der Erfindung des Menschen, gleich sei. Nachdem nun Gott die Zeiten der Unwissenheit übersehen hat, gebietet er jetzt den Menschen, daß sie alle allenthalben Buße tun sollen, weil er einen Tag gesetzt hat, an welchem er den Erdkreis richten wird in Gerechtigkeit durch einen Mann, den er dazu bestimmt hat, und hat allen den Beweis davon gegeben, indem er ihn auferweckte aus den Toten.

Als sie aber von der Totenauferstehung hörten, spotteten die einen, die anderen aber sprachen: Wir wollen dich darüber auch nochmals hören. Also ging Paulus aus ihrer Mitte weg.

Der Anfang des siebzehnten Kapitels beschreibt, wie Paulus aus Thessalonich und Beröa fliehen mußte. Einige Christen aus Beröa hatten ihn heimlich aus der Stadt und übers Meer nach Athen gebracht (Vers 15). Silas und Timotheus waren in Beröa geblieben, und Paulus hatte ihnen den Auftrag zukommen lassen, zu ihm nach Athen zu kommen.

So war Paulus allein in Athen und wartete auf die beiden. Wie leicht hätte sich da Niedergeschlagenheit breitmachen können. Paulus kannte das Verlassenheitsgefühl in seinem Leben sehr wohl (siehe 2. Tim. 4,9-22). Der Dienst, der ihn an diesen Punkt gebracht hatte, war eine schier endlose Kette von Verfolgung und Verwerfung. Und nun war er ganz allein in einer regen und hoch kultivierten, allerdings äußerst heidnischen Stadt.

Die Schrift sagt nichts über die Gefühle des Paulus zu dieser Zeit, läßt aber auch keinen Raum zu der Vermutung, er sei entmutigt gewesen. Seine Briefe zeigen wunderbar deutlich, wie er mit solchen Situationen umging. An die Korinther schrieb er: »Allenthalben bedrängt, aber nicht eingeengt; keinen Ausweg sehend, aber nicht ohne Ausweg; verfolgt, aber nicht verlassen; niedergeworfen, aber nicht umkommend« (2. Kor. 4,8-9). In dem gleichen Brief schreibt er: »Deshalb habe ich Wohlgefallen an Schwachheiten, an Schmähungen, an Nöten, an Verfolgungen, an Ängsten für Christus; denn wenn ich schwach bin, dann bin ich stark« (12,10). Paulus war aus einer Position der Schwachheit heraus fähig, ein Kanal der Kraft zu werden, die Gott in Athen freisetzen wollte.

Ein Mann gegen eine ganze Stadt

Wir erinnern uns: Paulus wurde unter strengsten pharisäischen Regeln erzogen. »Ich bin ein jüdischer Mann, geboren zu Tarsus in Cilicien; aber auferzogen in dieser Stadt zu den Füßen Gamaliels, unterwiesen nach der Strenge des väterlichen Gesetzes« (Apg. 22,3) »... beschnitten am achten Tage, vom Geschlecht Israel, vom Stamme Benjamin, Hebräer von Hebräern; was das Gesetz betrifft, ein Pharisäer; ... was die Gerechtigkeit betrifft, die im Gesetz ist, tadellos erfunden« (Phil. 3,5-6). Außerdem war er ein römischer Bürger mit Kenntnissen über militärische und politische Zusammenhänge. Tarsus, wo er seine Kindheit verbrachte, war sehr weltoffen. So befähigte ihn seine vielseitige Bildung, sich in fast jedem Kulturkreis des römischen Weltreichs zurechtzufinden. Da machte nicht einmal Athen, über Jahrhunderte die eigentliche Hauptstadt der intellektuellen und künstlerischen Welt, eine Ausnahme. Paulus kannte sich bestens aus in der Kultur der Griechen; Verhaltensregeln, Religion, Kunst und Philosophie waren ihm vertraut. Er war ein vielbelesener und weitgereister Gelehrter. Nach Gottes Plan hatte ihn sein ganzes bisheriges Leben auf Situationen gerade wie diese vorbereitet.

Im vierten und fünften Jahrhundert vor Christi Geburt war Athen, nach Meinung vieler, die größte Stadt der damaligen Welt. Manche Aspekte der Athener Kultur sind später nie wieder erreicht worden. Die Stadt bildete den Gipfel aller Kunst, Literatur, Architektur und Philosophie. Niemals wieder in der Geschichte hat eine Stadt auf all diesen Gebieten eine solche Großartigkeit erreicht wie das Athen des goldenen Zeitalters des griechischen Reiches.

Athen gehörte zu der Provinz Achaja, deren Hauptstadt das nicht weit entfernte Korinth war. Trotzdem bildete Athen das Zentrum der intellektuellen Welt, so wie Rom das der politischen. Athen wurde manchmal die Universität der ganzen Welt genannt. Alle großen Geister gaben sich hier ein Stelldichein.

Athen beherbergte außerdem das Pantheon der Götter der griechischen Mythologie. Jedes öffentliche Gebäude in Athen war gleichzeitig ein Göttertempel. Der öffentliche Gerichtsplatz zum Beispiel war der Göttermutter geweiht. Den Mittelpunkt des Rathauses bildete eine Apollostatue. Eine Redewendung lautete: »In Athen ist es leichter, einen Gott als einen Menschen zu finden.« Die Stadt war vom Heidentum durchdrungen; und obwohl sie für alles und jedes einen Gott hatten, kannten sie den einen wahren Gott nicht.

Es ist interessant zu sehen, welchen Eindruck Athen auf Paulus machte. Bei seinem kulturellen und akademischen Hintergrund würde man erwarten, er sei voll der Bewunderung gewesen. Die Stadt war angefüllt mit großartigen Tempeln, prächtigen Kunstwerken, eindrucksvollen Gebäuden, vollendeten Figuren, fesselnden Rednern, genialen Denkern und neuen Erkenntnissen, die einen Gelehrten wie Paulus einfach interessieren mußten. Und zu seiner Zeit erstrahlte noch alles in Gold und Farben und blendendem Marmor.

Was aber war seine Antwort auf das alles? »In Athen ... wurde sein Geist in ihm erregt, da er die Stadt voll von Götzenbildern sah« (Apg. 17,16). Anstatt von all dem Glanz berauscht zu werden, sah er nur eine Stadt voller Götzen, und das schmerzte ihn außerordentlich.

Ein Bibellexikon aus dem vorigen Jahrhundert sagt:

> Zu Pauli Füßen lag das Theseion (ein prächtiger Marmortempel in der Nähe des Marktplatzes), und zur Rechten sah er die Akropolis, deren herrliche Tempel damals alle unversehrt waren. Eine solche Umgebung würde jeden gebildeten Christen unserer Tage mit Enthusiasmus erfüllen. Wohin Paulus auch seinen Blick richtete, überall fiel er auf erhabene und anmutige Kunstwerke, die damals noch die dekadente Stadt schmückten. Somit war für ihn eine Tafel gedeckt, unter der die Hu-

> manisten des neunzehnten Jahrhunderts dankbar und unter großen Mühen die verstreuten Krümel aufsuchen. Den semitischen Vorstellungen des heiligen Paulus machte das alles keinen Eindruck. Für ihn waren das alles nur »Gold oder Silber oder Steine, ein Gebilde der Kunst und der Erfindung der Menschen«, das Werk eines unwissenden Zeitalters, das Gott in Gnaden »übersehen« hatte.[2]

Ein Schriftsteller zur Zeit des Apostels besuchte ebenfalls Athen und verfaßte sechs Bände, in denen er die Herrlichkeiten dieser Stadt beschrieb. Hätte Paulus ein Reisetagebuch geführt, so stünde nichts weiter darin als: »Athen ist voller Götzen.«

Paulus war ganz bestimmt nicht beschränkt oder ohne Empfindungen. Ihm fehlte es auch nicht an Bildung, um die Athener Kultur wertschätzen zu können; im Gegenteil, er war der richtige Mann für eine solche Stadt. Aber er hatte eine höhere Berufung und war in ernsthafteren Geschäften unterwegs als die Touristen und sogar die gelehrten Forscher. Er sah durch die schimmernde Fassade der Stadt und der wohlgekleideten und wohlerzogenen Athener Intellektuellen hindurch. Und was er sah, waren Menschen, die zu einer Ewigkeit ohne Christus verdammt waren.

Athen regte Paulus auf. Der Ausdruck »... wurde sein Geist in ihm erregt« ist die Übersetzung des griechischen Wortes *paroxynoo,* das eine intensive Herausforderung beschreibt. Paulus wurde betrübt, traurig, angeekelt und zornig durch den allgegenwärtigen Götzendienst, den er wahrnahm. Er wußte, daß diese Menschen steinernen Götzen die Ehre gaben, die Gott allein zukommt.

Paulus auf dem Marktplatz

Die Antwort des Paulus darauf fiel so aus, wie in praktisch jeder Stadt, in der er gearbeitet hatte. Er ging in die Synagoge und auf den Marktplatz und predigte Christus. In Vers 17 steht: »Er unterredete sich nun in der Synagoge mit den Juden und mit den Anbetern, und auf dem Markte an jedem Tage mit denen, welche gerade herzukamen.« Seine Methode war die direkte evangelistische Anrede. Er verschaffte sich nicht erst einen allgemeinen Überblick. Er stellte keine speziellen Voruntersuchungen an. Er versuchte auch nicht, zunächst ein Evangelisationskomitee zusammenzustellen. Er ging einfach zur Synagoge und zum Marktplatz und predigte allen, die er dort antraf.

»Anbeter« sind Heiden, die sich zur Synagoge hielten – Menschen, die von dem HERRN wußten und soweit an Ihn glaubten, daß sie Ihn fürchteten. So diente Paulus den Juden, den Gottesfürchtigen aus den Griechen und reinen Heiden. Da gab es weder eine Marktforschung noch eine Zielgruppe. Paulus verkündigte allen die Wahrheit, so wie er es überall in Kleinasien getan hatte.

Der Marktplatz in Athen wurde Agora genannt. Er war der zentrale Platz, auf dem das Leben der Athener sich vor allem abspielte. Er lag am Südrand der damaligen Stadt und wurde von dem Marshügel, dem Areopag, überschattet. Im Südosten ragte die großartige Akropolis auf, der höchste Punkt Athens, auf dem auch die bedeutendsten Tempel errichtet waren, darunter der gewaltige Parthenon. Dieses prächtige Marmorbauwerk war schon fünfhundert Jahre alt, als Paulus es zu sehen bekam.

Die Agora war ein rechteckiger Platz, umgeben von vielen öffentlichen Gebäuden. Unter langen Säulengängen pflegten die Leute kleine Stände und Verkaufsbuden zu errichten. Fliegende Händler boten ihre Waren feil. Bauern brachten ihre Produkte und ihr Vieh. Handwerker boten ihre Dienste an. Immer war etwas los, etwa wie heute auf einem Marktplatz oder in der Fußgängerzone. In der Mitte des Marktes versammelten sich gewöhnlich die Philosophen und wetteiferten um die Aufmerksamkeit der Passanten. Das waren meist umherwandernde Lehrer in der Tradition des Aristoteles und Heilkundige, außerdem aber fanden dort auch Zauberer, Marktschreier und Straßenkünstler aller Art ihr Publikum.

Paulus erblickte in diesem allen einen wunderbaren Ort zum Predigen. Die Schrift sagt, »er unterredete sich ... an jedem Tage mit denen, welche gerade herzukamen«. Welche Richtung nahmen diese Gespräche? In Vers 18 heißt es, er verkündigte ihnen das Evangelium. Er redete von »Jesus und der Auferstehung« – klassische paulinische Predigt.

Wie konnte er erwarten, in einer Stadt wie Athen damit etwas auszurichten? Menschlich betrachtet stand er buchstäblich ganz allein gegen ein jahrhundertealtes Heidentum – und dann ein so intellektuelles obendrein. Was konnte er da auf dem Marktplatz mit seiner Predigt von Jesus und von der Auferstehung erreichen?

So hätten Marketing-Spezialisten gefragt, aber nicht Paulus. Er sah sich nicht als einsamen Einzelkämpfer gegen eine ganze Stadt. Er sah sich als Stimme, durch die Gottes Kraft – das Evangelium – in der einflußreichsten Stadt jener Weltgegend freigesetzt werden konnte. Er war sich sicher, daß durch die Predigt von Christus auf der Agora die ganze Kraft Gottes auf die Stadt Athen losgelassen wird. Wie Gott wirken würde, das lag in Seiner Hand.

Der Apostel und die Philosophen

Es dauerte nicht lange, bis man Paulus bemerkte. »Etliche der epikuräischen und stoischen Philosophen griffen ihn an.« Weit davon entfernt, sich durch seine verständige und so bedeutsame Rede beeindrucken zu lassen, sagten einige: »Was will doch dieser Schwätzer sagen?« (Vers 18). Das mit »Schwätzer« übersetzte Wort *spermologos* heißt eigentlich »Saatpicker«. Man verspottete also den Apostel mit seiner Botschaft als einen krächzenden Raben. Selbstverständlich, die Athener Intellektuellen waren nicht hingerissen von der Gelehrsamkeit und Klugheit des Paulus!

Nichtsdestoweniger hatte Paulus ihre Aufmerksamkeit erregt und die Neugier der Vertreter dieser beiden Philosophenschulen geweckt. Die Epikuräer leiteten sich von Epikur her, der vor vierhundert Jahren gelebt hatte. Sie glaubten, alles hänge nur vom Zufall ab. Sie rechneten in ihrem System nicht mit einem souveränen Gott; und darum waren sie grundsätzliche Skeptiker. Auch glaubten sie, daß mit dem Tode alles aus sei. Und so lehrten sie, das Vergnügen sei das natürliche Ziel und das höchste Gut im Leben. Dabei vertraten sie die Ansicht, wahres Vergnügen sei nur in einem guten Lebenswandel zu finden, was sie zu höchst moralischen Menschen machte. Ein verdorbener Epikurismus klingt aus der einst bei uns volkstümlichen Bierreklame nach: »Weil du nur einmal lebst, greif zu, wo's dir gefällt!« Moderner Existentialismus ist oft nichts anderes als eine zügellose Variante des Epikuräertums.

Die andere Gruppe, die Paulus aufs Korn nahm, waren die Stoiker. Ihre Philosophie lehrte in vieler Hinsicht das genau Gegenteil von dem, was die Epikuräer sagten. Sie waren pantheistische Fatalisten. Sie glaubten, alles sei göttlich und alles geschehe, weil Gott es so will. Im Gegensatz zu den Epikuräern waren sie äußerst humanitär eingestellt. Wegen ihres extremen Pantheismus behandelten sie alles, als sei es Gott. Ihre Philosophie war daher sehr menschenfreundlich, hilfsbereit und großherzig. Wir gebrauchen heute das Wort *stoisch*, um einen Menschen zu kennzeichnen, der auch bei größten Leiden seine Gefühle beherrscht. Das kommt von dem Fatalismus der Stoiker, die resignierend feststellten: Alles, was irgend geschieht, ist so von Gott gewollt.

Wie schon bemerkt, hatten sich einige dieser heidnischen Philosophen offen über Paulus mokiert und ihn einen »Saatpicker« genannt. Andere waren durch seine Botschaft neugierig geworden: »Er scheint ein Verkündiger fremder Götter zu sein, weil er ihnen das Evangelium von Jesus und der Auferstehung verkündigte« (Vers 18). Es ist schon eigenartig, daß sie den Plural gebrauchten und von »Göttern« sprachen. Das mag aber an einem Mißverständnis liegen. Sie waren so sehr daran gewöhnt, alles als Gottheit zu personifizieren, daß sie bei dem Wort *anastasis* (Auferstehung) an eine Göttin namens Anastasia gedacht haben mögen. Sie hatten ja zum Beispiel Götter für Frömmigkeit, Barmherzigkeit und Bescheidenheit – warum sollte es da nicht auch einen oder eine für die Auferstehung geben?

Nun, was auch immer, sie wollten jedenfalls mehr hören.

Der Prediger und die Gelehrten

»Sie ergriffen ihn, führten ihn zum Areopag und sprachen: Können wir erfahren, was diese neue Lehre ist, von welcher du redest? Denn du bringst etwas Fremdes vor unsere Ohren. Wir möchten nun wissen, was das sein mag« (Verse 19-20). Das bedeutet keinesfalls, daß sie überzeugt waren. Für sie war Paulus ein philosophisches Unikum, einer, der etwas ganz Neues vorbrachte. Alles war für sie nur Zeitvertreib. »Alle Athener aber und die Fremden, die sich da aufhielten, brachten ihre Zeit mit nichts anderem zu, als etwas Neues zu sagen oder zu hören« (Vers 21). Irgend etwas an Paulus gefiel ihnen, und so nahmen sie ihn mit auf den Areopag.

Der Areopag war der Platz, auf dem sich das Athener Philosophengericht traf. Das griechische Wort heißt »Areshügel«. Der lateinische Name für Ares ist Mars. Und so wurde dieser Ort auch als »Marshügel« bekannt. Wenn nun die Schrift sagt: »Paulus stand mitten auf dem Areopag« (Vers 22), dann bezieht sich das vor allem auf dieses Philosophengericht, wobei dieses auf dem Marshügel oder nahe dabei stattgefunden haben wird. Zu dem Areopag-Gerichtshof gehörten wenigstens dreißig Männer, die als oberste Richter in Athen fungierten. Sie sprachen ihr Urteil in kriminal- und zivilrechtlichen Angelegenheiten als letzte Instanz. Darüber hinaus aber waren sie die Wächter der Athener Philosophie. Sie hörten sich alles erst einmal an und entschieden, ob das Neue als Lästerung der Götter zu verbieten war.

Offenbar wollten die Philosophen, daß Paulus vor den Richtern seine Lehre ausbreitete. Diese sollten dann entscheiden, ob »die fremden Götter«, die er verkündigte, zu den schon vorhandenen in ihren Pantheon aufgenommen werden konnten.

Welch eine Möglichkeit! Diese Männer zogen ihn tatsächlich vor den allerhöchsten Gerichtshof und forderten ihn auf, seine Lehre darzulegen! Das war einer der Augenblicke, für die der Apostel lebte, und er nutzte ihn dementsprechend weidlich aus.

Dieses war sicher nicht seine einzige Predigt in Athen, noch war es seine erste. Der Text sagt uns nicht, wie viele Tage er in der Synagoge und auf dem Markt gepredigt hat; aber die Botschaft an das hohe Gericht läßt uns einen prächtigen Einblick in die Predigtweise des Paulus tun. Mehrere bemerkenswerte Züge machen sie zu einem einzigartigen Modell für die Verkündigung des Evangeliums.

Paulus war höflich, nahm aber kein Blatt vor den Mund

»Paulus stand mitten auf dem Areopag und sprach: Männer von Athen, ich sehe, daß ihr in jeder Beziehung den Göttern sehr ergeben seid« (Vers 22). Die »King-James-Übersetzung« übersetzt das Letzte so: »Ich erkenne, daß ihr überaus abergläubisch seid.« Von dieser Übersetzung sagt Spurgeon:

> Er sagte nicht »überaus abergläubisch«, wie in unserer Übersetzung steht, das hätte sie nur unnütz grob verletzt. So fährt er denn auch fort: »... den ihr nun, ohne ihn zu kennen, verehrt, diesen verkündige ich euch.« Er sagt nicht: »... den ihr in eurem Unverstand verehrt ...« Er war viel zu klug, etwas Derartiges zu sagen. Er hatte es mit nachdenklichen und kultivierten Leuten zu tun und sein Ziel war es, sie zu gewinnen, indem er ihnen höflich das Evangelium erklärte.[3]

Wie schon bemerkt, *hat* der Apostel in begrenztem Maße seinen Redestil den Hörern angepaßt, um sie zu gewinnen. Den Juden wurde er ein Jude. In Athen wurde er ein Grieche. Er sprach mit großem Respekt vor ihrer Stellung zu diesen Leuten. Er redete sie so untertänig an, wie es ein Bürger dieser Stadt, der sie vorstanden, getan hätte.

»Als ich umherging und die Gegenstände eurer Verehrung betrachtete, fand ich auch einen Altar, an welchem die Aufschrift war: *Dem unbekannten Gott.* Den ihr nun, ohne ihn zu kennen, verehrt, diesen verkündige ich euch« (Vers 23). Wie taktvoll begegnet er ihnen! Diesen Altar für den unbekannten Gott benutzt er, um ihnen klarzumachen, daß ihre Religion *keinen* Gott, geschweige denn den wahren, zu erkennen vermochte. Freundlich folgerte er aus der Existenz eines solchen Altars, daß sie die Wahrheit über Gott durchaus nicht kannten. Er deutete diese Inschrift als ihr eigenes Eingeständnis ihrer geistlichen Unwissenheit.

Paulus kleidete seine Botschaft in diplomatische, freundliche und höfliche Worte (»Ich sehe, daß ihr in allen Dingen den Göttern sehr ergeben seid«) – brachte dabei aber die Sache auf den Punkt (»Den ihr nun, ohne ihn zu kennen, verehrt, diesen verkündige ich euch nun«). Mutig macht er sofort danach klar, daß er ihnen jetzt die Wahrheit über den ihnen unbekannten Gott verkündigen will. Da gab es kein vorsichtiges Taktieren, kein Drum-herum-Reden – er sagte es frei heraus. So an die Sache heranzugehen, war vor dem Gericht auf dem Areopag nicht weniger ungewöhnlich als heutzutage. Im Gegenteil, es mag für sie, die doch die höchste geistige Elite Athens darstellten, wie ein Schock gewirkt haben. Aber Paulus milderte nichts ab, versuchte auch nicht die Autorität des Evangeliums abzuschwächen, sondern vertraute auf dessen Kraft. Er sprach mit dem gleichen Mut, den er an jedem anderen Ort auch aufgebracht hätte.

Was hatte es mit diesem Altar für einen unbekannten Gott auf sich? Es gab nämlich viele davon in Athen. Sechshundert Jahre vor Paulus' Zeiten wurde Athen von einer schrecklichen Seuche heimgesucht. Hunderte waren krank und starben, und die Stadt begann zu veröden. Ein berühmter Dichter aus Kreta namens Epimenides ersann einen Plan, um die Götter, welche immer es sein mochten, zu beruhigen.

Er ging zum Areopag und ließ eine Herde Schafe frei. Sein Plan war, daß die Tiere frei in der Stadt umherlaufen sollten. Wo sie sich niederlegten, sollten sie in dem nächstgelegenen Tempel geopfert werden. Er ging davon aus, daß die erzürnten Götter die Schafe zu sich ziehen würden. Manche Schafe aber lagerten sich an Stellen, wo weit und breit kein Tempel war. Epidemides riet, die Schafe an Ort und Stelle zu opfern und dort einen Altar zu errichten, um sicher zu gehen, daß keine der unbekannten Gottheiten übersehen wurde. Weil diese Götter namenlos waren, errichteten sie Altäre mit der Aufschrift »Dem unbekannten Gott«. Zweifellos redete Paulus von einem dieser Altäre.

Paulus erklärte mutig: »Ich kenne diesen unbekannten Gott. Laßt mich euch sagen, wer er ist.« So begann er dann mit großer Vollmacht, ihnen klar und ausführlich zu sagen, wer Gott ist.

Er überbrachte die Botschaft, ohne Abstriche zu machen

Paulus kam sofort zum Thema. Er begann mit der Schöpfung: »Der Gott, der die Welt gemacht hat und alles, was darinnen ist, dieser, indem er der Herr des Himmels und der Erde ist, wohnt nicht in Tempeln, die mit Händen gemacht sind, noch wird er von Menschenhänden bedient, als wenn er noch etwas bedürfe, da er selbst allen Leben und Odem und alles gibt« (Verse 24-25). In diesen Worten liegt ein großer Schatz an Wahrheiten über Gott. Darüber hinaus stehen sie in direktem Widerspruch zu den religiösen Überzeugungen der Griechen. Aber weder umging Paulus ihre

Empfindlichkeit wie die Katze den heißen Brei, noch versuchte er, Wahrheiten zu verschweigen, die sie eventuell nicht hören mochten.

Alle ihre Götter wohnten in Tempeln, die von Menschen errichtet waren. Sie trugen menschliche Charakterzüge und entsprachen überhaupt nicht diesem transzendenten höchsten Wesen, von dem Paulus sprach. Die Zuhörer waren gebildete Leute, die zweifellos von dem Gott der Hebräer vieles wußten. Sie wußten von Seinem Ausschließlichkeitsanspruch: »Der HERR, unser Gott ist nur ein HERR! Und du sollst den HERRN, deinen Gott, lieben mit deinem ganzen Herzen und mit deiner ganzen Seele und mit deiner ganzen Kraft« (5. Mose 6,4,5). Sie wußten auch, wie Sein erstes Gebot lautete: »Du sollst keine anderen Götter haben neben mir!« (2. Mose 20,3; 5. Mose 5,7). Sicher werden die Leute sehr bald erkannt haben, daß Paulus von dem Gott sprach, zu dem die Hebräer beteten, und so konnten sie ihm in allen Einzelheiten folgen.

Paulus beschrieb Gott als den *Schöpfer*: »Der die Welt gemacht hat und alles, was darinnen ist« (Röm. 17,24). Er ist auch der *Erhalter* allen Lebens: »... da er selbst allen Leben und Odem und alles gibt« (Vers 25). Er ist aber auch der *Herrscher*: »Er, der Herr des Himmels und der Erde« (Vers 24); »Und er hat aus einem Blute jede Nation der Menschen gemacht, um auf dem ganzen Erdboden zu wohnen, indem er verordnete Zeiten und die Grenzen ihrer Wohnung bestimmt hat« (Vers 26). Und Gott ist der *Allgegenwärtige*: »... obgleich er nicht fern ist von jedem unter uns« (Vers 27).

Außerdem sagte ihnen Paulus, Gott wolle von den Menschen, »daß sie Gott suchen, ob sie ihn wohl tastend fühlen und finden möchten« (Vers 27). Paulus sagte diesen Philosophen, Gott zu suchen, sei eine moralische Pflicht. Wenn Er wirklich der Herr, der allmächtige Schöpfer ist, und von uns fordert, daß wir Ihn suchen sollen, dann ist es eine Sünde, wenn wir Ihn *nicht* suchen. Diese Wahrheit wird solchen Philosophen nicht entgangen sein. Ihnen war völlig klar, daß Paulus sie in die Pflicht nahm, den von ihm gepredigten wahren Gott zu suchen und Ihm zu dienen. Mit anderen Worten erklärte Paulus ihnen: »Der Gott, den ich euch beschrieben habe, ist erhaben über alles andere, und ihm gebührt euer ausschließlicher Gehorsam und eure Anbetung. Das Beste, was ihr tun könnt, ist, ihn solange zu suchen, bis ihr ihn gefunden habt.« Das war ein harter Schlag gegen ihren Synkretismus und ihre Vielgötterei. Keiner konnte mehr auf den Gedanken kommen, den Gott des Paulus ihrem eigenen Pantheon *hinzuzufügen.* Paulus forderte sie auf, ihre eigene Religion aufzugeben und den ewigen Schöpfer aller Dinge anzubeten, den Gott, der alle anderen Götter erbärmlich und veraltet erscheinen ließ.

Achten wir einmal darauf, wie Paulus seine Verteidigung des wahren Gottes aufbaut: Er zitiert griechische Dichter. »Denn in ihm leben, weben und sind wir, wie auch etliche eurer Dichter gesagt haben: ›Denn wir sind auch Gottes Geschlecht‹« (Vers 28). Beide, der Anfang und das Ende dieses Verses, sind Dichterzitate. Epimenides – derselbe, der dem unbekannten Gott die Altäre errichten ließ – sagte: »In ihm leben und weben und sind wir.« Und wahrscheinlich war es Arados, der gesagt hat: »Wir sind seines Geschlechts.«

Als Epimenides sagte: »In ihm leben und weben und sind wir«, sprach er von Zeus. Wie kommt nun Paulus dazu, diesen Lobgesang auf einen Götzen auf Gott zu beziehen? Weil er den Glauben verteidigen wollte. Sein Anliegen mag etwa so lauten: »Eure eigenen Dichter haben, ohne irgend etwas von dem wahren Gott zu wissen, die unwiderlegbare Tatsache bezeugt, daß es einen souveränen, lebenspendenden und allmächtigen Schöpfer geben muß. Und der Gott, von dem ich rede, ist eben dieser Allmächtige.« Daß Paulus die alten Dichter zitieren konnte, unterstreicht nur die Aussage von Römer 1,19-20: »... weil das von Gott Erkennbare unter ihnen offenbar ist, denn Gott hat es ihnen geoffenbart, – denn das Unsichtbare von ihm, sowohl seine ewige Kraft als auch seine Göttlichkeit, die von Erschaffung der Welt in dem Gemachten wahrgenommen werden ...« Die Vernunft fordert eine ewige Ursache, von der die Schöpfung abhängt. Darum sind manche Wesensarten Gottes so deutlich erkennbar, daß auch heidnische Dichter sie erkennen konnten, – wenn sie diese dann auch dem falschen Gott unterstellten.

Das war ein wichtiger Punkt, und Paulus machte das Beste aus der Situation, indem er erklärte, der wahre Gott, den sie nicht kannten, sei der Schöpfer, Erhalter und Herr des Universums. Dann zitierte er ihre Dichter als Beweis, daß solch ein souveräner Schöpfer existieren muß. Spurgeon sagt: »Es war äußerst geschickt von ihm, sich auf die Inschrift des Altars zu beziehen und auch noch ihre eigenen Dichter zu zitieren. Hätte er vor Juden gepredigt, so hätte er weder die griechischen Dichter noch den heidnischen Altar erwähnt. Seine Liebe zu den Hörern lehrte ihn, wie man sich deren Aufmerksamkeit sichert und seine eigenen Vorlieben hintenanstellt.«[4]

Paulus war mit ihrer bloßen Aufmerksamkeit natürlich nicht zufrieden. Er versuchte nicht, ihnen auf intellektueller Ebene zu imponieren oder persönliche Anerkennung zu gewinnen. Er suchte nicht den Respekt der Welt oder die Anerkennung als Philosoph. Sein einziges Ziel war, diese Leute zu Christus zu bekehren, und so kam er ganz schnell zum Wesentlichen seiner Botschaft.

Er war mutig und direkt

Die nächsten Worte des Paulus waren ein vernichtender Schlag gegen das Athener Heidentum. »Da wir nun Gottes Geschlecht sind, so sollen wir nicht meinen, daß das Göttliche dem Gold oder Silber oder Stein, einem Gebilde der Kunst und der Erfindung der Menschen, gleich sei« (Röm. 17,29). Mit anderen Worten: Wenn Gott uns gemacht hat (wie eure eigenen Dichter deutlich machen), muß Gott größer sein als jedes Gebilde von Menschenhand. – Dies ist überaus wichtig! Es ist, als nähme Paulus einen riesigen philosophischen Vorschlaghammer und schlüge alle ihre Götzen in Stücke. Wenn Gott wirklich das unumschränkte und unendliche Wesen ist, wie Er es nach euren Dichtern auch tatsächlich sein muß, können wir Ihn nicht durch Götterbilder, Altäre oder andere Bildnisse erkennen.

Paulus kommt dann alsbald auf das Zentrum seiner Botschaft zu sprechen: »Nachdem nun Gott die Zeiten der Unwissenheit übersehen hat, gebietet er jetzt den Menschen, daß sie allenthalben Buße tun sollen, weil er einen Tag gesetzt hat, an welchem er den Erdkreis richten wird in Gerechtigkeit durch einen Mann, den er dazu bestimmt hat, und hat allen den Beweis davon gegeben, indem er ihn aus den Toten auferweckt hat« (Verse 30-31). Wie überall predigt Paulus auch hier Buße. Er suchte nicht den Epikuräern dadurch zu gefallen, daß er ihnen ein wunderbares und lustvolles Leben verhieß. Und er versuchte auch nicht, die Stoiker dadurch zu gewinnen, daß er das Evangelium so weit wie möglich ihrer Philosophie anglich. Er rief beide Gruppen zur Buße auf und nannte das goldene Zeitalter der griechischen Philosophie »Zeiten der Unwissenheit«.

Daß Gott die Zeiten der Unwissenheit übersehen hat, bedeutet nicht, Ihm sei die sündige Götzendienerei gleichgültig gewesen. Es sagt uns nur, daß Gott bis jetzt darauf verzichtet hat, in Gericht gegen Athen vorzugehen und die Stadt vom Erdboden wegzuwischen.

Wie Paulus ihnen aber mitteilte, hat Gott allerdings einen Tag bestimmt, an dem Er die Welt – und Athen mit ihr – in Gerechtigkeit richten wird. Der das Gericht ausführt, wird ein Mann sein, den Gott dazu bestimmt hat; und uns gab Er dafür den Beweis, indem Er ihn aus den Toten auferweckte. Wir wissen natürlich, wer der Mann ist. Es ist Jesus Christus, dem Gott das ganze Gericht übergeben hat (Joh. 5,22).

An dieser Stelle wurde Paulus unterbrochen, und offensichtlich konnte er hier den Namen Christi nicht mehr nennen. »Als sie aber von Toten-Auferstehung hörten, spotteten die einen, die anderen aber sprachen: ›Wir wollen dich darüber auch nochmals hören.‹ Also ging Paulus aus ihrer Mitte hinweg« (Apg. 17,32-33). Die Epikuräer glaubten überhaupt an keine Auferstehung, während die Stoiker an eine geistige, aber nicht an eine leibliche Auferstehung glaubten. Vielleicht durch seinen Ruf zur Buße innerlich getroffen, taten sie sich zusammen, um Paulus zu verspotten. Denn sobald er von der Auferstehung zu sprechen anfing, begannen die Skeptiker zu kichern. Offensichtlich hatten einige genug gehört, um seine Botschaft zu verwerfen, bevor sie dieser bis zu Ende gefolgt waren. Andere meinten, sie wollten bei Gelegenheit mehr darüber erfahren. So ging Paulus einfach aus ihrer Mitte hinweg.

Allerdings zweifelten und zauderten nicht alle. »Etliche Männer aber schlossen sich ihm an und glaubten, unter welchen auch Dionysius war, der Areopagit, und ein Weib mit Namen Damaris und andere mit ihnen« (Vers 34). Die Wahrheit war so weit in ihr Herz gedrungen, daß sie Paulus nachfolgten, um mehr zu erfahren. Offenbar hat Paulus bei ihnen seine Predigt zu Ende gehalten, und einige wurden errettet. Einer der Bekehrten war Dionysius, ein Mitglied des Gerichtshofes auf dem Areopag. Eine andere war Damaris. Da sie keinen Titel führte, können wir annehmen, sie sei eine gewöhnliche Frau gewesen. So erreichte die Predigt die unterschiedlichsten Menschen: Philosophen und Hausfrauen, Männer und Frauen, Intellektuelle und einfache Leute. Die kleine Gruppe der Bekehrten hielt sich zu Paulus. Sie waren die ersten Christen in Athen.

Der Christ in der säkularen Gesellschaft

Es mag so scheinen, als habe Paulus in Athen nicht allzuviel erreicht. Die Handvoll Bekehrter sah weit weniger spektakulär aus als die Erweckungen, die Paulus in Antiochia oder Thessalonich erlebt hatte. Aber er hatte in dieser Stadt das Evangelium auf höchster Ebene verkündigen können. Vor dem höchsten Gericht entfaltete er die Erkenntnis des wahren Gottes. Durch dieses Ereignis entstand in Athen eine Gemeinde und hatte seinen Dienst im nahegelegenen Korinth zur Folge. Paulus hatte auch noch weitere Predigtmöglichkeiten (»Wir wollen dich darüber auch nochmals hören«). Obwohl also die Antwort auf die Predigt des Paulus auf dem Areopag nicht ebenso sensationell ausfiel wie an anderen Orten, so können wir doch davon ausgehen, daß Gott auch dort zu Seinem Ziel gekommen ist und Sein Wort nicht leer zurückgekommen ist. Die dreifache Antwort an jenem Tage – Ablehnung, Verwunderung, Bekehrung – ist typisch für alle treue Evangeliumsverkündigung.

Es war kurz nach den Geschehnissen auf dem Areopag, daß Paulus nach Korinth kam. Jahre später schrieb er: »Und ich, als ich zu euch kam,

Brüder, kam nicht nach Vortrefflichkeit der Rede oder Weisheit, euch das Zeugnis Gottes verkündigend. Denn ich hielt nicht dafür, etwas unter euch zu wissen, als nur Jesus Christus und ihn als gekreuzigt« (1. Kor. 2,1-2). Manche Ausleger glauben, Paulus hätte damit sein Vorgehen auf dem Areopag als falsch bezeichnen wollen. Solche Ansicht liest zweifellos zuviel in das zweite Kapitel des ersten Korintherbriefes hinein. Nirgendwo erweckt Paulus den Eindruck, er sähe sein Verhalten in Athen für einen Fehler an. Ich lehne die Meinung ab, die Predigt auf dem Areopag sei ein Fehlschlag gewesen. Die ganze Schrift bezeugt, daß diese Rede völlig dem entsprach, wie Paulus auch andernorts seinen Dienst handhabte. Allerdings, dies wird aus 1. Korinther 2 wie auch aus allen anderen Pastoralbriefen des Paulus deutlich: Paulus glaubte nicht, die Kraft seiner Predigt läge in dem Vermögen, griechische Dichter zitieren zu können. Er gibt weder Timotheus noch Titus den Rat, ihre weltliche Bildung auf Hochglanz zu bringen, die Klassiker zitieren zu können oder Philosophie zu studieren, um in Debatten mit der intellektuellen Elite bestehen zu können. Er gebot ihnen schlicht, das Wort zu predigen, zu gelegener und ungelegener Zeit – und er bereitete sie auf die Feindschaft der Welt vor, die immer sichtbar würde, wenn sie in Treue ihre Aufgabe erfüllten.

Apostelgeschichte 17 zeigt uns, daß Paulus seinen Redestil anpaßte, niemals aber die Botschaft. Ganz eindeutig ließ er sich nicht vom Zeitgeist leiten. Vor einigen Jahren schrieb Francis Schaeffer: »Die Anpassung an den Weltgeist, wie sie zur Zeit bei uns geschieht, bedeutet im wahrsten Sinne des Wortes die ungeheuerlichste Verweltlichung.«[5] Genau das tun heute so viele – was aber Paulus nie getan hätte. Nie glich er sich und – was weit wichtiger ist – nie glich er den von ihm verkündigten Gott dem Geschmack und den Erwartungen seiner Zuhörer an. Es reichte ihm – und soll auch uns reichen –, wenn er der Kraft des Evangeliums erlaubte, für sich selbst zu sprechen.

Kapitel 8

Die Souveränität Gottes bei der Errettung

Kinder Gottes, was euch auch mangeln möge, ihr habt einen Gott, dessen ihr euch in höchstem Maße rühmen dürft. Weil ihr Gott habt, habt ihr mehr als alles; denn alle Dinge kommen von Ihm. Und wenn alle Dinge plötzlich verschwänden, könnte Er sie einfach wiederherstellen, wenn Er will. Er spricht und es geschieht; Er befiehlt und es steht da. Glückselig der, dessen Hilfe der Gott Jakobs, dessen Hoffnung auf den HERRN, seinen Gott, ist! In dem Herrn haben wir Gerechtigkeit und Stärke. Laßt die Zeiten kommen und gehen, sie können unseren Gott nicht beeinflussen!

Charles Haddon Spurgeon[1]

Seit langem habe ich nicht mehr etwas so Lächerliches gesehen wie die neue »Jesus-Action-Puppe« für Kinder. Das ist eine mit langem Rock und Sandalen bekleidete Plastikfigur. Es ist nur eine aus einer ganzen Reihe »Bible Greats Action Figures« (Spielpuppen von biblischen Größen), die irgendwo in Michigan hergestellt werden. Einige andere aus der Reihe sind Johannes der Täufer, Petrus, David und Goliath, Daniel und die Löwen. Alternativ für Mädchen gibt es Maria, Ruth und Esther. Sparsame Eltern können einfach nur die Kleider bei der Firma kaufen und die »Barbie«-Puppe ihres Kindes in eine »Frau des Glaubens« verwandeln.

Damit nicht genug. Ein Puppenmacher aus Florida bietet eine vollwaschbare »Jesuspuppe« aus Stoff für $29,95 an. Zunächst war diese schlotterige Figur erfunden, »um Kindern zu helfen, Jesus zu entdekken«. Jetzt aber meint man, sie könne »auch Älteren und Schwachen, etwa in Rehabilitationsprogrammen, Trost spenden, auch solchen, die unter emotionalem Streß stehen. Mit anderen Worten: Sie hilft allen.« Welche Art »Trost« kann eine Stoffpuppe geben, den der wirkliche Jesus nicht zu geben vermag? Den Puppenherstellern zufolge ist der tatsächliche Jesus nicht »handgreiflich« genug: »Es fällt so schwer, Luft zu umarmen.«

Andere Stoffpuppen sind geplant, um die Serie zu vervollständigen, die der Hersteller »Erstlingsfrüchte« nennt. Die nächsten beiden sollen

Maria und Gott sein. Auf die Frage, wie der Stoffpuppengott aussehen soll, brachte der Puppenmacher einen Prototyp heraus. Er ist knapp tischhoch, trägt weiße Haare und einen weißen Bart und ist in ein regenbogenfarbiges Gewand gehüllt – selbstverständlich voll waschbar.

Als ich zum erstenmal von der Jesuspuppe und der »Jesus-Action-Puppe« las, war ich verblüfft, wie sie dem Bilde gleichen, das die bekennende Christenheit von unserem Herrn hat. Allzu viele glauben weit eher, sie könnten Ihn nach Belieben manipulieren, als daß sie in Ihm den souveränen HERRN der Bibel sehen. Es ist leider wahr: die Leute würden meistens ein gutmütiges, absolut passives Wesen mit weißem Bart dem in der Schrift geoffenbarten allmächtigen Gott vorziehen.

Gottes absolute Souveränität

Keine Lehre wird von dem natürlichen Verstand mehr verabscheut als die Wahrheit von der absoluten Souveränität Gottes. Der menschliche Stolz erträgt die Vorstellung nicht, daß Gott alles anordnet, alles kontrolliert und regiert. Der fleischliche, Gott glühend hassende Sinn des Menschen schaudert vor der biblischen Lehre, daß nichts geschieht, was nicht Seinen ewigen Gesetzen entspricht. Am meisten aber haßt er die Vorstellung, die Errettung sei einzig Gottes Werk. Wenn Gott bestimmt, wer errettet wird, und wenn diese Auswahl vor Grundlegung der Welt stattfand, dann tragen die Gläubigen zu ihrer Errettung nicht das Geringste bei.

Aber genau das ist es, was die Schrift lehrt. Selbst der Glaube ist Gottes Gnadengabe an die Erwählten. Jesus sagte: »Darum habe ich euch gesagt, daß niemand zu mir kommen kann, es sei ihm denn von meinem Vater gegeben« (Joh. 6,65). »... noch erkennt jemand den Vater, als nur der Sohn, und wem irgend der Sohn ihn offenbaren will« (Matth. 11,27). »Durch Gnade seid ihr errettet, ... auf daß niemand sich rühme« (Eph. 2,8-9). »Bei dem HERRN ist die Rettung« (Jona 2,10).

Die Lehre von der göttlichen Erwählung wird ausdrücklich in der ganzen Schrift bestätigt. So lernen wir allein aus den Briefen des Neuen Testaments, daß alle Gläubigen »Auserwählte Gottes« sind (Tit. 1,1). Wir sind »zuvorbestimmt nach dem Vorsatz dessen, der alles wirkt nach dem Rate seines Willens« (Eph. 1,11). »... wie er uns auserwählt hat in ihm vor Grundlegung der Welt, ... und uns zuvorbestimmt zur Sohnschaft durch Jesus Christus für sich selbst« (4,5). Wir sind nach Seinem Vorsatz berufen. »Denn welche er zuvorerkannt hat, die hat er auch zuvorbestimmt, dem Bilde seines Sohnes gleichförmig zu sein ... Welche er zuvorbestimmt hat, die hat er auch berufen; und welche er berufen hat, die hat er auch verherrlicht« (Röm. 8,28-30).

Wenn Petrus schreibt: »... auserwählt nach Vorkenntnis Gottes, des Vaters« (1. Petr. 1,1-2), so gebraucht er das Wort »Vorkenntnis« nicht, um anzuzeigen, daß Gott im voraus wußte, wer an Ihn glauben würde, und daß Er sie dann deshalb erwählte, weil Er ihren Glauben voraussah. Petrus sagt damit vielmehr, daß Gott vor dem Anfang aller Zeit bestimmte, wen Er kennen und lieben und retten wollte; und Er wählte sie unabhängig von irgend etwas Gutem oder Bösem, das sie tun würden. Wir werden darauf zurückkommen. Jetzt wollen wir nur festhalten, daß diese Verse ausdrücklich bestätigen: Gottes souveräne Auswahl geschieht nach Seinem gnädigen Willen, »nach dem Vorsatz dessen, der alles wirkt nach dem Rate seines Willens« – das heißt, es gibt keinen Grund dafür außerhalb Seiner selbst. Ganz gewiß erwählte Er nicht diesen oder jenen Sünder, um ihn zu retten, weil Er etwas Lobenswertes an ihm fand, oder weil Er dessen Glauben voraussah. Er erwählte sie einzig und allein, weil es Ihm gefiel, dieses zu tun. Gott verkündet »von Anfang an das Ende ..., der ich spreche: Mein Ratschluß soll zustande kommen« (Jes. 46,10). Er ist niemandes Bestimmungen unterworfen. Seine Gründe für Sein Erwählen und Verwerfen sind in den geheimen Ratschlüssen Seines Willens verborgen.

Außerdem existiert das ganze Universum mit allem, was darin ist, nur weil Gott es zuließ, anordnete oder ins Dasein rief. »Unser Gott ist in den Himmeln; alles, was ihm wohlgefällt, tut er« (Ps. 115,3). »Alles, was dem HERRN wohlgefällt, tut er in den Himmeln und auf der Erde, in den Meeren und in allen Tiefen« (Ps. 135,6). »... der alles wirkt nach dem Rate seines Willens« (Eph. 1,11). »Von ihm und durch ihn und für ihn sind alle Dinge« (Röm. 11,36). »... so ist doch für uns ein Gott, der Vater, von welchem alle Dinge sind, und wir durch ihn« (1. Kor. 8,6).

Wie steht es aber mit der Sünde? Gott ist nicht der Ursprung der Sünde, Er ließ sie aber ganz sicher zu. Sie ist ein integraler Bestandteil Seiner ewigen Ratschlüsse. Gott verfolgt eine Absicht damit, daß Er sie zuläßt. Niemand kann Ihn tadeln wegen des Bösen oder Ihm etwas vorwerfen (1. Sam. 2,2: »Keiner ist heilig wie der HERR«). Aber Ihm ist die Sünde genausowenig aus Versehen in die Welt geraten, auch stand Er nicht ratlos da, nachdem dieses geschehen war. Wir kennen Seine Absichten mit der Zulassung der Sünde nicht. Wenn es sonst keine Gründe gibt, dann den, daß Er das Böse für immer beseitigen will. Und Gott braucht manchmal das Böse, um Gutes zu wirken (1. Mose 45,7.8; 50,20; Röm. 8,28). Wie kann das zugehen? Die Heilige Schrift beantwortet uns nicht alle Fragen;

aber wir wissen aus Seinem Wort, daß Gott unendlich souverän, vollkommen heilig und absolut gerecht ist.

Zugegeben, diese Wahrheiten gehen dem menschlichen Denken schwer ein; aber die Schrift ist hier ganz eindeutig. Gott hat alle Dinge im Griff, gerade auch bei der Auswahl derer, die Er retten will. Paulus bestätigt diese Lehre im neunten Kapitel des Römerbriefes mit unausweichlicher Deutlichkeit. Dort zeigt er, wie Gott den Jakob erwählt und seinen Zwillingsbruder verworfen hatte, »selbst als die Kinder noch nicht geboren waren und weder Gutes noch Böses getan hatten. Auf daß der Vorsatz Gottes nach Auswahl bestände, nicht aus Werken, sondern aus dem Berufenden« (Vers 11). Einige Verse weiter fügt Paulus noch hinzu: »Er sagt zu Moses: ›Ich werde begnadigen, wen ich begnadige, und werde mich erbarmen, wessen ich mich erbarme.‹ Also liegt es nun nicht an dem Wollenden, noch an dem Laufenden, sondern an dem begnadigenden Gott« (Verse 15-16). Paulus sah das Argument gegen die göttliche Souveränität voraus: »Du wirst nun zu mir sagen: Warum tadelt er noch? Denn wer hat seinem Willen widerstanden?« (Vers 19). Mit anderen Worten: Schaltet Gottes Souveränität nicht die menschliche Verantwortung aus? Statt einer philosophischen Antwort oder eines tiefen metaphysischen Arguments rügt er den Skeptiker: »Ja, freilich, o Mensch, wer bist du, daß du das Wort nimmst wider Gott? Wird etwa das Geformte zu dem Former sagen: ›Warum hast du mich also gemacht?‹ Oder hat der Töpfer nicht Macht über den Ton, aus derselben Masse ein Gefäß zur Ehre und ein anderes zur Unehre zu machen?« (Verse 20-21).

Die Schrift bestätigt sowohl die göttliche Souveränität wie auch die menschliche Verantwortung. Die Menschen sind dafür verantwortlich, was sie mit dem Evangelium tun – je nachdem sie Licht darüber erhalten haben (Röm. 2,19-20), so daß die Strafe gerecht ist, wenn sie das Licht verwerfen. Und wer es verwirft, tut dieses absichtlich. Jesus klagte: »Ihr wollt nicht zu mir kommen, auf daß ihr Leben habt« (Joh. 5,40). Und den Ungläubigen sagt Er: »Wenn ihr nicht glaubt, daß ich es bin (nämlich Gott), so werdet ihr in euren Sünden sterben« (Joh. 8,24). In Kapitel 6 verbindet unser Herr beides, die göttliche Souveränität und die menschliche Verantwortung, wenn Er sagt: »Alles, was mir der Vater gibt, wird zu mir kommen, und wer zu mir kommt, den werde ich nicht hinausstoßen« (Vers 37). »Denn dieses ist der Wille meines Vaters, daß jeder, der den Sohn sieht und an ihn glaubt, ewiges Leben habe« (Vers 40). »Niemand kann zu mir kommen, es sei denn, daß der Vater, der mich gesandt hat, ihn ziehe« (Vers 44). »Wahrlich, wahrlich ich sage euch: Wer an mich glaubt, hat ewiges Leben« (Vers 47); und: »Darum habe ich euch gesagt, daß niemand zu mir kommen kann, es sei ihm denn von meinem Vater gegeben« (Vers 65). Wie diese beiden Wirklichkeiten in Wahrheit nebeneinander bestehen können, kann kein Menschenverstand begreifen – nur Gott.

Vor allem dürfen wir nicht zu dem Schluß kommen, Gott sei ungerecht, weil Er einigen Gnade gewährt und anderen nicht. Gott darf niemals an dem gemessen werden, was unter Menschen als fair gilt. Sind wir so töricht, anzunehmen, daß wir gefallenen und sündigen Geschöpfe einen höheren moralischen Standard dessen besitzen, was rechtens ist, als der grenzenlose und ewig heilige Gott? Welch ein Hochmut wäre das! In Psalm 50,21 steht: »Du dachtest, ich sei ganz wie du.« Aber Gott ist *nicht* wie wir und nicht nach unseren Maßstäben zu beurteilen. »Meine Gedanken sind nicht eure Gedanken, und eure Wege sind nicht meine Wege, spricht der HERR. Denn wie der Himmel höher ist als die Erde, so sind meine Wege höher als eure Wege und meine Gedanken als eure Gedanken« (Jes 55,8-9).

Wir überschreiten unsere Kompetenzen, wenn wir meinen, etwas, was Gott tut, sei unfair. In Römer 11,33-34 schreibt der Apostel: »O Tiefe des Reichtums, sowohl der Weisheit als auch der Erkenntnis Gottes! Wie unausforschlich sind seine Gerichte und unausspürbar seine Wege! Denn wer hat des Herrn Sinn erkannt, oder wer ist sein Mitberater gewesen?«

Gottes Souveränität und der Pragmatismus

Was hat Gottes Souveränität mit dem Thema dieses Buches zu tun? Alles! Der eigentliche Grund, weshalb so viele Gemeinden heute pragmatischen Methodologien verfallen sind, liegt darin, daß sie überhaupt keine Einsicht in die Souveränität Gottes haben in bezug auf die Errettung der Auserwählten. Sie haben das Vertrauen in die Kraft Gottes verloren, daß sie mit Hilfe der Evangeliumsverkündigung verhärtete Ungläubige erreicht. Deshalb betrachten sie die Evangelisation als ein Marketing-Problem. Und das bestimmt ihr Vorgehen.

Vor mehr als dreißig Jahren schon schrieb J. I. Packer:

> Wenn wir vergessen, daß es Gottes alleiniges Recht ist, Frucht zu wirken, wo das Evangelium verkündigt wird, werden wir anfangen, uns selbst dafür verantwortlich zu fühlen. Und wenn wir vergessen, daß Gott allein den Glauben wirken kann, werden wir immer mehr denken, Bekehrungen zu schaffen sei letztlich von uns und nicht von Gott

abhängig, und daß der entscheidende Faktor in der Evangelisation die Art der Darbietung sei. Und diese Denkart führt uns – konsequent zu Ende gedacht – weit in die Irre.

Sehen wir uns das einmal genauer an: Wenn wir meinen, unsere Aufgabe sei mehr, als nur Christus anzubieten, wenn wir meinen, wir hätten Bekehrungen zu produzieren – also nicht nur treu, sondern auch erfolgreich zu evangelisieren – dann werden wir pragmatisch und berechnend an die Evangelisation herangehen. Wir würden folgern, daß wir – sowohl im persönlichen Gespräch, wie auch bei öffentlichen Predigten – über zwei Grundvoraussetzungen verfügen müßten. Es genügte nicht nur ein klarer Begriff von der Bedeutung und Reichweite des Evangeliums; unerläßlich wäre außerdem eine unwiderstehliche Technik, die den gewünschten Erfolg herbeiführt. Wir sähen es daher als unsere Aufgabe an, eine solche Technik zu entwickeln und einzuüben. Und wir würden unsere und anderer Leute Evangelisationsarbeit nicht nur an der verkündeten Botschaft, sondern auch am sichtbaren Erfolg messen. Brächten unsere Bemühungen keine Erfolge, so schlössen wir daraus, daß unsere Technik verbesserungswürdig ist. Wenn sie aber Frucht bringen, so hielten wir dieses für die Bestätigung, die richtige Methode zu haben. Wir sähen in der Evangelisation einen Kampf zwischen unserem Willen und dem unserer Zuhörer, einen Kampf, bei dem der Sieg darauf zurückzuführen ist, daß wir durch unser wirkungsvolles Artilleriefeuer den erwünschten Erfolg erzwungen haben.[2]

Wovor Packer warnte, ist genau die Denkart, die zu der benutzerfreundlichen Kirche mit ihrer marktorientierten, pragmatischen Philosophie geführt hat.

Tatsächlich ist die pragmatische Auffassung nichts Neues. Ihre Wurzeln finden sich tief in der amerikanischen Geschichte. Den Hauptbeitrag dazu lieferten nicht Harry Emerson Fosdick, Norman Vincent Peale, Robert Schuller oder andere zeitgenössische Verfechter des Pragmatismus. Sie und viele weitere sind dem Einfluß eines anderen Mannes gefolgt – dem Evangelisten Charles Finney aus dem frühen neunzehnten Jahrhundert.

Charles Finney kam auf den falschen Weg, als er die orthodoxe Sicht von der göttlichen Auswahl als »ein Beispiel unberechenbarer Herrscherlaune«[3] hinstellte. Er verwarf die Lehre, die Bekehrung sei einzig Gottes Werk. Statt dessen lehrte er, der Glaube sei grundsätzlich eine menschliche Entscheidung und die Errettung werde erst sicher, wenn der Sünder sich auf Gott zubewegt.

Sein fundamentaler Irrtum lag in der Verwerfung der göttlichen Souveränität; aber das zog zwangsläufig andere lehrmäßige Irrtümer nach sich. Er meinte, die Menschen seien nicht von Natur aus Sünder, sondern es durch *eigene Entscheidung* geworden. Er glaubte daher, der Sinn der Evangelisation läge darin, die Menschen zu einer anderen *Entscheidung* zu überreden. Heute würden viele sagen: »Entscheide dich für Christus!« Die Entscheidung des Sünders – nicht diejenige Gottes – wurde daher zum bestimmenden Faktor bei der Bekehrung. Aus der Finsternis ins Licht zu kommen, bedeutete für Finney nichts weiter als einen einfachen Akt des menschlichen Willens. Die Aufgabe des Predigers war es, diese Glaubensentscheidung herbeizuführen, wobei er jedes Mittel anwenden konnte, das er für geeignet hielt.

Finney führte »neue Maßstäbe« (unkonventionelle Methoden) in seinem Dienst ein und wandte oft Techniken an, deren einziger Sinn darin bestand, gleichgültige Kirchgänger aufzurütteln und ihr Interesse zu wekken. Er war bereit, wirklich alles einzusetzen, was die gewünschte Antwort bei seinen Zuhörern hervorrief.

So wies schon Finneys Dienst auf den modernen Pragmatismus hin und wurde sein Wegbereiter. Seine Lehre und seine Methoden haben in den letzten 150 Jahren stark auf die amerikanischen Evangelikalen abgefärbt. Mit Recht könnte er der Vater des evangelikalen Pragmatismus genannt werden. Der moderne marktorientierte kirchliche Dienst ist einfach eine Fortführung der von Finney begonnenen Bewegung (siehe Anhang 2). Es steht zu erwarten, daß alle, die der biblischen Lehre von der göttlichen Souveränität ablehnend gegenüberstehen, Finney folgen. Wer aber an ihr festhält, verleugnet mit seinem Pragmatismus seine eigene Theologie – das ist eine Art geistlicher Schizophrenie.

Bei dem HERRN ist die Rettung

Spurgeon kämpfte in der »Down-Grade-Kontroverse« erst etliche Jahre nach Finneys großer Zeit. Doch war dessen Einfluß immer noch spürbar – sogar in London.[4]

Reformatorische Theologie war im Verschwinden und pragmatische Methodologien standen hoch im Kurs. Spurgeon stand oftmals ganz allein, besonders bei der Lehre von der Souveränität Gottes. Ein Zeitgenosse Spurgeons, R. W. Dale, schrieb 1881: »Mr. Spurgeon steht ganz allein unter den modernen Führern des evangelischen Nonkonformismus mit seinem Bekenntnis zum calvinistischen Glaubensbekenntnis.«[5] Tatsächlich hatten alle einflußreichen Evangelikalen Englands ihr Vertrauen auf die göttliche Souveränität aufgegeben.

Spurgeon sah sehr klar, daß dieser furchtbare Vertrauensverlust die Gemeinden auf die abschüssige Bahn bringen mußte. Er stimmte völlig mit einem an den Herausgeber des *The Christian Age* gesandten und dort veröffentlichten Brief überein. Darin schrieb Dr. David Brown, Principal des Free Church College in Aberdeen: »Alle unsere Gemeinden sind von der verderblichen Tendenz durchtränkt, alle diejenigen Seiten des Evangeliums herunterzuspielen, die der natürliche Mensch nicht annehmen kann. Und das ist kein Wunder, weil sie es darauf abgesehen haben, dem natürlichen Sinn zu gefallen. Wo immer das geschieht, ist die geistliche Kraft der Kanzel hinweggetan und der Heilige Geist ist nicht mehr gegenwärtig.«[6]

Spurgeon betrachtete die göttliche Souveränität als »den Schlüssel zur Wahrheit Gottes«.[7] Er erkannte in dieser Lehre das Herzstück des Evangeliums selbst: »Meine ganz persönliche Meinung ist die, daß man nicht davon reden kann, Christus und Ihn als gekreuzigt zu predigen, wenn man nicht auch das predigt, was heutzutage Calvinismus genannt wird ... Ich glaube, wir können das Evangelium nicht predigen, wenn wir nicht die Rechtfertigung aus Glauben, ohne Werke, verkündigen; und genauso wenig, wenn wir es versäumen, von der Souveränität Gottes in Seiner Gnadenzeit zu reden.«[8]

Spurgeon zitierte Jona 2,10: »Bei dem HERRN ist die Rettung« und sagte dazu:

> Das ist kurzgefaßt der Inhalt und die Summe des Calvinismus. Wenn mich jemand fragte: Was ist ein Calvinist, so würde ich ihm antworten: »Das ist einer, der sagt: *Bei dem HERRN ist die Rettung.*« Ich kann in der ganzen Schrift keine andere Lehre finden. Es ist die Essenz der Heiligen Schrift. »*Nur Er* ist mein Fels und meine Rettung.« Nenne irgend etwas, das dieser Wahrheit entgegensteht, und es wird sich als Häresie erweisen. Nenne mir eine Häresie, und sie wird im tiefsten Wesen diese große, diese fundamentale, diese Felsenwahrheit bestreiten, daß Gott mein Fels und meine Rettung ist. Was ist die Häresie Roms anderes, als daß sie den vollkommenen Verdiensten Jesu Christi etwas hinzugefügt hat? – die fleischlichen Werke, die zur Rechtfertigung beitragen sollen. Und was ist die Häresie des Arianismus anderes, als daß dort dem Werk des Erlösers etwas beigefügt wurde? Jede Häresie wird sich, auf den Prüfstein gebracht, an dieser Stelle offenbaren.[9]

Die Schrift und die Souveränität Gottes

Ist die Errettung allein das Werk des Herrn? Oder hat Er bereits alles getan, was Er tun konnte und erwartet nun die Entscheidung des Sünders? Die Schrift ist eindeutig. Hinge die Errettung von der Initiative des Sünders ab, so würde niemand selig. »Da ist keiner, der verständig sei; da ist keiner, der Gott suche« (Röm. 3,11). »Niemand kann zu mir kommen, es sei denn, daß der Vater, der mich gesandt hat, ihn ziehe« (Joh. 6,44). Gott selbst bewirkt den Glauben in denen, die Er zum ewigen Leben bestimmt hat (Apg. 13,48).

Nach diesem Antreiben Gottes erst beginnt das Suchen: »Sucht den HERRN, während er zu finden ist, ruft ihn an, während er nahe ist. Der Gesetzlose verlasse seinen Weg und der Mann des Frevels seine Gedanken; und er kehre um zu dem HERRN, so wird er sich seiner erbarmen, und zu unserem Gott, denn er ist reich an Vergebung« (Jes. 55,6-7). Dem Text folgt eine Bestätigung der göttlichen Souveränität in den klassischen Worten von Vers 11: »Also wird mein Wort sein, das aus meinem Mund hervorgeht; es wird nicht leer zu mir zurückkehren, sondern es wird ausrichten, was mir gefällt, und durchführen, wozu ich es gesandt habe.« Und wenn dieses Paradoxon verwirrend erscheint, so helfen uns die Verse 8 und 9 weiter: »Denn meine Gedanken sind nicht eure Gedanken, und meine Wege sind nicht eure Wege, spricht der HERR. Denn wie der Himmel höher ist als die Erde, so sind meine Wege höher als eure Wege und meine Gedanken als eure Gedanken.«

Gott gebietet allen Menschen, Buße zu tun (Apg. 17,30) – aber letztlich ist Er es selbst, der die Buße darreicht (Apg. 5,31; 11,18; 2. Tim. 2,25). Und wenn auch Gott die Antwort des Glaubens erwartet, so muß *Er* doch diese Antwort in den Herzen der Erwählten bewirken und die Kraft dazu verleihen (Apg. 18,27).

Das menschliche Herz ist dermaßen verdorben, daß es, sich selbst überlassen, niemals zum Glauben hingelangte. Wenn wir selbst den Glauben erzeugen könnten, hätten wir tatsächlich etwas zum Rühmen. Aber die Schrift sagt: »Durch die Gnade seid ihr errettet, mittels des Glaubens; und das nicht aus euch, Gottes Gabe ist es; nicht aus Werken, auf daß niemand sich rühme. Denn wir sind sein Werk, geschaffen in Christus Jesus zu guten Werken, welche Gott zuvor bereitet hat, auf daß wir in ihnen wandeln sollen« (Eph. 2,8-10).

Diese Wahrheiten sind nicht in isolierten Schriftstellen verborgen, sondern sie bilden, wie Spurgeon schon sagte, »die Essenz der Bibel« und werden überall in dem heiligen Text bestätigt. Trotzdem möchte ich die Aufmerksamkeit auf einen kurzen Text richten, der besonders klar die Souveränität Gottes bei der Errettung herausstellt, nämlich 1. Petrus 1,1-5:

> Petrus, Apostel Jesu Christi, den Fremdlingen von der Zerstreuung von Pontus, Galatien, Kappadozien, Asien und Bithynien, auserwählt nach Vorkenntnis Gottes, des Vaters, durch Heiligung des Geistes, zum Gehorsam und zur Blutbesprengung Jesu Christi: Gnade und Friede sei euch vermehrt! Gepriesen sei der Gott und Vater unseres Herrn Jesus Christus, der nach seiner großen Barmherzigkeit uns wiedergezeugt hat zu einer lebendigen Hoffnung durch die Auferstehung Jesu Christi aus den Toten, zu einem unverweslichen und unbefleckten und unverwelklichen Erbteil, welches im Himmel aufbewahrt ist für euch, die ihr durch Gottes Macht durch Glauben bewahrt werdet zur Errettung, die bereit ist, in der letzten Zeit geoffenbart zu werden.

Von Gott erwählt

Und dieses ist nur die Begrüßung in dem Petrusbrief. Gleich zu Anfang kommt er zu entscheidenden theologischen Aussagen. Viele Prediger – auch solche, die an dieser Lehre festhalten – vermeiden es in der Öffentlichkeit, die Erwählung auch nur zu erwähnen, weil diese zu oft mißverstanden oder mißbraucht wurde. Petrus beginnt seinen Brief mit einer deutlichen Bestätigung dieser Lehre. Bevor er auch nur den ersten Satz beendet hat, steckt er mitten im Thema.

Wir erinnern uns: Petrus schrieb an verfolgte Gläubige unterschiedlichster geistlicher Reife, die in ganz Kleinasien zerstreut waren. Wegen all ihrer Drangsale – bei denen ihnen die Souveränität Gottes und Seine Liebe zu ihnen zweifelhaft werden mochten – wollte Petrus sie vor allem daran erinnern, daß sie Auserwählte Gottes waren. Das griechische Wort für »auserwählt« heißt *eklektos* und setzt sich aus dem Verb *kaleo* (rufen) und dem Verhältniswort *ek* (aus) zusammen. Es heißt also wörtlich »herausgerufen«. Im Neuen Testament werden die Gläubigen häufig »Herausgerufene« genannt (z. B. Kol. 3,12; 2. Tim. 2,10; Tit. 1,1).

Der Ausdruck »Herausgerufene« legt den Nachdruck auf die Tatsache, daß wir aufgrund göttlicher Wahl, nicht von uns aus, erlöst worden sind. Jesus sagte Seinen Jüngern: »Ihr habt nicht mich auserwählt, sondern ich habe euch auserwählt« (Joh. 15,16). Mit anderen Worten: Wenn du ein Christ bist, so letztlich deshalb, weil Gott selbst dich erwählt hat. Alle eigenen Bemühungen, ins Reich Gottes zu kommen, haben dabei keinerlei Rolle gespielt. So schreibt Spurgeon:

> Als ich zu Christus kam, dachte ich, ich täte das ganz aus mir selbst, und obwohl ich den Herrn mit Ernst suchte, hatte ich keine Ahnung, daß der Herr mich suchte ... (Dann) traf mich der Gedanke: *Wie bist du ein Christ geworden?* Ich suchte den Herrn. *Doch wie kamst du dazu, den Herrn zu suchen?* Augenblicklich leuchtete die Wahrheit in meinem Inneren auf: Nie hätte ich Ihn gesucht, wenn Er nicht zuvor *in mir gewirkt hätte*, Ihn zu suchen ... Ich erkannte, daß Gott der Grund von allem und auch der Autor meines Glaubens war, und die ganze Lehre von der Gnade öffnete sich mir ... Immer aufs neue möchte ich dieses Bekenntnis ablegen: »Ich verdanke meine Veränderung Gott, einzig und allein.«[10]

In 1. Petrus 2,9 formuliert der Apostel erneut das Thema von der souveränen Auswahl Gottes, wenn er schreibt: »Ihr seid ein auserwähltes Geschlecht, ein königliches Priestertum, eine heilige Nation, ein Volk zum Besitztum, damit ihr die Tugenden dessen verkündigt, der euch berufen hat aus der Finsternis zu seinem wunderbaren Licht.« Versucht Gott, die ganze Welt zu retten? Nein, Er »nimmt sich ein Volk für seinen Namen« (Apg. 15,14). In Johannes 17,9 betet Jesus für die Erwählten: »Ich bitte für sie, nicht für die Welt bitte ich, sondern für die, welche du mir gegeben hast.«

Bevor die Welt begann, in der zeitlosen Vergangenheit der Ewigkeit, erwählte sich der Vater ein Volk für Seinen Namen. Epheser 1,4-5 sagt uns: »Wie er uns auserwählt hat in ihm vor Grundlegung der Welt, daß wir heilig und tadellos vor ihm seien in Liebe; und uns zuvorbestimmt hat zur Sohnschaft durch Jesus Christus für sich selbst, nach dem Wohlgefallen seines Willens.« Uns, die wir errettet sind, hatte Er vor dem Beginn aller Zeit in Seinem Sinn. Vor dem Weltanfang hat Er uns erwählt. Wir sind immer Erwählte gewesen. Das ist ein unfaßlicher und doch so großartiger Gedanke.

»... Der uns errettet hat und berufen mit heiligem Rufe, nicht nach unseren Werken, sondern nach seinem eigenen Vorsatz und der Gnade, die uns in Christus Jesus *vor ewigen Zeiten gegeben (wurde)*« (2. Tim. 1,9). Darum können auch unsere Namen »von Grundlegung der Welt an« im Buche des geschlachteten Lammes geschrieben sein (Offb. 13,8). Der Apostel Paulus sagt deutlich, er predige als »Apostel Jesu Christi, nach dem Glauben der Auserwählten Gottes« (Tit. 1,1). Er wußte, daß, wenn er das Evangelium predigte, Gott die Erwählten durch die gepredigte Wahrheit retten würde (Apg. 18,9-11). Seine Aufgabe bestand darin, die rettende Wahrheit zu verkündigen, damit Gottes Geist diese benutzen konnte, den Glauben der Erwählten zu entfachen.

Wenn du mit diesen Wahrheiten nicht klarkommst, stehst du nicht allein da. Sie sind schwer anzunehmen und unmöglich zu begreifen, und unsere menschlichen Gefühle widerstreben ihnen. Der gefallene menschliche Verstand neigt dazu, Gott für ungerecht zu halten, wenn Er einige und nicht alle erwählt – als ob wir ein Recht hätten, Seine Gnade fordern zu dürfen. *Das ist unfair*, ist die typische Reaktion. Aber »fair« zu sein ist auch nicht die Absicht. Wir wollen es lieber nicht »fair« haben; denn das würde für uns alle die ewige Verdammnis bedeuten. Gott rettet aus Gnaden viele, die nichts als Zorn verdient haben. Wenn Er an anderen Seinen Zorn erweisen will, so tastet das Seine Gerechtigkeit in keiner Weise an (Röm. 9,21-23).

Trotzdem ist es nichts Ungewöhnliches, wenn die Menschen auf die Souveränität Gottes ärgerlich reagieren. Das vierte Kapitel des Lukasevangeliums beschreibt einen Fall, wo Jesus die Lehre der Auserwählung streift, und sogleich wird die Menge böse. Er lehrte in der Synagoge in Nazareth, kurz nach dem Beginn Seines öffentlichen Auftretens. Anfangs »gaben ihm (alle) Zeugnis und verwunderten sich über die Worte der Gnade, die aus seinem Munde hervorgingen« (4,22). Sie hatten von den großen Wundern gehört, die Er in Kapernaum getan hatte, und hofften nun auf ähnliches in Nazareth. Sie waren erstaunt – und wohl auch einigermaßen skeptisch –, daß einer aus ihrer Mitte die Macht zu solchen Zeichen und Wundern haben sollte.

Aber es war nicht nach Gottes souveränem Plan, in Nazareth Wunder zu tun. Weil Jesus wußte, was die Leute von Ihm erwarteten, sagte Er ihnen:

> Ihr werdet allerdings dieses Sprichwort zu mir sagen: Arzt, heile dich selbst; alles was wir gehört haben, daß es in Kapernaum geschehen sei, tue auch hier in deiner Vaterstadt. Er sprach aber: Wahrlich, ich sage euch: Viele Witwen waren in den Tagen Elias in Israel, als der Himmel drei Jahre und sechs Monate verschlossen war, so daß eine große Hungersnot über das ganze Land kam; und zu keiner von ihnen wurde Elias gesandt, als nur nach Sarepta in Sidonia, zu einem Weibe, einer Witwe. Und viele Aussätzige waren zur Zeit des Propheten Elisa in Israel, und keiner von ihnen wurde gereinigt, als nur Naaman, der Syrer (Verse 23-28).

Mit anderen Worten: Gott ist souverän, zu bestimmen, wie, wann und wo Er seine Gnade entfaltet. Jesus wollte kein Wunder auf Bestellung vollführen.

Wie verhielt sich nun die Menge? Dieselben Menschen, die eben noch voll Bewunderung waren, »wurden von Wut erfüllt, als sie dieses hörten. Und sie standen auf und stießen ihn zur Stadt hinaus und führten ihn bis an den Rand des Berges, auf welchem ihre Stadt erbaut war, um ihn hinabzustürzen« (Verse 28-29). Sie wollten die Wahrheit nicht hören und haßten sie und ließen ihre Wut an Ihm aus. »Er aber, durch ihre Mitte hindurchgehend, ging weg« (Vers 30). Das von ihnen gewünschte Wunder geschah, ohne daß sie es wahrnahmen: Er ging einfach durch ihre Mitte hindurch und entkam so auf übernatürliche Weise dem Mob.

Die souveräne Gnadenwahl ist eine der Wahrheiten, die die Bibel als Gottes inspiriertes Wort ausweisen. Keine menschliche Vernunft hätte diese Wahrheit erdenken können. Der einzige Grund, weshalb irgend jemand daran glaubt, ist der, daß sie so klar in Gottes Wort offenbart worden ist. Wir können sie mit unserem beschränkten Fassungsvermögen nicht begreifen. Wir können sie einfach nur im Glauben annehmen. Aber annehmen müssen wir sie. Sonst verweigern wir Gott die Ehre, die Ihm als souveränem, allweisem und vollkommen gerechtem Herrn, der uns erwählt hat, zukommt. Und andererseits würden wir uns zuschreiben, was letztlich allein Gottes Werk in uns ist.

Wir wohnen hier als Fremdlinge

Hier sollten wir auf einen weiteren Ausdruck achten, mit dem Petrus die Empfänger seines Briefes beschreibt: Er nennt sie »Fremdlinge« (1. Petr. 1,1). Er richtete seinen Brief an gläubige Juden, die durch eine Reihe schrecklicher Verfolgungen über ganz Kleinasien zerstreut waren. Aber er dachte dabei nicht nur an ihren Fremdlingsstatus in einem irdischen Land. Er erinnerte sie daran, daß sie als Gottes Auserwählte »Fremdlinge und ohne Bürgerschaft auf der Erde«, also Fremde in dieser Welt waren (Hebr. 11,13).

Als Christen gehören wir zum »Reich der Himmel«, nicht zu dieser Welt. Wir sollen nicht die Welt lieben (1. Joh. 2,15). Wir sollen nicht die Freunde dieser Welt sein (Jak. 4,4). Wir sind hier als Gesandte Christi (2. Kor. 5,20). Wir sind Fremdlinge, deren Leben auf höherer Ebene angesiedelt ist. Wir sind *in* der Welt, aber nicht *von* der Welt (siehe Joh. 17,11.14.16).

Petrus wollte diesen zerstreuten und verfolgten Gläubigen klarmachen, daß sie zwar von der Welt verworfen, von Gott selbst aber auserwählt waren. Er wußte, es würde sie ermutigen und stärken, wenn sie wissen: Wir sind in dieser Welt Fremdlinge und Ausgestoßene; aber im Reiche Gottes sind wir erwählte Bürger.

Zuvorerkannt vor Grundlegung der Welt

Wir wollen jetzt den Ausdruck »nach Vorkenntnis Gottes, des Vaters« (1. Petr. 1,2) untersuchen. Hier finden wir die gleiche Sprache wie bei Paulus in Römer 8,29: »Welche er zuvorerkannt hat, die hat er auch zuvorbestimmt ...« Gott erwählte uns nach Seiner Vorkenntnis. Wie schon früher bemerkt, bedeutet das nicht, Gott habe vor Ewigkeiten dagesessen und über die Zeiten hinweg geblickt, um zu schauen, was wir einst tun würden, um dann die zu erwählen, von denen Er voraussah, daß sie sich für den Glauben entscheiden. Das hätte die Menschen zum Souverän und Gott zum Gegenstand ihrer Wahl gemacht. Nein, Petrus geht es darum, daß Gott uns erwählte und nicht wir Ihn.

Das Wort »Vorkenntnis« ist die Übersetzung des Wortes *prognosis*. In Vers 20 des gleichen Kapitels gebraucht Petrus eine andere Form dieses Wortes. Dort steht von dem Herrn Jesus: »Welcher zwar *zuvorerkannt* ist vor Grundlegung der Welt ...« Es geht hier nicht nur um die aus Gottes Allwissenheit hergeleitete Vorkenntnis, sondern um ein persönliches und genaues Kennen des »Lammes ohne Fehl und ohne Flecken«. (Im Sinaiticus steht statt »zuvorerkannt«: »gelesen worden«; d. Ü.).

Petrus verwendet das Wort *prognosis* auch in seiner Pfingstpredigt. In Apostelgeschichte 2,23 spricht er von Jesus und sagt: »... Diesen, übergeben nach dem bestimmten Ratschluß und nach *Vorkenntnis* Gottes, habt ihr durch die Hand der Gesetzlosen ans Kreuz geheftet und umgebracht.« Petrus wollte damit nicht sagen, Gott habe die Kreuzigung vorausgesehen und sich entschlossen, das Beste daraus zu machen. Nein, dieses war Sein vorherbestimmter Plan. Er wußte es deshalb im voraus, weil Er es so bestimmt hatte. Er plante es. Er bestimmte es voraus. Die Kreuzigung war der Brennpunkt Seiner ewigen Erlösungsgedanken. Hier enthält die »Vorkenntnis« ganz deutlich den Gedanken der absichtlichen Vorherbestimmung.

(Beachten wir nebenbei die damit zusammenhängende Wahrheit: »Diesen ... habt ihr durch die Hand der Gesetzlosen ans Kreuz geheftet und umgebracht.« Diese Menschen, die »Kreuzige ihn« geschrien hatten, waren nicht von ihrer schrecklichen Verantwortung befreit, weil ihre Handlungen zu Gottes ewigem Plan gehörten. »*Ihr* habt es getan«, sagte Petrus ihnen. Sie waren schuldig. Sie waren für ihre Handlungen verantwortlich, obwohl diese genau dem ewigen göttlichen Plan entsprachen. Gottes Souveränität hebt die menschliche Verantwortung nicht auf. Die Wahrheit von der Vorherbestimmung Gottes oder Seine Vorkenntnis des Todes Christi wäscht diejenigen nicht rein, die Ihn dann tatsächlich ermordeten, noch werden sie dadurch vor der ewigen Verdammnis verschont.)

Der Begriff *Vorkenntnis Gottes* weist also sowohl auf persönliche, genaue Kenntnis, wie auch auf absichtsvolle Auswahl hin.

In diesem Sinne verstanden ihn auch die jüdischen Leser des Petrusbriefes. Ähnliche Ausdrücke werden im Alten Testament benutzt, wenn von Gottes ewiger Liebe zu Seinen Erwählten die Rede ist. »Ehe ich dich im Mutterleibe bildete, habe ich dich erkannt, und ehe du aus dem Mutterschoße hervorkamst, habe ich dich geheiligt« (Jer. 1,5). In Amos 3,2 sagt Gott zu Israel: »Nur euch habe ich von allen Geschlechtern der Erde erkannt.« Und zu Mose sagte Er: »Du hast Gnade gefunden in meinen Augen, und ich kenne dich mit Namen« (2. Mose 33,17). Alle diese Stellen sprechen von einer innigen Beziehung. Das hebräische Wort *jada* (kennen) weist auch so stark auf diese Beziehung hin, daß es als Euphemismus für die sexuelle Beziehung genommen wurde: »Und der Mensch erkannte Eva, sein Weib, und sie ward schwanger« (1. Mose 4,1).

Auch das Neue Testament benutzt das Wort *kennen*, um die persönliche Beziehung unseres Herrn zu Seinen Auserwählten zu beschreiben. Jesus sagte: »Meine Schafe hören meine Stimme, und ich kenne sie« (Joh. 10,27). Alle, die diese Beziehung nicht kennen, gehen verloren. Ihnen wird Er im Gericht sagen: »Ich habe euch niemals gekannt, weicht von mir!« (Matth. 7,23).

Wenn die Schrift sagt, die Erwählung sei »nach Vorkenntnis«, dann bedeutet das: Gott hat uns vor Grundlegung der Erde ganz genau gekannt. Er bestimmte in Seinem ewigen Plan, Seine Liebe auf gewisse Personen zu richten, und das waren dann diejenigen, die Er auserwählte. Mit anderen Worten: Er baute vor dem Beginn der Zeit eine liebende Beziehung zu ihnen auf, und in diesem Sinne hat er sie von Ewigkeit her erkannt. Der Schreiber des Hebräerbriefes nennt daher diesen Plan einen »ewigen Bund« (Hebr. 13,20). Dem Titus sagt der Apostel, Gott habe den ganzen Erlösungsplan »vor ewigen Zeiten« verheißen, also auch, bevor die Zeit begann (1,2).

Bestimmt zur Heiligung

Erwählung ist nicht dasselbe wie Errettung. Die Gläubigen sind von Ewigkeit her *erwählt*. Aber zu einem bestimmten Zeitpunkt gehen sie vom Tod zum Leben hinüber. Alle Erwählten werden gewiß auch errettet; aber Gott errettet nur auf die von Ihm festgesetzte Weise: das Wort Gottes. Überführtsein von Sünde, Buße, Glaube und Heiligung. Gottes Auserwählte müssen glauben, um gerettet zu werden. Auf diese Weise erst wird der göttliche Ratschluß eine geschichtliche Tatsache.

Petrus betont diese Tatsache durch den Ausdruck »auserwählt … durch Heiligung des Geistes« (1. Petr. 1,2). Hier braucht er dieses Wort nicht als dogmatischen Fachausdruck, sondern in weitestem Sinn, der alle Erfahrungen der Errettung einschließt – Buße, Glauben, Wiederherstellung, Gehorsam, Heiligung und alles, was der Heilige Geist in den Erwählten bewirkt.

Es ist die »Heiligung des *Geistes*«. Dieses ist das Werk des Geistes, uns von der Sünde weg und für Gott abzusondern, das heißt, uns heilig zu machen. Er gestaltet uns um in das Bild Christi. In 2. Thessalonicher 2,13 sagt Paulus etwas Ähnliches: »Gott hat euch von Anfang erwählt zur Seligkeit in Heiligung des Geistes und im Glauben an die Wahrheit.« Mit anderen Worten sind alle drei Personen der Trinität in diesen Prozeß miteinbezogen. Gott plante die Errettung. Christus bezahlte die Errettung. Der Heilige Geist bewirkt die Errettung.

Heiligung bedeutet nicht Perfektion, sondern Absonderung. Wir werden durch sie von der Sünde getrennt und für Gott beiseitegesetzt. Jeder Christ ist geheiligt. Darum konnte Paulus selbst der betrübten Gemeinde in Korinth sagen: »Ihr seid abgewaschen … ihr seid geheiligt … ihr seid gerechtfertigt worden in dem Namen des Herrn Jesus und durch den Geist unseres Gottes« (1. Kor. 6,11). Absonderung ist jetzt die *Wegrichtung* unseres Lebens, und eines Tages wird sie auch dessen *Vollendung* sein.

Heiligung ist beides, ein Ereignis und ein lebenslanger Prozeß. Wir wurden einmal und wir werden beständig von der Sünde getrennt und in Christi Bild umgestaltet. Wir werden die völlige Heiligung erst nach unserem Tode oder bei dem zweiten Kommen des Herrn erreichen. Dann werden wir Ihn von Angesicht zu Angesicht sehen: »Wir wissen, daß, wenn es offenbar werden wird, wir ihm gleich sein werden; denn wir werden ihn sehen, wie er ist« (1. Joh. 3,2). Und keiner von uns wird dieses Ziel verfehlen (siehe Joh. 6,39-40 und Röm. 8,30-39).

Wie wir aus den Worten des Petrus sehen, stehen Heiligung und Erwählung in engem und untrennbarem Zusammenhang. Er bestätigt, daß niemand, der wirklich von Gott auserwählt wurde, an der Heiligung vorbeikommt. Wir sind »zuvorbestimmt, dem Bilde seines Sohnes gleichförmig zu sein« (Röm. 8,29). Es wäre ein Widerspruch, zu behaupten, Gott habe eine Person auserwählt, in Christus zu sein, ohne mit der Heiligung bei diesem Menschen begonnen zu haben. Und doch meinen heute viele Tausende, Christen zu sein, ohne je eine Veränderung in ihrem Leben festgestellt zu haben. Solchen Leuten möchte ich eindringlich raten: »Befleißigt euch um so mehr, eure Berufung und Erwählung festzumachen« (2. Petr. 1,10). Gottes souveräne Erwählung legt jeden Aspekt unserer Errettung von Anfang bis Ende fest. Er ist der Anfänger und Vollender unseres Glaubens (Hebr. 12,2). Die Erlösung ist ganz und gar Sein Werk, einschließlich der Vorkenntnis und der Erwählung und der Wiedergeburt (Jak. 1,18), der Buße (Apg. 11,18), des Glaubens (Joh. 6,44; Röm. 12,3) und der Heiligung (Hebr. 2,11) – alles ist darin eingeschlossen von der Prädestination bis zur Verherrlichung (Röm. 8,30). Die von Gott Erwählten sind von Gott nicht nur für den Himmel auserkoren, sondern auch für alles andere, was zu Seinem Erlösungswerk gehört. Wir dürfen die Heiligung nicht als etwas betrachten, was in unser Belieben gestellt ist. Ohne Heiligung wird niemand den Herrn schauen (siehe Hebr. 12,14).

Berufen zum Gehorsam

Petrus führt diesen Gedanken noch etwas weiter aus und sagt, wir seien berufen »zum Gehorsam … Jesu Christi«. Wieder kehren wir zu Epheser 2,10 zurück: »Wir sind sein Werk, geschaffen in Christus Jesus zu guten Werken, die Gott zuvor bereitet hat, auf daß wir in ihnen wandeln sollen.« So sind also auch unsere guten Werke durch die Souveränität Gottes vorherbestimmt. Jesus sagt: »Ihr habt nicht mich, sondern ich habe euch auserwählt und euch gesetzt, auf daß ihr *hingeht und Frucht bringt*« (Joh. 15,16).

Gute Werke sind gewißlich nicht die *Ursache* unserer Erwählung. Sie sind nicht der *Grund* unserer Rechtfertigung. Sie sind in keiner Weise die *Basis* unserer Seligkeit; aber sie sind der unwiderlegliche *Beweis* davon. Wenn wir wirklich Sein »Werk« sind, wenn Er uns erwählte und es Ihm gefiel, gute Werke zu bereiten, in denen wir wandeln sollten – dann gibt es für die Erwählten Gottes keine Möglichkeit, ihr irdisches Leben entgegen dem Gehorsam Christi zu führen. Ein solches Ansinnen wäre ein Angriff auf die Souveränität und Allmacht Dessen, der uns erwählte, *um* Jesus Christus zu gehorchen.

Besprengt mit Seinem Blut

Petrus fährt fort: »Ihr seid berufen zum Gehorsam und *zur Blutbesprengung* Jesu Christi« (Vers 2). Was hat das zu bedeuten?

Im Alten Testament wurden oft leblose Objekte mit Blut besprengt. Beim Passah waren es die Türpfosten und der Türträger. Im Zusammenhang mit einigen Sündopfern wurde das Blut an den Altar und rings um das Heiligtum gesprengt. In Hebräer 9,22 steht: »... und fast alle Dinge werden mit Blut gereinigt nach dem Gesetz.«

Aber nur selten werden *Menschen* im Alten Testament mit Blut besprengt. Tatsächlich geschah das nur zu zwei Anlässen. Der eine war die symbolische Reinigung eines Aussätzigen (3. Mose 14,7 und 14); der andere war die Priesterweihe eines Leviten (2. Mose 29,20-21; 3. Mose 8,24 und 30).

1. Petrus 2 spricht jedoch weder von der Reinigung eines Aussätzigen noch von der Priesterweihe. So wenden wir uns der einzigen weiteren Schriftstelle zu, wo Menschen mit Blut besprengt wurden. Dies war ein einmaliges Ereignis und geschah, als Mose das Volk Israel besprengte (3. Mose 24,8).

Das von Mose gesprengte Blut wurde »das Blut des Bundes« genannt. Nachdem Mose dem Volk das Wort Gottes verkündet hatte, antwortete es zu wiederholten Malen mit dem Versprechen, gehorsam sein zu wollen. Das war der Bund, und das gesprengte Blut symbolisierte diesen Gehorsam. Es war das äußere Zeichen davon.

Mose baute einen Altar und opferte zwei Stiere darauf. Die Hälfte des Blutes dieser Opfer sprengte er an den Altar und symbolisierte damit Gottes Versprechen, zu erretten und zu segnen. Den Rest sprengte er auf das Volk und sagte: »Siehe, das Blut des Bundes, den der HERR mit euch gemacht hat über alle diese Worte« (24,8). Das Blut war nötig, um den Bund zu besiegeln. »Daher ist auch der erste Bund nicht ohne Blut eingeweiht worden. Denn als jedes Gebot nach dem Gesetz von Moses zu dem ganzen Volk geredet war, nahm er das Blut der Kälber und Böcke mit Wasser und Purpurwolle und Ysop und besprengte sowohl das Buch selbst als auch das ganze Volk« (Hebr. 9,18-19).

An diese symbolische Besprengung der Gläubigen mit dem Blut Jesu Christi denkt Petrus hier. »Auserwählt ... zum Gehorsam und zur Blutbesprengung Jesu Christi« heißt also, daß die Erwählten wegen ihrer Errettung dem Herrn Gehorsam versprechen, weil Er schon Erlösung und Segnung für sie bereitet hatte. Petrus sagt somit: Gott brachte uns in diesen Bund, als Er uns auserwählte – also vor Grundlegung der Welt.

Sehen wir also, wie Gottes Souveränität unsere Errettung ganz und gar in ihre Hut genommen hat? *Er liebte* uns mit ewiger Liebe (Jer. 31,3). *Er* errettete uns. *Er* bestimmte uns zum Gehorsam. *Er* errichtete Seinen Bund mit uns. Wir sind wahrhaft *Sein Werk* (Eph. 2,10).

Anwendung der Lehre von der göttlichen Souveränität

Die Lehre von der göttlichen Souveränität ist oft mißbraucht, mißverstanden und falsch angewendet worden. Viele Christen halten sie für zu schwierig, zu verwirrend und zu anstößig. Aber wir sollten nicht vor ihr weglaufen, sondern zu ihr hinfliehen. Wir sollten uns vor ihr nicht fürchten; wir sollten uns über sie freuen. Diese Lehre zerbricht den Stolz der Menschen, erhöht Gott und stärkt den Glauben der Christen. Was könnte mehr Mut machen, als zu wissen, daß Gott souverän die Kontrolle über Seine Schöpfung in der Hand hat? Das Universum ist nicht dem Zufall ausgeliefert. Es ist unmöglich, daß Gottes Plan zu Fall kommt. »Wir wissen, daß denen, die Gott lieben, alle Dinge zum Guten mitwirken ... denen, die nach Vorsatz berufen sind« (Röm. 8,28). Das ist die bekannteste und beliebteste Verheißung der ganzen Schrift und hängt von der Lehre von der Souveränität Gottes ab.

Darüber hinaus sollte uns diese Lehre ein Ansporn zur Evangelisation sein. Wir wissen, daß, wenn wir predigen oder Zeugnis ablegen, die Auserwählten positiv reagieren werden, und das sollte uns Mut machen, treu zu sein. Auserwählung ist keine Ausrede für Untätigkeit. Wer meint, er könne faul zu Hause sitzen und es Gott überlassen, durch irgendwelche Wunder die Erwählten zu retten, hat die Schrift nicht verstanden. Die Erwählten werden nicht ohne Evangeliumspredigt errettet. »Wie werden sie nun den anrufen, an welchen sie nicht geglaubt haben? Wie aber werden sie an den glauben, von welchem sie nicht gehört haben? Wie aber werden sie hören ohne einen Prediger?« (Röm. 10,14). Deshalb müssen wir das Evangelium allen Menschen predigen (Mark. 16,15; Luk. 24,47). Und wir können es mit dem Vertrauen tun, daß »*jeder*, der an ihn glaubt, nicht verloren gehe, sondern ewiges Leben habe« (Joh. 3,16).

Um auf das Thema dieses Buches zurückzukommen: das Vertrauen in Gottes Souveränität wird uns auch darin leiten, *wie* wir predigen sollen. Unsere Verkündigungsmethoden werden völlig verändert werden, wenn wir willens sind, sie im Lichte der göttlichen Souveränität zu prüfen. In J. I. Packers wunderbarem Buch *Evangelisation und die Souveränität Gottes* behandelt er gerade dieses Thema mit viel Einsicht und Weisheit. In seinem Buch finden wir ein Kapitel mit der Überschrift »Welche Methoden sollte man bei der Evangelisation anwenden?« Dort lesen wir:

> Es gibt nur eine *Methode* zu evangelisieren: nämlich getreulich die Botschaft des Evangeliums zu erklären und anzuwenden. Daraus folgt –

> und dieses ist das Schlüsselprinzip, nach dem wir suchen –, daß der Test für jegliche Art von geplanter Strategie, Technik oder Form evangelistischer Aktivität dieser ist: Dienen sie dem Wort? Sind sie so berechnet, daß dadurch das Evangelium wahrheitsgetreu und vollständig dargestellt wird und tief und genau die Hörer trifft? Insoweit sie dazu helfen, sind sie rechtens; insoweit sie dazu neigen, die Wirksamkeit der Botschaft zu verdecken oder zu verdunkeln und ihre Schärfen abzupolstern, sind sie böse und falsch.[11]

Packer stellt eine Reihe von Fragen, die auch wir an jede neue Verkündigungsform richten sollten: »Ist diese Präsentation Christi geeignet, die Leute davon zu überzeugen, daß das Evangelium *Gottes Wort* ist? Schmeichelt diese Präsentation Christi menschlicher Klugheit und Darstellungskunst? Neigt sie dazu, den Menschen zu erheben? Ist diese Präsentation Christi dazu angetan, das Werk des Wortes an den *Herzen* der Menschen zu fördern oder es zu behindern? Hilft sie, die Aussagen der Botschaft deutlicher zu machen, oder vernebelt und verdunkelt sie diese? Ist diese Präsentation Christi dazu berechnet, die *Lehre* des Evangeliums zu vermitteln oder nur einen Teil derselben? Will man mit dieser Präsentation Christi die *Anwendung* des Evangeliums den Menschen nahebringen? … Oder wird sie zum Beispiel die Menschen gänzlich im unklaren darüber lassen, daß sie zu einer Antwort auf das Wort Christi verpflichtet sind? Ist diese Präsentation Christi dazu berechnet, das Evangelium in angemessenem Ernst zu vermitteln? Wirkt sie so, daß die Menschen merken, hier geht es um Tod und Leben? … Ist sie geeignet, deutlich zu machen, daß es schrecklich ist, in die Hände eines lebendigen Gottes zu fallen? Oder ist die Präsentation Christi so obenhin, unbestimmt, gemütlich und vergnüglich, daß es den Hörern schwerfällt, das Evangelium für eine Angelegenheit äußerster Wichtigkeit zu halten …?«[12]

Der Glaube an Gottes Souveränität würde die Kirche von dem Niedergang durch Pragmatismus und Weltförmigkeit befreien. Er würde uns zurücktreiben zu biblischer Predigt. Setzten die Prediger ihr Vertrauen nur in Gottes Kraft und Gottes Wort, so brauchten sie die Botschaft nicht zu beschneiden, zurechtzubiegen und abzuschwächen. Sie wären nicht der Meinung, durch künstliche Mittel könnten sie zahlreichere Bekehrungen erzielen. Sie sähen die Evangelisation nicht als Marketing-Problem an, sondern als das, was sie ist – die Verkündigung der göttlichen Offenbarung als dem einzigen Mittel, durch das Gott Seine Auserwählten zu Sich ruft. Sie würden sich mehr auf das Evangelium verlassen, als der »Kraft Gottes zur

Errettung«. Und sie würden mit den weltlichen Komödien aufhören, durch die die Kirche nur immer schneller dem Untergang entgegengetrieben wird.

Noch einmal hören wir auf das inspirierte Wort:

> … die ihr nicht wiedergeboren seid aus verweslichem Samen, sondern aus unverweslichem, durch das lebendige und bleibende Wort Gottes; denn »alles Fleisch ist wie Gras, und alle seine Herrlichkeit wie des Grases Blume. Das Gras ist verdorrt, und seine Blume ist abgefallen; aber das Wort des Herrn bleibt in Ewigkeit.« *Dieses ist das Wort, welches euch verkündigt worden ist* (1. Petr. 1,23-25).

Kapitel 9

Ich will Meine Kirche bauen

Möge niemand davon träumen, uns sei plötzlich eine Marotte gekommen und wir hätten überstürzt geschrieben: Wir haben lange gewartet, vielleicht zu lange und haben nur zögerlich gesprochen. Möge auch niemand denken, wir gründeten unsere Aussagen auf nur einzelne, isolierte Fakten ... Wir haben kein anderes Motiv, als ganz allgemein der Sache der Wahrheit und der Verherrlichung Gottes voranzuhelfen.

Charles Haddon Spurgeon[1]

Vor einigen Jahren interviewte mich ein Journalist, der eine Reportage über große Kirchen schrieb, über die Grace Community Church. Gegen Ende der Unterhaltung fragte er mich: »Sind Sie seit jeher von dem Wunsch beseelt gewesen, eine große Gemeinde aufzubauen?« Das war eine unerwartete Frage; aber ich antwortete sogleich: »Ich wünsche überhaupt nicht, die Kirche zu bauen, auf keinen Fall.«

Er schaute mich irritiert an und sagte: »Das verstehe ich nicht.«

Ich sagte ihm: »Jesus Christus hat gesagt, *Er* wolle Seine Kirche bauen, und ich will nicht mit Ihm in Konkurrenz treten.«

Das war nicht lustig gemeint, sondern gibt genau meine Ansicht von Kirche wieder. Auf Konferenzen und Leiterseminaren werde ich oft nach dem Geheimnis gefragt, wie man eine große Gemeinde baut. Ich muß dann bekennen, daß es, wenn man Christus und Seinem Worte treu bleiben will, keine Techniken oder Systeme gibt, die das Wachstum garantieren. Wachstum im geistlichen Bereich gleicht dem physischen Wachstum. Man kann es pflegen und kräftigen. Wir können etwas für *gesundes* Wachstum tun. Aber wir können kein Wachstum *erzeugen*. Durch nichts kann man einen Zwergstrauch dazu bringen, ein Mammutbaum zu werden. Und sollte das der Gentechnik einmal gelingen, so wäre das Ergebnis nur eine Monströsität. Das gleiche gilt im geistlichen Bereich. »Wenn der HERR das Haus nicht baut, vergeblich arbeiten daran die Bauleute« (Ps. 127,1).

Ich muß das zahlenmäßige und geistliche Wachstum unserer Gemeinde dem Willen unseres souveränen Gottes zuschreiben. Es gibt keine Marketing-Techniken oder modernen Methoden, denen wir das zuschreiben könnten. Wir wollen uns aber auch gar nicht auf Derartiges einlassen. Wir wollen kein Wachstum, das durch Meinungsumfragen, Programme und Tricks fabriziert wurde. Wir begnügen uns damit, unser Augenmerk auf eine zupackende Evangeliumsverkündigung zu richten und es dem Herrn zu überlassen, Seiner Kirche hinzuzufügen (Apg. 2,47). Unsere Aufgabe besteht darin, in dem uns von Ihm bestimmten Werk treu zu sein.

Immer wieder kehren wir zu diesem Grundsatz zurück: Gott ist allmächtig und souverän. Wir dürfen nie vergessen, daß der Bau Seiner Kirche *Sein* Werk ist. Unseres lautet: »Geht hin in die ganze Welt und predigt das Evangelium der ganzen Schöpfung« (Mark. 16,15). Sobald wir uns selbst für die Baumeister und Architekten der Kirche halten, drängen wir Gott aus der Ihm zustehenden Rolle, und unser Blick wendet sich auf solche Dinge wie Erfolg, Anzahl, Größe und ähnliche künstliche Maßstäbe. Eine Gemeinde, die nur auf solcher Philosophie begründet ist, mag eine Zeitlang zu blühen scheinen; aber letztlich ist sie zum Scheitern verurteilt.

Den biblischen Schlüsseltext für diese Wahrheit finden wir in Matthäus 16,18-20. Jesus sagte zu Petrus: »Du bist Petrus; und auf diesen Felsen will ich meine Versammlung bauen, und des Hades Pforten werden sie nicht überwältigen. Und ich werde dir die Schlüssel des Reiches der Himmel geben; und was irgend du auf der Erde binden wirst, wird in den Himmeln gebunden sein, und was irgend du auf der Erde lösen wirst, wird in den Himmeln gelöst sein.«

Dieser Abschnitt ist schon jahrhundertelang ein Streitpunkt zwischen der katholischen Kirche und den protestantischen Kirchen. Und tatsächlich bereitet er dem Ausleger einige Schwierigkeiten. Aber im tiefsten Grunde enthält er eine schlichte, große, reiche und herrliche Wahrheit über die von Christus erbaute Kirche und stellt so den rechten Höhepunkt unserer Betrachtung dar.

Die Grundlage der Kirche – »Auf diesen Felsen»

Sehen wir uns diese Stelle im Zusammenhang an, so erkennen wir, daß Jesus diese Worte gleich im Anschluß an das große Bekenntnis des Petrus sprach, der sagte: »Du bist Christus, der Sohn des lebendiges Gottes« (Matth. 16,16). Der Herr antwortete: »Glückselig bist du, Simon, Bar Jona; denn Fleisch und Blut haben es dir nicht geoffenbart, sondern mein Vater, der in den Himmeln ist« (Vers 17). Hier unterstreicht der Herr also Gottes Souveränität bei der Hinführung des Petrus zu Wahrheit und Glauben.

Die nächsten Worte Jesu bilden den Gegenstand endloser Debatten zwischen Katholiken und Protestanten: »Du bist Petrus; und auf diesen

Felsen will ich meine Versammlung bauen.« Letztlich begründet die katholische Kirche mit diesem Satz ihre Lehre, nach der die Kirche auf Petrus gebaut wurde. Sie machte Petrus dadurch zum ersten Papst, errichtete die päpstliche Thronfolge und machte das Papsttum zum eigentlichen Träger der göttlichen Autorität auf Erden.

Die meisten Protestanten betrachten andererseits den Ausdruck »auf diesem Felsen« als ein Wortspiel. Der Name *Petros* (wörtl.: kleiner Stein) steht im Gegensatz zu *petra* (wörtl.: Felsen). Sie meinen, das Wort »Felsen« bezöge sich auf das Bekenntnis des Petrus, nicht auf ihn selbst. Sie würden die Sache so umschreiben: »Du bist ein unbedeutender Stein; aber ich will meine Kirche auf dem Felsen der Wahrheit errichten, die du bekannt hast.« Sie weisen damit also auf das klare Zeugnis der Schrift hin, daß Christus das Haupt der Kirche ist (Eph. 5,23; Kol. 1,18), und nirgends spricht die Bibel von einem irdischen Ersatz als Haupt der Kirche an Christi Statt.

Diese Ansicht ist eine einleuchtende Auslegung des Textes und paßt besser zu der biblischen Wahrheit als das römisch-katholische Verständnis. Ganz gewiß hat Jesus in diesem Text den Petrus nicht zum Papst gemacht (noch eine päpstliche Thronfolge angeordnet). Immerhin lesen wir ein paar Verse später, wie der Herr den Petrus zurechtweist und ihn »Satan« nennt (Vers 23).

Eine noch sinnfälligere Auslegung dieses Ausdrucks sehe ich aber darin, daß der Herr den Petrus als Repräsentanten der Zwölf anspricht. Die Schrift lehrt sehr wohl, daß die Kirche »aufgebaut (ist) auf die Grundlage der Apostel und Propheten, indem Jesus Christus selbst Eckstein ist« (Eph. 2,20). Also auch im biblischen Sinn bilden Petrus und die anderen Apostel die Grundlage der Kirche. Die von Christus gebaute Kirche ist auf dem sicheren Fundament der apostolischen Lehre und Verkündigung errichtet. Lukas berichtet von der frühesten Kirche: »Sie blieben aber beständig in der Apostel Lehre« (Apg. 2,42), und aufbauend auf dieser Grundlage tat »der Herr … täglich hinzu, die gerettet werden sollten« (Vers 47). Und durch die ganze weitere Apostelgeschichte bleiben apostolische Lehre und Verkündigung die Grundlage, auf der alle örtlichen Gemeinden erbaut werden (z. B. 4,31-32; 8,12. 35-40; 10,34-48; 12,24-25; 13,44-49).

Die Kirche ist aus lebendigen Steinen aufgebaut, »ein geistliches Haus, ein heiliges Priestertum, um darzubringen geistliche Schlachtopfer, Gott wohlannehmlich durch Jesus Christus« (1. Petr. 2,5). Mit anderen Worten: Jeder Christ ist ein Stein in diesem Gebäude. Petrus und die anderen Apostel waren die Fundamentsteine. Christus selbst, nicht Petrus, ist der Haupt- und Eckstein.

Die Gewißheit der Kirche – »Ich *werde* meine Kirche bauen»

Jesu Erklärung »Ich werde meine Kirche bauen« ist der Schlüssel zu diesem Abschnitt. Alles weitere in diesen Versen erhellt diese für unser Thema so überaus wichtigen Worte.

Zuerst und vor allem bedeuteten sie eine Ermutigung für die Jünger. Sie zogen die staubigen Straßen von Cäsaräa Philippi entlang, weit weg von Jerusalem, ganz an der Grenze Israels und nahe den Bergen des Libanon. Eigentlich waren sie im Exil. Jesus war von Israel verworfen, sowohl in Judäa (im Süden) wie auch in Galiläa (im Norden). Die religiösen und die politischen Führer waren zornig auf Ihn und wollten Seinen Tod. Das Volk erwartete einen politischen, militärischen und ökonomischen Messias, der sie vom Römerjoch befreite, und Jesus hatte ihre Hoffnungen enttäuscht. Die Volksmengen, die Ihm früher gefolgt waren, hatten sich von Ihm abgewendet, als Seine Lehre ihr Gewissen traf (Joh. 6,66). Und die Messias-Experten – die Schriftgelehrten und Pharisäer – waren die giftigsten und haßerfülltesten Seiner Gegner.

Wer hätte den Aposteln ihre Mutlosigkeit verdenken können? Alle ihre »Reichshoffnungen« schienen völlig unerreichbar zu sein. Aus ihren herrlichen messianischen Erwartungen – mit Jesus auf dem irdischen Thron Seines Reiches, das von Israel ausgehend die ganze Welt beherrschen sollte – schien absolut nichts werden zu wollen.

Statt dessen waren sie eine kleine Gruppe unbedeutender, schlecht ausgerüsteter und verachteter Leute, die offensichtlich nicht mehr viel zu erwarten hatten. Sie verbargen sich an einem versteckten Ort in einer großen heidnischen Stadt, um Ruhe, Zurückgezogenheit und Sicherheit zu finden. Die Jünger müssen sich gefragt haben, ob das vorgesehene Programm überhaupt noch durchgeführt werden sollte. Ganz sicher schien alles ihren Wünschen entgegen zu laufen.

Als wenn das nicht alles schon schlimm genug gewesen wäre, »begann Jesus, seinen Jüngern zu zeigen, daß er nach Jerusalem hingehen müsse und von den Ältesten und Hohenpriestern und Schriftgelehrten vieles leiden und getötet und am dritten Tage auferweckt werden müsse« (Vers 21). Petrus war dermaßen entsetzt von dieser Vorstellung, daß er Ihn beiseitenahm und anfing, »ihn zu strafen, indem er sagte: Gott behüte dich, Herr! Dieses wird dir nicht widerfahren!« (Vers 22).

Ihr Vertrauen war dahin. Ihre Hoffnungen schwanden. Unheilvolle Zeichen bedrohten sie. Sie müssen sehr verwirrt und beunruhigt gewesen sein.

In dieser Situation machte ihnen Jesus nun wieder Mut, indem Er sagte: »Ich werde meine Kirche bauen.« Er wollte sie wissen lassen, daß der ursprüngliche Plan keinesfalls abgeändert wurde und gar nichts verloren war. Es hatten keinerlei Programmänderungen stattgefunden.

Auch in unserer Zeit können wir Trost aus diesen Worten schöpfen. Einerlei, wie beschwert, verfolgt, gequält, verworfen, mißhandelt, arm oder gering die wahre Kirche zu sein scheint, der Herr wird Seine Auserwählten nicht verlassen. Wenn das Volk Gottes am allerschwächsten erscheint, so gilt immer noch: Jesus baut Seine Kirche. Der ursprüngliche Plan ist unverändert gültig. Zeitströmungen bedrohen Seine souveränen Absichten nicht im geringsten und die Umstände in dieser kummervollen Welt beeinflussen Seinen Willen ebensowenig. Auch spielt es keine Rolle, wie heruntergekommen die sichtbare Kirche ist oder wie weit sie noch verderben wird; Jesus Christus baut immer noch Seine Kirche auf der sicheren Grundlage apostolischer Lehre und Predigt.

Wenn Jesus sagte: »Ich werde meine Kirche bauen«, so ist das die denkbar stärkste Garantie für den letztendlichen Sieg der Kirche. Müßten wir uns ausschließlich auf das Volk Gottes verlassen, so wäre das Gebäude schon lange völlig zerbröselt. Die Kirchengeschichte ist voller Beweise für menschliches Versagen, weltliche Korruption, Untreue, lehrmäßige Verirrungen, Kompromißbereitschaft und Schwachheit. Doch baut der Herr immer noch Seine Kirche. Da spielt das äußere Erscheinungsbild keine Rolle. Im tiefsten Inneren ist doch der Leib, den Christus selbst erbaut – und der besteht aus Gottes Auserwählten und der wächst, stark und treu. Selbst in den finstersten Zeiten ist immer stets »ein Überrest nach Wahl der Gnade« (Röm. 11,5).

Paulus schrieb am Ende seines Lebens und Dienens: »Du weißt, daß alle, die in Asien sind, sich von mir abgewandt haben« (2. Tim. 1,15), und: »Bei meiner ersten Verantwortung stand mir niemand bei, sondern alle verließen mich« (4,16). Der Apostel Johannes befand sich am Ende seines Lebens im Exil auf der Insel Patmos. Dort gab ihm der Herr den Auftrag, an die sieben Gemeinden in Kleinasien Briefe zu schreiben (Offb. 2 und 3). Fünf von ihnen hatten existenzbedrohende Probleme.

Trotzdem fährt Christus fort, Seine Kirche zu bauen, und Er selbst wacht über der Reinheit dieses gläubigen Überrests. In Epheser 5,25-27 lesen wir: »... gleichwie auch der Christus die Versammlung geliebt und sich selbst für sie hingegeben hat, auf daß er sie heiligte, sie reinigend durch die Waschung mit Wasser durch das Wort, auf daß er die Versammlung sich selbst verherrlicht darstellte, die nicht Flecken oder Runzeln oder etwas dergleichen habe, sondern daß sie heilig und tadellos sei.« Die jetzt von Christus gebaute Kirche wird am Ende heilig und tadellos sein. Und Er wird eine verherrlichte Kirche vor Sich hinstellen. Mit anderen Worten: Die Kirche ist dazu ausersehen, der Gegenstand zu sein, an dem sich Seine Herrlichkeit manifestiert.

Aus diesem Grunde müssen wir menschlicher Weisheit widerstehen. Aus eben demselben Grund aber können auch Verweltlichung, Fleischlichkeit, Ungehörigkeiten, Gleichgültigkeit und Abfall die von Christus gebaute Kirche nicht aufhalten. Einzelne Gemeinden mögen dadurch zugrunde gehen; aber die Kirche wird fortbestehen. Christus wird *gewiß* Seine Kirche bauen. Wenn Er für uns ist, wer kann uns dann widerstehen?

Die enge Beziehung zur Kirche – »Ich werde *meine* Kirche bauen«

Jesu Worte reden auch von einer heiligen Vertrautheit. Der Bau der Kirche vollzieht sich nicht in einer unpersönlichen Geschäftsbeziehung. Die Kirche ist Sein wertvoller Besitz. Apostelgeschichte 20,28 spricht von der Kirche, »welche er sich erworben hat durch sein eigenes Blut«.

Die Schrift redet sogar von der Kirche als dem Leib Christi (Kol. 1,24). Wir stehen mit Ihm in unauflöslicher, heiliger Verbindung. Wie sagte doch Christus, als Er Saulus von Tarsus auf der Straße nach Damaskus für Sich beschlagnahmte? »Saul, Saul, was verfolgst du mich?« (Apg. 9,4). Wer die Kirche angreift, greift Christus selbst an. »Wer dem Herrn anhängt, ist ein Geist mit ihm« (1. Kor. 6,17).

Im Alten Testament gibt es eine Parallele zu dieser Wahrheit. Sacharja sagte dem Volk Israel: »Wer euch antastet, tastet seinen (Gottes) Augapfel an« (Sach. 2,8). Gott sagte damit: Wer euch verfolgt, sticht Mir ins Auge. Genau so ist die Beziehung Christi zu Seiner Gemeinde. Er ist in höchstem Maße ergrimmt, wenn jemand Seine Auserwählten angreift (Matth. 18,6.10).

Die Unüberwindlichkeit der Kirche – »Des Hades Pforten werden sie nicht überwältigen«

Die von Christus gebaute Kirche ist unüberwindlich. »Des Hades Pforten werden sie nicht überwältigen« (Vers 18). Das Bild in diesem Abschnitt ist oft mißverstanden worden. Jesus sagte nicht, die Kirche würde unempfindlich für die Angriffe des Hades werden. Das Wort »Pforten« redet nicht von Angriffswaffen. Pforten sind keine Waffen, sondern Hindernisse. Jesus beschreibt hier den Hades als ein Gefängnis und läßt uns wissen, daß dessen Pforten uns nicht festhalten und die Kirche nicht einkerkern können.

Der »Hades« ist der Aufenthaltsort des Todes. *Hades* ist das griechische Wort für das hebräische *scheol* (Ps. 6,5). Jesus redet hier auch nicht von den ewigen Höllenqualen, sondern davon, daß die Erwählten nicht von den Gräbern gehalten werden können. Die Pforten des Todes konnten Jesus Christus nicht halten, und demzufolge auch uns nicht. »Wo ist, o Tod, dein Stachel? Wo ist, o Tod, dein Sieg?« (1. Kor. 15,55).

Tatsächlich ist »Des Hades Pforten werden sie nicht überwältigen« eine Auferstehungsverheißung. Tod und Auferstehung nahmen in den Lehren Jesu einen zunehmend breiten Raum ein. Er wußte, daß Seine Jünger bösen Zeiten entgegengingen und daß alle, außer Johannes, ihr irdisches Leben als Märtyrer beschließen würden. So sagte Er ihnen denn: »Wer irgend sein Leben erretten will, wird es verlieren; wer aber irgend sein Leben verliert um meinetwillen, wird es finden« (Matth, 16,25). Aber zuvor sagte Er ihnen, daß der Tod die Auserwählten niemals festhalten kann.

Dieses Thema zieht sich durchs ganze Neue Testament. Seit Christus durch den Tod gegangen war, haben Christen nichts mehr von ihm zu befürchten. »Wir wissen, daß Christus, aus den Toten auferweckt, nicht mehr stirbt; der Tod herrscht nicht mehr über ihn« (Röm. 6,9). Und so kann er auch nicht über die herrschen, die mit Christus im Glauben verbunden sind. Er hat uns versprochen: »Weil ich lebe, werdet auch ihr leben« (Joh. 14,19).

Als sich der Herr dem Johannes auf Patmos offenbarte, sagte Er ihm: »Fürchte dich nicht! Ich bin der Erste und der Letzte und der Lebendige, und ich war tot, und siehe, ich bin lebendig von Ewigkeit zu Ewigkeit und habe die Schlüssel des Todes und des Hades« (Offb. 1,17-18). Jesus ist es, der »durch den Tod den zunichte machte, der die Macht des Todes hat, das ist den Teufel, und alle die befreite, welche durch Todesfurcht das ganze Leben hindurch der Knechtschaft unterworfen waren« (Hebr. 2,14-15). Er nahm die Schlüssel zu Tod und Hades an Sich, und seitdem kann das Grab Seine Auserwählten nicht mehr halten.

Später einmal wird der Heilige Geist diese Jünger mitten im Kampfgetümmel an diese Verheißung erinnern. Das muß ihnen großen Trost und neuen Lebensmut gegeben haben. Sie waren am Ende unbesiegbar. Sie wurden verfolgt – sie sollten sogar für ihren Glauben sterben –, aber ihnen war verheißen, sie würden schließlich aus allem als Sieger hervorgehen. Die Pforten des Hades konnten sie nicht festhalten.

Die Autorität der Kirche – »Ich werde dir die Schlüssel des Reiches der Himmel geben«

Dann sagte Jesus dem Petrus: »Ich werde dir die Schlüssel des Reiches der Himmel geben; und was irgend du auf der Erde binden wirst, wird in den Himmeln gebunden sein, und was irgend du auf der Erde lösen wirst, wird in den Himmeln gelöst sein« (Matth. 16,19). Die Auslegung dieses Verses hat auch zu endlosen Meinungsverschiedenheiten zwischen Katholiken und Protestanten geführt. Die katholische Theologie lehrt, mit dieser Verheißung habe Christus den Ritus der Absolution eingeführt.

Zugegeben, es scheint tatsächlich so, als ob der Herr dem Petrus eine unvorstellbar große himmlische Autorität mit diesem Satz verliehen hätte. Aber bevor wir daraus schließen, Er habe ihn dadurch zum Papst gemacht, sollten wir uns daran erinnern, daß Jesus nach Seiner Auferstehung *allen* Jüngern die gleiche Autorität gab (Joh. 20,23). Dort sagte Er ihnen: »Welchen irgend ihr die Sünden vergebt, denen sind sie vergeben, welchen irgend ihr sie behaltet, denen sind sie behalten.« Noch einmal: In Matthäus 16 redet der Herr den Petrus offensichtlich als Repräsentanten der zwölf Apostel an.

Dazu kommt, daß Jesus über das »Lösen« und »Binden« auch im Zusammenhang mit Seiner Belehrung über Gemeindezucht in Matthäus 18,15-20 redet, worüber wir uns in Kapitel zwei kurz unterhalten haben. Wir erinnern uns: Jesus sagte dort den Jüngern, daß, wenn ein Gläubiger sündigt und sich nach einer Ermahnung unter vier Augen weigert, Buße zu tun, dann auch nach einer zweiten Warnung vor ein oder zwei Zeugen und nach der öffentlichen Zurechtweisung durch die Versammlung nicht umkehrt, daß diese Person als »Zöllner und Heide« zu betrachten ist (Vers 17). Dann sagte ihnen Jesus: »Was irgend ihr auf der Erde binden werdet, wird im Himmel gebunden sein, und was irgend ihr auf der Erde lösen werdet, wird im Himmel gelöst sein« (Vers 18).

Mehrere Wahrheiten sind aus dieser Schriftstelle zu beherzigen: Erstens bezieht sie sich nicht auf Petrus allein. Sie ist nicht einmal auf die zwölf Jünger beschränkt, sondern gilt allen Gläubigen.

Zweitens: »Binden und Lösen« hat nichts mit der Behandlung böser Geister zu tun, und Vers 19 (»Wenn zwei … übereinkommen … so wird sie ihnen werden«) ist keine Anweisung zu erhörlichem Gebet, sondern Jesus zeigt hier, wie mit Sünde in der Versammlung der Erlösten umzugehen ist. Das Gebundene ist die Sünde der unbußfertigen Person; das Gelöste ist die Schuld dessen, der Buße tat. Jeder Gläubige kann diese beiden

Zustände bestätigen aufgrund dessen, wie die betreffende Person auf den Ruf zur Buße reagierte. Die Sache, in der zwei »übereinkommen«, ist die Behandlung des sündigen Mitglieds der Herde. Jesus verleiht also die Autorität, mit der Sünde umzugehen, *jeder* Versammlung, und bestünde sie nur aus »zwei oder drei, versammelt ... in meinem Namen« (Vers 20).

Die dritte Wahrheit betrifft die Quelle dieser Autorität: Sie ist Christus und kein irdischer Vertreter, und so sagt der Herr: »Da bin ich in ihrer Mitte« (Vers 20). Er übt Seine Herrschaft durch die Gemeinschaft der Gläubigen aus, die nach Seinen Grundsätzen handeln.

Und viertens verleiht keine dieser Wahrheiten Autorität, losgelöst vom Wort Gottes. Jesus setzte keine Herrscher ein, die *ex cathedra* verdammen können. Niemandem gab Er die Macht, im buchstäblichen Sinn andere binden oder lösen zu können, und ganz gewiß machte Er nicht den Petrus zum Haupt der Kirche. Die Autorität, von der Er sprach, gehört jedem Gläubigen. Und diese Autorität liegt in der Tatsache begründet, daß »seine göttliche Kraft uns alles betreffs des Lebens und der Gottseligkeit geschenkt hat durch die Erkenntnis dessen, der uns berufen hat durch Herrlichkeit und Tugend« (2. Petr. 1,3). Jesus betraute Petrus und die anderen Apostel mit der Pflicht, die Botschaft vom Reich – das Wort Gottes – für das Leben der Menschen verbindlich zu machen. In diesem Sinne gab Er ihnen die Schlüssel des Himmelreichs.

Die Schlüssel des Himmelreichs sind der Kirche von Christus feierlich anvertraut. Sie symbolisieren das Wächteramt über den Eingang zu diesem Reich. Er hat die Kirche in diese Welt gesetzt und ihr befohlen, das Evangelium zu predigen. So sind wir ein Leuchtfeuer, das den Weg zu diesem Reich weist. Wenn wir Sein Wort abschwächen oder das Evangelium verschleiern, hören wir auf, ein Wegweiser zu sein. Damit aber verscherzen wir die einzige Autorität, die Schlüssel des Himmelreichs zu benutzen.

Andererseits, wenn wir Gott und Seinem Wort treu bleiben, sind wir es, die die Entscheidungen des Himmels hier auf Erden ausführen. Wir können mit Autorität zu der ungläubigen Welt reden. Wenn der Himmel uns zustimmt, ist die Angelegenheit mit dem Einverständnis der denkbar höchsten Autorität ausgestattet. Verwässern wir aber das Wort Gottes, verspielen wir unsere einzige Autorität. Daher ist es für die Kirche von entscheidender Wichtigkeit, Gott ernst zu nehmen, Sein Wort mit Lauterkeit zu handhaben und sich von der Welt fernzuhalten. Darum geht es, wenn wir beten: »Dein Wille geschehe, wie im Himmel, also auch auf Erden« (Matth. 6,10).

Kennzeichen einer effektiven Gemeinde

Uns sollte klar sein, daß die Kirche ein übernatürliches Werk ist. Echtes Wachstum wird durch Christus selbst bewirkt – und nicht durch Marketing-Erfahrung, menschliche Klugheit oder Gemeinde-Wachstums-Technik. Er segnet die Kirche mit Gesundheit und Lebenskraft.

Zahlenmäßiges Wachstum allein ist kein Zeichen für eine gesunde Gemeinde. Ganz sicher, Wachstum ist eins der Lebenszeichen; aber, wie wir gesehen haben, ist Größe kein Beweis für den Segen Gottes oder für die geistliche Gesundheit einer Gemeinde.

Was sind Kennzeichen einer gesunden Gemeinde? Was sind lohnende Ziele für eine Gemeinde, die danach trachtet, den Herrn Seine Gemeinde nach seinen Methoden bauen zu lassen? Zum Schluß möchte ich nur einige Merkmale einer gesunden Gemeinde andeuten. An anderer Stelle habe ich diese Liste eingehender behandelt;[2] aber vielleicht ist diese kurze Zusammenfassung für solche eine Hilfe, die außer Marketing-Grundsätzen noch etwas anderes suchen, was helfen kann, eine strauchelnde Gemeinde wieder aufzurichten. Das Folgende sind, wie ich meine, die grundlegenden Prinzipien und die Vorlagen, nach denen Christus Seine Kirche baut:

Fromme Leiter

Jesu eigener Dienst drehte sich vor allem um elf Männer, die das Zentrum der Leiterschaft in der frühen Kirche bilden sollten. Mit richtiger Leiterschaft fängt alles an. Und die wichtigsten Eigenschaften für Leiter sind diese: Sie müssen erfahrene Lehrer des Wortes Gottes sein, und man darf ihnen nichts vorwerfen können.

Wer möchte aber behaupten, dieses seien auch die Hauptkriterien, nach denen Leiterschaft in den meisten heutigen Gemeinden definiert wird? Allzu viele Gemeinden ignorieren die geistlichen Bedingungen, die an Leiter zu stellen sind. Statt dessen sucht man nach Leitern mit starker natürlicher Führungs- und Motivationsgabe, die erfolgreich sind und Geld und Einfluß besitzen. Ein kirchlicher Leiter sollte aber vor allem ein frommer Lehrer sein, »anhangend dem zuverlässigen Worte nach der Lehre, auf daß er fähig sei, sowohl mit der gesunden Lehre zu ermahnen, als auch die Widersprechenden zu überführen« (Tit. 1,9).

In 1. Timotheus 3,1-7 und in Titus 1,5-9 finden wir das paulinische Persönlichkeitsprofil solcher, die ein Leitungsamt übernehmen sollten. Beide Stellen zusammengenommen, ergeben eine reichhaltige Liste geistlicher Qualitäten, die für Prediger und Älteste unerläßlich sind: Ihnen darf nichts vorzuwerfen sein, sie sollen ihren Frauen zugetan, mäßig, besonnen, freundlich, korrekt, gerecht, aufopfernd und gastfrei sein, dazu sollten sie das Gute lieben und lehren können. Sie sollten nicht eigensüchtig oder eigenwillig, nicht zornmütig und streitsüchtig oder zänkisch sein. Ohne Geldliebe sollten sie ihren Häusern in rechter Weise vorstehen und bei den Ungläubigen als ordentliche Menschen gelten. Außerdem mußten sie erfahrene Christen und keine Jungbekehrten sein. Von dieser Plattform eines gottgeweihten Vorbildes aus lehren sie dann die Schriften und führen die Menschen zur Christusähnlichkeit.

Sind das nicht extrem hohe Maßstäbe? Jawohl – aber es sind die von der Bibel geforderten Qualifikationen. Gemeinden, die diese Leitlinien Gottes ignorieren, widersetzen sich den Anordnungen Gottes und verspielen ihren Segen. Bei der Frage der Leiterschaft Kompromisse einzugehen, bedeutet nach Charles Spurgeon den »selbstmörderischsten Akt, den die Kirche begehen kann«.[3]

Zum Verhängnisvollsten im amerikanischen Evangelikalismus gehört die Leichtigkeit, mit der ein Mann seine Leiterfunktion zurückerhalten kann, nachdem er sich selbst geistlich oder moralisch disqualifiziert hatte. Es ist durchaus nicht ungewöhnlich, daß christliche Leiter, die ihre Gemeinde durch grobes moralisches Versagen ins Gerede gebracht hatten, ungeniert in ihr Leitungsamt zurückkehren, noch ehe der öffentliche Skandal abgeklungen ist. Das ist eine fatale Aufweichung der biblischen Grundsätze und eins der verderblichsten Ergebnisse des modernen Pragmatismus.

Sage ich damit, es dürfe keine Wiederherstellung moralisch versagt habender Leiter geben, wenn sie aufrichtig Buße tun? Gewiß gibt es eine Wiederherstellung der Gemeinschaft, aber nicht der Rolle als Ältester oder Prediger. Gemeinden dürfen nicht die biblischen Maßstäbe aufgeben oder sich den Sünden ihrer Leiter anpassen. Die biblischen Ansprüche an die Leiter sind *absichtlich* sehr hoch, weil Leiterschaft eine Beispielfunktion hat. Wer die Gemeinde in Verruf bringt, dem kann man sehr wohl etwas vorwerfen. So kann das bei Fällen von sexuellem Versagen oder bei Veruntreuung auf eine dauernde Disqualifikation hinauslaufen (Spr. 6,32-33). Der Apostel Paulus rechnete mit einer solchen Möglichkeit. Er schreibt: »Ich zerschlage meinen Leib und führe ihn in Knechtschaft, auf daß ich nicht, nachdem ich anderen gepredigt habe, selbst verwerflich werde« (1. Kor. 9,27).

Wenn ein kirchlicher Leiter in einer Angelegenheit persönlicher Heiligkeit strauchelt, so hat er die ganze Gemeinde in Mißkredit gebracht – einerlei, wie orthodox ihr Glaubensbekenntnis sein mag. Wer die biblischen Ansprüche an kirchliche Leiter ignoriert, baut mit nutzlosem Material ein Gebäude, das nicht auf dem wahren Fundament steht (siehe 1. Kor. 3,10-11). Wenn das Leben der Leiter nicht mit ihrer Verkündigung übereinstimmt, ist es einerlei, wie stark sie zu Wahrheit und Gerechtigkeit aufrufen. Man wird ihre Lehre als Heuchelei abtun oder einfach zu der Meinung gelangen, echte Gottseligkeit sei in unser Belieben gestellt.

Biblische Ziele

Ganz gewiß tut eine Gemeinde nichts Falsches, wenn sie sich Ziele setzt. Im Gegenteil, eine Gemeinde ohne funktionale Ziele treibt »ziellos« umher.

Aber unsere Ziele für die Gemeinde müssen *biblisch* sein. Falsche Ziele führen in die falsche Richtung und das ist genauso schlimm, wie keine Ziele zu haben – oder gar noch schlimmer.

Was sind biblische Ziele? Dazu gehören Anbetung, Gemeinschaft, geistliches Wachstum und Evangelisation. Das sind die Primärziele. Speziellere Ziele – wie die Stärkung der Familie, biblisch begründete Beratung, Hilfen zur Erziehung der Jugend und ähnliches – müssen danach beurteilt werden, wie sie den Primärzielen zuarbeiten. Und sie müssen ihnen stets untergeordnet bleiben. Zum Beispiel mag eine Gemeinde einen beachtlichen musikalischen Dienst tun oder eine christliche Grundschule unterhalten. Wenn das nur geschieht, um Reklame zu machen oder Geld zu verdienen, so sind dies keine lohnenden Ziele. Sieht man diese Dienste aber als Möglichkeit, die Gemeindefamilie zu stärken oder die Reichweite des Evangeliums auszudehnen, so sind es legitime Ziele. Wenn wir jede gemeindliche Tätigkeit im Lichte dessen prüfen, ob sie die Primärziele unterstützen, wird diese Sichtweise uns auf dem richtigen Weg erhalten.

Jüngerschaft

Die Kirche ist keine Arena, in der hauptamtliche Diener von Laien beklatscht werden, die nichts als Zuschauer sind. Die Kirche sollte die Christen anleiten und einüben, selbst einen Dienst zu übernehmen. Gemeindemitglieder, nicht ein Mitarbeiterstab, sollten die Dienste tun. Das wird uns in Epheser 4,11-12 deutlich gesagt: Apostel, Propheten, Evangelisten, Hirten und Lehrer sind zur Vollendung *der Heiligen* zum Dienst gegeben.

All dieses folgt aus der Jüngerschaft. Durch sie entwickeln sich tiefe geistliche Freundschaften, die nur das Ziel haben, die biblischen Wahrheiten besser zu lernen, sie auf das Leben anzuwenden und so alle Probleme biblisch zu lösen. Sie wird immer wieder nur durch gottgeweihte Vorbilder, nie aber durch akademische Belehrung gestärkt. Daher: Jüngerschaft investiert Zeit und persönlichen Einsatz in andere Menschen. Jesu irdischer Dienst an Seinen Jüngern ist das biblische Modell. Die Gemeinden müssen ein Umfeld schaffen, das dieser Art Jüngerschaft auf allen Ebenen fördert, vom Prediger bis zum jüngsten Neubekehrten.

Ausbreitung

Die von Christus gebaute Gemeinde wird großen Nachdruck auf die Evangelisation legen, anfangend in der eigenen Stadt und ausgehend bis in die letzten Winkel der Erde (Apg. 17,6). Die jüdischen Führer sagten den Aposteln: »Ihr habt Jerusalem erfüllt mit dieser Lehre« (Apg. 5,28). In kurzer Zeit hatte die ganze Stadt davon erfahren.

Allzu viele Christen meinen, sie hätten ihrer Verantwortung als Zeugen genügt, wenn sie einen Aufkleber mit einem Fisch am Auto haben. Effektive Gemeinden heben die Wichtigkeit persönlicher Ausbreitung der Botschaft auf allen Ebenen hervor.

Unsere Gemeinde wird in manchen Kreisen für wenig evangelistisch gehalten; aber wir haben beinahe jeden Sonntagnachmittag Taufgottesdienste für Neubekehrte. Wenn sie getauft sind, legen sie vor der ganzen Versammlung ihr Zeugnis ab. Weißt du, was die meisten zu dem rettenden Glauben an Christus bringt? Ihr persönlicher Kontakt mit treuen Christen. Die Menschen in unserer Gemeinde bezeugen ihren Glauben ihren Nachbarn, den Arbeitskollegen, den anderen Eltern der Gemeinde-Grundschule und Schulfreunden, den Menschen auf dem Markt, ihren Ärzten und Rechtsanwälten und allen, denen sie begegnen. Und über die Jahre hat der Herr diese Mann-zu-Mann-Evangelisation gesegnet und mehr dadurch zum Glauben gebracht als durch alle Gottesdienste, Programme oder Veranstaltungen, die wir je durchgeführt haben.

Fehlt einer Gemeinde dieser Drang zur Ausbreitung, ist sie zum Stillstand und zum Schrumpfen und schließlich zum Untergang verurteilt. Das von Christus angewendete Mittel, Seine Kirche zu bauen, ist das treue Zeugnis der Christen von Ihm.

Sich um den anderen kümmern

In der von Christus gebauten Kirche interessieren sich die Menschen für das Leben der anderen. Die Kirche ist kein Theater, wohin die Leute gehen, um zu sehen, was sich dort abspielt. Die Menschen sollen nicht hereinkommen, sich hinsetzen, hinausgehen und weiter nichts mit der Gemeinschaft zu tun haben. Wir sind auch nicht aufgerufen, der Anonymität und dem Unbeteiligtsein Vorschub zu leisten. Statt dessen ist uns befohlen: »Laßt uns aufeinander achthaben zur Anreizung zur Liebe und zu guten Werken, indem wir unser Zusammenkommen nicht versäumen, wie es bei etlichen Sitte ist, sondern einander ermuntern« (Hebr. 10,24-25).

»Einander« ist ein oft wiederholter Ausdruck im Neuen Testament:

- »In Bruderliebe seid herzlich gegeneinander« (Röm. 12,10).
- »Seid gleichgesinnt gegeneinander« (Röm. 12,16).
- »Laßt uns nun nicht mehr einander richten, sondern richtet vielmehr dieses: dem Bruder nicht einen Anstoß oder Ärgernis geben« (Röm. 14,13).
- »... gleichgesinnt zu sein untereinander, Christi Jesu gemäß« (Röm. 15,5).
- »Deshalb nehmet einander auf, gleichwie auch der Christus euch aufgenommen hat, zu Gottes Herrlichkeit« (Röm. 15,7).
- »... einander zu ermahnen« (Röm. 15,14).
- »Durch Liebe dienet einander« (Gal. 5,13).
- »... einander ertragend in Liebe« (Eph. 4,2).
- »Seid gegeneinander gütig, mitleidig, einander vergebend, gleichwie auch Gott in Christus euch vergeben hat« (Eph. 4,32).
- »... einander unterwürfig in der Furcht Christi« (Eph. 5,21).
- »... sondern in Demut einer den anderen höher achtend als sich selbst« (Phil. 2,3).
- »Belüget einander nicht« (Kol. 3,9).
- »... einander ertragend und euch gegenseitig vergebend« (Kol. 3,13).
- »Deshalb ermuntert einander und erbauet einer den anderen« (Kol. 5,11).
- »Bekennet denn einander die Vergehungen« (Jak. 5,16).
- »Liebet einander mit Inbrunst« (1. Petr. 1,22).
- »Seid gastfrei gegeneinander ohne Murren« (1. Petr. 4,9).
- »Je nachdem ein jeder eine Gnadengabe empfangen hat, dienet einander damit« (1. Petr. 4,10).
- »Alle aber seid gegeneinander mit Demut fest umhüllt« (1. Petr. 5,5).

Diese Liste allein ist unendlich wertvoller als alle Bände über Marketing-Techniken und Benutzerfreundlichkeit, die je geschrieben wurden. In ihr finden wir die Qualitäten der von Christus gebauten Kirche. Eine Gemeinde, die dieses »einander« in die Praxis umsetzt, wird ebenfalls fürsorglich, einfühlsam und liebevoll werden, wie es ihr Baumeister selbst ist. Kommt dazu noch die richtige Anwendung der geistlichen Gaben (Röm. 12,3-8; 1. Kor. 12,4-11; 1. Petr. 4,10-11), so wächst dadurch eine Gemeinschaft, die dem Bilde Christi immer ähnlicher wird. Aber sie wird dieser Welt nicht gleichförmig sein.

Die Bindung an die Familie

Die moderne Gesellschaft hat die Familie einer beispiellosen Zerrüttung preisgegeben. Die meisten großen Probleme unserer Zeit – wie Homosexualität, Abtreibung, Feminismus, Scheidungen, Jugendkriminalität etc. – haben ihren Ursprung in kranken Familien und wirken auf diese zurück. Die Familie ist nicht mehr der Ort der stärksten Bindungen. Nur wenige bilden noch eine echte Einheit. Die Auflösung dieser Bindungen hat nicht nur die Moral untergraben, sondern destabilisiert die gesamte Gesellschaft.

Die Kirche kann sich nicht mit dieser Verwüstung abfinden. Sie muß einschreiten und korrigieren und den Familien Hilfe anbieten. Starke Familien sind das Rückgrat der Gemeinde. Und starke Familien erzeugen starke Persönlichkeiten. Wir werden teuer dafür bezahlen, wenn wir der Familie nicht einen hohen Stellenwert einräumen. Das heißt: Wir müssen den Menschen helfen, solide Ehen zu führen und stabile Familien zu bilden, indem wir die Männer lehren, ihre Frauen zu lieben und zu führen (Eph. 5,25), und die Frauen, ihren Männern untertan zu sein (5,22). Kinder müssen lernen, ihren Eltern zu gehorchen (6,1) und Eltern, ihre Kinder nicht zum Zorn zu reizen, sondern sie in Zucht und Ermahnung zum Herrn zu erziehen (6,4).

Biblische Lehre und Predigt

Keine Gemeinde kann lange gesund bleiben, wenn die Kanzel nicht stark ist. Und keine Kanzel ist stark, wenn die Bibel nicht die Grundlage der Predigt bleibt. Darum allein ging es in diesem ganzen Buch. Aber diese Botschaft ist es wert, auch noch einmal nachdrücklich bezeugt zu werden. So schreibt D. Martyn Lloyd-Jones:

> Von dem Augenblick an, wo man sich vom Predigen zu jenen anderen Hilfsmitteln wendet, wird man die Erfahrung machen, einem ständi-

gen Wechsel unterworfen zu sein. Einer der Vorteile des Alters ist der, daß man Erfahrungen gesammelt hat. Wenn dann etwas Neues aufkommt, und man sieht, wie begeistert die jungen Leute darauf ansprechen, kann es geschehen, daß man sich daran erinnert, vielleicht vor vierzig Jahren ähnlich enthusiastisch reagiert zu haben. So hat man auch Moden, Trends und »tolle Ideen« in der Kirche kommen und gehen sehen. Jede rief zu ihrer Zeit große Begeisterung hervor und wurde als *das* Mittel angepriesen, das die Kirchen füllt oder alle Probleme löst. Von jeder einzelnen Neuerung hat man das behauptet. Aber nach wenigen Jahren war alles vergessen und eine andere Sensation kam auf und danach noch wieder eine neue Idee. Hier ruft einer, er habe das einzig Notwendige entdeckt und dort prahlt ein anderer mit neuen psychologischen Erkenntnissen über den modernen Menschen. »Hier ist das Richtige!« – und alle stürzen drauf los; aber schon bald verblaßt und verschwindet es, und andere Dinge nehmen seine Stelle ein.

Dies ist leider der traurige und beklagenswerte Zustand, in dem sich die christliche Kirche befindet. Wie die Welt zeigt sie Beständigkeit nur im dauernden Wechseln ihrer Moden. In solchem Zustand fehlen ihr Stabilität und die solide Grundlage; sie ist nicht fähig, die Botschaft weiterzusagen, die seit jeher die Herrlichkeit der christlichen Kirche dargestellt hat.[4]

Die biblische Botschaft kann nicht den Wünschen der Hörer angepaßt werden, auch nicht psychologische Probleme lösen. Genauso wenig will sie amüsieren oder den Leuten Selbstzufriedenheit vermitteln oder ähnlich Törichtes bewirken, was die Kanzeln unseres unterhaltungsorientierten Zeitalters beherrscht. Biblische Predigt muß die Wahrheit Gottes hochhalten und ihr Gehör verschaffen. Innerhalb dieser Richtlinien gibt es genügend Raum für Innovation und Kreativität; aber die Botschaft selbst darf nicht im Geringsten verändert oder verkürzt werden; denn dafür trägt die Kirche die Verantwortung. Die Wahrheit der Schrift kraftvoll zu verkündigen ist das »sine qua non« der Kirche. Jede andere Predigt entspricht nicht der Würde der Kirche, die Christus baut.

Bereitschaft zur Veränderung

Gesunde Gemeinden müssen zu Veränderungen bereit sein.

Was soll das nun heißen? fragt sicher mancher. *Reden Sie nicht dem Traditionalismus in der Kirche das Wort?* Nein! Nichts in der menschlichen Tradition ist heilig. Ich halte nichts von gesetzten Formen und altmodischen Regeln. Ich stimme denen zu, die solches Beharren für schädlich halten. Ich glaube nur nicht, die Kirche müsse auf die zentrale Stellung des Wortes Gottes, das Primat der Predigt und die Fundamente der biblischen Wahrheit verzichten, um frisch und kreativ zu sein.

Jemand sagte einmal, die sieben letzten Worte der Kirche würden lauten: »Das haben wir so noch nie gemacht!« Eine unflexible Haltung ist der Ruin einer gesunden Gemeinde. Wir müssen bereit sein zu wachsen, uns anzupassen und neue Wege auszuprobieren – aber nie auf Kosten der biblischen Wahrheit und nie zum Nachteil der Evangeliumsverkündigung.

Anbetung

Ich habe die Anbetung nicht deshalb bis zum Schluß aufgehoben, weil dieses der am wenigsten wichtige Punkt ist, sondern weil er alles andere einschließt. Vor einigen Jahren habe ich ein Buch mit dem Titel *Das Allerwichtigste* geschrieben.[5] Und ich glaube ganz gewiß, daß Anbetung für die Kirche – wie für jeden Gläubigen persönlich – das Allerwichtigste ist. Wahre Anbetung umschließt und erfüllt all die anderen Wesensmerkmale der von Christus gebauten Kirche. Eine Gemeinde, die ihren Blick auf Gott gerichtet hält, wird entdecken, daß alle anderen Dinge dann von selbst ihren richtigen Platz bekommen.

Genau hier liegt das Problem mit dem marktorientierten benutzerfreundlichen Dienstansatz: Er ist menschenzentriert, nicht gottzentriert. Er kümmert sich um die Wünsche der Menschen und nicht um die Anordnungen Gottes. Er betrachtet die Kirche als etwas, was um der Menschen, nicht um Gottes willen existiert. Er arbeitet mit einer falschen Bauzeichnung und nicht mit dem Plan des Baumeisters.

Benutzerfreundliche, unterhaltungs- und marktorientierte, pragmatische Gemeinden mögen vielleicht eine Weile florieren. Zu ihrem Unglück gründet sich die ganze Bewegung aber auf augenblicklichen Modeströmungen und kann darum keinen langen Bestand haben. Sobald sich die launischen Winde drehen, wird eins von drei Dingen geschehen: Diese Gemeinden werden aus der Mode geraten und verschwinden, oder sie werden weiter dem Zeitgeist huldigen und bald gar nichts mehr mit biblischem Christentum gemein haben, oder sie werden die Notwendigkeit erkennen, neu auf einem besseren Fundament zu bauen. Mein Gebet ist fürwahr, daß sie die dritte Möglichkeit wählen und nicht warten, bis Weltförmigkeit und Kompromißbereitschaft ihre Gemeinschaft dermaßen durchsetzt haben, daß eine Umkehr nicht mehr möglich ist.

Charles Spurgeon hat geschrieben: »Es ist schwer, Sauerteig aus einem Teig zu entfernen; aber leicht, welchen hineinzubringen … Ach, möchten doch die geistlich Wachen in den Gemeinden darauf achten, und möge der Herr selbst die Pläne des Feindes durchkreuzen!«[6]

Kapitel 10

Nachwort

Auf dem »Down-Grade« rast der Zug sehr schnell bergab. Schon wieder eine Station passiert. Wie heißt die nächste? Und wie die danach?

Charles Haddon Spurgeon[1]

Wie sieht die Zukunft des Evangelikalismus aus? In einer hellsichtigen Artikelserie über die Gemeinde-Wachstums-Bewegung führt Os Guinness aus, daß der traditionelle Evangelikalismus nicht nur gegen weltliche Einflüsse resistent war, sondern dem Weltgeist auch »erkenntnismäßigen Widerstand« leistete. In der Geschichte haben sich Evangelikale immer als Menschen verstanden, die wohl in der Welt, aber nicht von der Welt waren. Jetzt allerdings, »auf dem Zenit des Modernismus, erscheint die Welt so mächtig, verführerisch und verlockend, daß die traditionelle Haltung des erkenntnismäßigen Widerstands äußerst rar, ja beinahe undenkbar geworden ist«.[2] Zu irgendeinem Zeitpunkt haben sich die Evangelikalen dafür entschieden, Freundschaft mit der Welt zu schließen.

Guinness führt aus, daß wir allerdings berufen sind, in der Welt, aber nicht von der Welt zu sein (Joh. 17,14-18), doch haben viele Christen diesen Satz umgekehrt und sagen, wir seien *von* der Welt, aber nicht so richtig *in* ihr. Das erreichten sie, indem sie dem Kabelfernsehen, den Videorecordern, dem Radio und anderen Medien erlauben, ihr Denken nach weltlichen Wertmaßstäben umzuformen, während sie sich andererseits von dem persönlichen Engagement für die Menschen in der Welt fernhalten, die doch das Evangelium so verzweifelt nötig brauchen.

»Die Evangelikalen übertreffen heutzutage bei weitem die Liberalen als religiöse Neuerer- und Kompromißfreunde«, schreibt Guinness.[3] Er meint, die unter modernen Evangelikalen so beliebte marktorientierte Philosophie sei nichts weiter als »das Recycling des Irrtums des klassischen Liberalismus«.[4]

Wie schon bemerkt, ist der Grund, weshalb die meisten Evangelikalen vor hundert Jahren auf den Modernismus hereingefallen waren, der, daß die Liberalen aus den Reihen der Evangelikalen erwuchsen und das evangelikale Vokabular benutzten. Sie fanden auch deshalb schnell Anerkennung, weil sie unentwegt für Frieden und Toleranz warben. Der neue Modernismus folgt genau diesem Muster, und die Taktik scheint die Evangelikalen auch diesmal unvorbereitet überrumpeln zu können.

Die meisten der marktorientierten Megagemeinden bestehen darauf, niemals lehrmäßige Kompromisse einzugehen. Sie sind für Evangelikale gerade deshalb so attraktiv, weil sie behaupten, in ihrer Lehre genauso orthodox zu sein, wie sie in den Methoden unorthodox sind. Sehr viele fühlen sich durch solche Versprechungen soweit beruhigt, daß sie ihre kritische Haltung aufgeben. Sie werden dadurch um so leichter verwundbar. Leider ist wirklicher Durchblick bei den modernen Evangelikalen Mangelware.

In Wahrheit ist es einerlei, *welche* lehrmäßige Position die jeweiligen Gemeinden einnehmen, weil die Lehre bei ihnen einfach keine Rolle spielt. Einer meiner Freunde wollte wissen, wie die benutzerfreundlichen Gemeinden die Lehre in ihren Dienst integrieren. Er suchte sich eine der größten und bekanntesten Gemeinden dieser Bewegung aus und bestellte mehrere Kassetten von ihren Gottesdiensten. Er bat um Kassetten, die sich besonders mit der biblischen Lehre befaßten und erhielt einige Bänder und einen Katalog. Die Katalogdurchsicht zeigte, daß sich die Predigten in dieser Gemeinde – im Verhältnis von mehr als 30 zu 1 – mit »Gegenwartsfragen« beschäftigten wie psychologischen Problemen (Depressionen, Ernährungsschwierigkeiten, Ichfindung), persönlichen Beziehungen, Motivationshilfen und anderen Themen à la Mode. Botschaften, die mit der Lehre zu tun hatten – ja selbst Predigten über einen Bibeltext –, waren rar. Ein Tonband mit dem Titel »Was kostet die Hingabe?« handelte nicht von der Hingabe an Christus, sondern von dem persönlichen Opfer, das jeder bringen muß, wenn er eine starke Beziehung zu einem anderen aufbauen will. Nachdem mein Freund stundenlang diese Bänder abgehört hatte, kam er zu der Einsicht, daß es unmöglich war, festzustellen, welche Position dieser Prediger irgendeiner der grundlegenden Lehren gegenüber einnahm. Die meisten dieser »Predigten« hätten ohne Schwierigkeiten an ganz anderen Orten gehalten werden können – etwa bei einem Fachkongreß, bei einer Schulfeier oder bei einem Kaufmannsfrühstück. Man weicht biblischen oder lehrmäßigen Themen einfach vollständig aus und benutzt die Schrift höchstens zur Illustration oder fügt den biblischen Bezug noch kurz am Ende an.

Wie die Modernisten vor hundert Jahren haben die benutzerfreundlichen Gemeinden entschieden, Lehre sei spalterisch und Friede sei wichtiger als gesunde Belehrung. Weil sie dem Zeitgeist gefallen wollen, gestalten sie ihre Botschaft zu einem freundlichen, akzeptablen und interessanten Dialog. Leider sind es meistens gerade die »interessanten« Themen, denen die Kirche um ihrer selbst willen widersprechen muß. Die meistgehätschelten Lehren unserer modernen Zeit – Radikalismus, Abtreibung, Feminismus, Homosexualität und andere politisch hochbrisante Themen – bilden für die benutzerfreundlichen Gemeinden offensichtlich große Schwierigkeiten. Ihre unklare Theologie und ihre auf den Hörer fixierte Philosophie erlauben ihnen nicht, einen festen biblischen Standpunkt einzunehmen. Denn dann hätten sie gegen den Zeitgeist verstoßen und damit ihre Marktchancen verspielt. Sie müssen also entweder den Mund halten oder kapitulieren. In beiden Fällen kompromittieren sie die Wahrheit.

Wenn eine Gemeinde nicht einmal willens ist, gegen die Abtreibung eine feste Position einzunehmen, wie kann sie dann der Erosion bei grundsätzlichen christlichen Lehren steuern? Wenn eine Gemeinde nicht genug Entschiedenheit aufbringt, solche offensichtlichen Irrtümer wie Homosexualität oder Feminismus zu verurteilen, wie wird sie dann bei Angriffen auf die eigentliche lehrmäßige Integrität reagieren?

Die Landschaft des Evangelikalismus verändert sich rapide. Die Ausgabe von *Christentum heute* vom 19. Februar 1990 brachte einen Artikel von Robert Brown mit dem Titel »Die evangelikale Megaveränderung«. Dort wird von einer augenblicklichen Welle radikalen Gesinnungswandels unter evangelikalen Theologen berichtet. Der Evangelikalismus »der neuen Serie«, wie er dort genannt wird, erweist sich demnach als haargenaue Kopie des »Auslaufmodells« Liberalismus. Durch Umdefinierung der Schlüsselbegriffe versucht diese neue Theologie, dem Christentum einen freundlicheren und liebenswürdigeren Anstrich zu verleihen.

So definiert dieser »Evangelikalismus der neuen Serie« den Begriff *Hölle* so: »Unmöglich kann jemand in die Hölle kommen, der lieber im Himmel sein möchte.«[5] Die Hölle ist nicht mehr ein Ort ewiger Qual, sondern eine Zufluchtsstätte vor der Gegenwart Gottes, die nur denen offensteht, die absichtlich dort sein wollen.

Da gibt es aber noch mehr:

> Nach der neuen Version bedeutet *Zorn* – besonders Gottes Zorn – etwas ganz anderes als früher. Zorn hat demzufolge nichts mehr mit grimmiger Strafe zu tun, sondern bezeichnet die von Gott verhängten Konsequenzen eines schädlichen oder fehlerhaften Verhaltens, wie sie von allen liebenden Eltern gezogen werden. Das Wort *Zorn*, wie es im Alten Testament gebraucht wird, gilt nicht in erster Linie als ein Wort aus der Rechtsprechung. Auf jeden Fall bedeutet es nicht, daß Menschen

für ewig in die Hölle geworfen werden. Statt dessen kann man es einfach mit »schlimmen Konsequenzen« übersetzen – die schlimmen Konsequenzen von Epidemien, Dürre und Hungersnot oder der Überfall durch wilde Tiere und feindliche Heere, Erfahrungen, wie wir sie im »Hier und Jetzt« erleben können.[6]

Damit nicht genug. »*Sünde* verändert ebenfalls ihre Bedeutung … Während nach der altmodischen Theologie schon eine Sünde ausreichte, uns ins ewige Verderben zu stürzen, kann man nach der neuen Version nicht an Sünde denken, ohne zugleich auf die väterliche Fürsorge Gottes zu verweisen. Wie bei liebenden Eltern erfordern Sünde und schlechtes Betragen Disziplinierung und Korrektur heraus, aber nur, um dem Kind zu einem Gesinnungswechsel zu verhelfen. Niemals aber geschieht es, um das Kind von der elterlichen Gemeinschaft auszuschließen.«[7] Das heißt, niemals würde die Sünde für Gott ein Grund sein, jemanden in die Hölle zu werfen.

Nach der neumodischen Theologie ist das Hauptkennzeichen Gottes Seine Güte. Völlig übersehen wird dabei Seine Heiligkeit und Gerechtigkeit, Sein Zorn und Seine Souveränität. Gott wird als *Richter* nur in dem Sinne gesehen, daß er der »Verteidiger Seines Volkes« ist. Sein ausschließliches Interesse gilt »der Freiheit und dem Frieden der Menschen«.[8] Darüber hinaus ist die neumodische Kirche nicht berufen, sich der Welt entgegenzustellen, sondern »die Liebe Gottes kundzutun und zu sagen: ›Dir sind deine Sünden vergeben‹, wie Jesus tat, und die Hilfsquellen des Geistes allen zu erschließen, die lernen möchten, wie man Gott und seinen Nächsten liebt und an ihnen seine Freude hat.«[9]

Wenn es irgendwo eine benutzerfreundliche Theologie gibt, dann hier. Aber sie ist nicht biblisch und ebenso wenig ist sie neu. Hier wiederholt sich nur der alte Liberalismus. Es sind die gleichen Argumente und die gleichen Thesen, denen die Liberalen seit Jahren huldigen – nur firmieren sie jetzt unter dem Titel »evangelikal«. Lassen wir uns nicht von dem Etikett betrügen! Spurgeon schrieb: »Es sind leere Phrasen, wenn sie schreien: ›Wir sind evangelikal; wir sind evangelikal!‹ wenn sie dabei verschweigen, was evangelikal bedeutet.[10] ›Du magst etwas, alles oder nichts glauben, du gehörst doch zur evangelikalen Truppe‹ – *so sagen sie wenigstens.* Wird nirgends ein aufrechter, wirklicher ›Evangelikaler‹ unter den Dissidenten aufstehen, der diese schreckliche Liberalität entlarvt und ihr entgegentritt? Schlafen alle Wächter? Ist allen Gemeinden alles einerlei?«[11]

Nach der neuen Theologie war »das Kreuz keine vom Recht geforderte Bezahlung, sondern der sichtbare Ausdruck der ewigen Natur als Sohn in

Raum und Zeit«.[12] Das ist nichts anderes als die Neuformulierung der zentralen Behauptung der liberalen Theologie, das Rettungswerk Christi sei keine stellvertretende Versöhnung, sondern diene lediglich als Sein moralisches Vorbild. Das ist ein Angriff auf die wichtigste Wahrheit der evangelikalen Theologie und beweist unzweifelhaft, daß manche, die sich gern evangelikal nennen, die Warnschilder längst überfahren haben und nun achtlos und ungebremst den Hang hinabsausen.

Benutzerfreundlichen Gemeinden fehlen die Mittel, sich gegen diese neumodische Theologie zur Wehr zu setzen. Ihre marktorientierte Philosophie erlaubt ihnen kaum, eine genügend feste lehrmäßige Stellung zu beziehen, von der aus sie diesem Neo-Liberalismus entgegenzutreten vermögen. Ihre Vorstellungen über Gemeindeleitung läßt sie eher nach Marktschreiern mit Verkaufstalent Ausschau halten als nach Predigern, die von der Bibel her zum Lehren qualifiziert sind. Ihre Auffassung von kirchlicher Arbeit ist so wenig lehrmäßig gegründet, daß sie einfach nicht in der Lage sind, ihre Mitglieder gegen klug eingefädelte Irrtümer zu wappnen. Weil sie jegliche Auseinandersetzung scheuen, können sie sich nicht gegen falsche Lehren zur Wehr setzten, wenn diese sich noch dazu als »evangelikal« maskieren. Dazu kommt, daß die neumodische Theologie der benutzerfreundlichen Philosophie wie auf den Leib geschrieben ist. Warum sollten sich benutzerfreundliche Gemeinden ihr dann widersetzen?

Wir aber müssen uns dem widersetzen, wenn wir dem Worte Gottes treu bleiben und am Zeugnis für das Evangelium festhalten wollen. Der Pragmatismus hält keine Antworten für die Bedrohungen bereit, denen biblisches Christentum ausgesetzt ist. Der Pragmatismus ist fleischliche Weisheit – ohne den Heiligen Geist und in Widerspruch zu Gottes Wort. (In Anhang 3 findet sich eine im achtzehnten Jahrhundert verfaßte Gegenüberstellung von fleischlicher und geistlicher Weisheit, die genauso gut auf den Pragmatismus unseres Jahrhunderts anzuwenden ist.)

Marketing-Techniken haben nichts zu bieten als die Verheißung auf Popularität und weltliche Anerkennung. Ganz gewiß geben sie aber keinerlei Sicherheit in bezug auf die Gefahren des Niedergangs.

Die einzige Hoffnung liegt in der Rückkehr zur Bibel und zu gesunder Lehre. Wir Evangelikalen müssen unbedingt unsere Berufung, biblisch zu sein, wiederbeleben. Wir müssen die Kumpanei mit der Welt aufgeben, bereit sein, für unseren Glauben einzustehen und uns falscher Lehre widersetzen. Solange wir nicht alle zusammen wach werden und die heute unseren Glauben bedrohenden Gefahren erkennen, wird uns der Feind von innen her angreifen, und wir werden ihm nichts entgegensetzen können.

Die Geschichte wird sich wiederholen, und das Unheil, das über die Kirche vor hundert Jahren hereinbrach, wird auch unsere Generation treffen.

> *Ja gewiß, es muß einer her, der die erbärmliche Friedensliebe von sich wirft und für unseren Herrn und für Seine Wahrheit eintritt. Der Geist eines Feiglings ist in vielen, und ihre Zungen sind gelähmt. O, daß wahrer Glaube und heilige Begeisterung hervorbrechen möchten!*
>
> Charles Haddon Spurgeon[13]

ANHANG 1

Spurgeon und die »Down-Grade-Kontroverse«

(Gegen Ende des puritanischen Zeitalters) gerieten auf diese und jene Weise zunächst die Pastoren und dann die Gemeinden in den »Down-Grade«. In einigen Fällen vollzog sich der Niedergang rasend schnell, aber verheerend wirkte er sich überall aus. Im gleichen Maße, wie die Prediger von dem gottseligen Leben des alten Puritanismus und von der alten calvinistischen Lehrmeinung abfielen, wurden sie gewöhnlich auch weniger ernsthaft. Ihre Predigt verlor die Schlichtheit. Sie wurde spekulativ und weniger geistlich in der Behandlung der Texte. Sie hielt sich mehr mit den moralischen Aspekten des Neuen Testaments als mit den großen, zentralen und uns geoffenbarten Wahrheiten auf. Natürliche Theologie nahm oftmals die Stellung ein, die den großen Wahrheiten des Evangeliums zukommt, und die Predigten wurden immer christusloser. Die daraus resultierenden Veränderungen im Leben, zuerst bei den Predigern und später auch bei dem Volk, traten nur allzubald in Erscheinung.

The Sword and the Trowel[1]

Im März 1887 veröffentlichte Charles Spurgeon in seinem Monatsblatt *The Sword and the Trowel* den ersten von zwei Artikeln mit dem Titel »The Down Grade«. Die Artikel erschienen anonym; aber der Verfasser war Robert Shindler, Spurgeons enger Freund und Mitpastor in seiner Baptistengemeinde. Shindler schrieb diese Artikel unter Spurgeons Einfluß. Dieser fügte auch noch eine persönliche Bemerkung an: »Diese Schrift wird der ernstesten Aufmerksamkeit anbefohlen. Wir rasen dem Abgrund in halsbrecherischem Tempo entgegen.«[2]

Indem er den Weg des Evangelikalismus von den Tagen der Puritaner bis in seine Zeit nachzeichnete, machte er deutlich, daß jeder Erweckung zu wahrem evangelischem Glauben innerhalb einer oder zweier Generationen ein Abdriften von der gesunden Lehre folgte, das dann schließlich zu völligem Abfall führte. Er verglich dieses Abdriften von der Wahrheit mit einer Talfahrt an einem Hang. Darum nannte er es den »Down-Grade« (den Niedergang).

Down-Grade I

In dem ersten Artikel stellte Shindler die Geschichte der hauptsächlichen protestantischen Denominationen in England seit dem Verschwinden des Puritanismus dar. Er führte aus, daß in der ersten Generation nach der puritanischen Ära praktisch alle nicht-konformistischen (nicht-anglikanische Protestanten) Denominationen in England von der Orthodoxie zu einer älteren Form theologischer Liberalität, dem sogenannten *Socinianismus*, abglitten. (Dieser leugnet die Ursünde und die Gottheit Christi.) Shindler beschrieb, wie Hunderte von post-puritanischen Gemeinden die gesunde Lehre zugunsten rationaler Skepsis sowie unitarischer und anderer liberaler Glaubenssätze aufgegeben hatten. Das Abgleiten begann gewöhnlich ganz langsam, fast unmerklich. Er legte die Vermutung nahe, daß die Kirchen vielfach in den »Down-Grade« gerieten, wenn sie den *Calvinismus* aufgaben (der Gottes Souveränität bei der Errettung betont), und sich dem *Arminianismus* zuwandten (der den menschlichen Willen zum entscheidenden Faktor macht). Andere huldigten dem *Arianismus* (der die volle Göttlichkeit Christi leugnet). Wieder andere waren allzu sehr von Wissenschaft und Weltklugheit angetan, was zum Verlust ihres Eifers für die Wahrheit führte.

»Die ersten, mit denen es bergab ging, waren die Presbyterianer«, schrieb Shindler. Sie schlugen den Weg weltlicher Weisheit ein: »Sie legten mehr Wert auf klassische Bildung und andere Zweige der Wissenschaft ... Sie konnten darum leicht auf eine falsche Fährte geraten, weil sie mehr auf die klassische Bildung ihrer Pastoren achteten als auf deren geistliche Qualifikation. Sie legten mehr Wert auf Gelehrsamkeit und Redekunst als auf biblischen Eifer und die Fähigkeit, das Wort der Wahrheit recht zu teilen.«[3]

Er fuhr fort:

> Wie es Leuten, die im Niedergang begriffen sind, gewöhnlich geht, so fuhren auch in dem »Down-Grade« manche weiter, als sie beabsichtigt hatten, was uns zeigt, daß das Einsteigen in diesen Zug leichter als das Aussteigen ist. Und wenn die Bremsen fehlen, kann man nicht mehr anhalten. Wer sich vom Calvinismus abgewendet hatte, wird im Traum nicht daran gedacht haben, er würde später auch die wahre Göttlichkeit des Sohnes Gottes leugnen und damit seinen Glauben an Seinen Sühnetod und Seine rechtfertigende Gerechtigkeit widerrufen, auch nicht, daß er die Lehre von der menschlichen Verlorenheit, von der

> Notwendigkeit einer göttlichen Erneuerung und von der Unerläßlichkeit des gnädigen Wirkens des Heiligen Geistes, um neue Geschöpfe zu werden, ablehnen würde; aber, ob davon geträumt oder nicht – genau dieses trat ein.[4]

Wie Shindler sagt, ließen einige ihren Glauben ganz öffentlich fahren. Aber viele verbargen absichtlich ihre Skepsis und ihre Irrlehren und zogen es vor, die Saat ihrer Zweifel auszustreuen und dabei als orthodoxe Gläubige zu erscheinen. »Diese Leute verschlimmerten ihre eigene Verdammnis und bewirkten durch ihre Heuchelei und ihre Verführung für viele ihrer Nachfolger ein ewiges Verderben (siehe Matth. 23,15), indem sie sich für Gesandte Christi und Verkünder Seines herrlichen Evangeliums ausgaben. Ihr Ziel aber war, Seine Ansprüche zu ignorieren, Seine Rechte zu leugnen, Sein Wesen herabzusetzen, das herrliche Kleid Seiner Errettung zu zerreißen und Seine Krone in den Staub zu trampeln.«[5]

Viele, die dem Glauben treu geblieben waren, lehnten es trotzdem ab, für das, was sie glaubten, zu kämpfen. Evangelische Predigten waren oft kalt und ohne Leben; und selbst solche, die an der gesunden Lehre festhielten, achteten wenig darauf, wo sie die Grenze ihrer Verbindung mit anderen ziehen mußten: »Solche, die wirklich orthodox dachten, waren zu oft lau und untreu bei der Zulassung häretischer Prediger zu ihren Kanzeln, sei es für dauernd oder bei gelegentlichen Predigten. So gelangten Arianer und Socianer in die presbyterische Gemeinde in Exeter.«[6]

Auf diese Weise machte nach wenigen Jahrzehnten das Feuer des Puritanismus, das einst die englische Seele durchglühte, einer trockenen, apathischen und häretischen Lehre Platz. Die Gemeinden wurden lau und nahmen Ungläubige in ihre Reihen auf. Leute, die nach Shindlers Worten »dem Werk erneuernder Gnade fremd geblieben« waren, behaupteten trotzdem, Christen zu sein und wurden als Mitglieder – ja, sogar als Leiter – anerkannt. Solche Leute wählten sich dann »Pastoren nach ihrem eigenen Herzen, Männer, die nur Frieden, Frieden! schreien konnten und es auch taten und dabei den einzigen Weg zum Frieden ignorierten oder verleugneten.«[7]

Shindler beendete den ersten Artikel über den »Down-Grade« mit diesen Worten: »Diese Tatsachen fügen sich zu einer Lektion für die Gegenwart. In vielen Fällen ist eins nur allzu deutlich erkennbar: Die Menschen wollen gern das Alte drangeben und etwas Neues haben. Aber für gewöhnlich hat sich in der Theologie herausgestellt, daß das Wahre nicht neu und das Neue nicht wahr ist.«[8]

Down-Grade II

Im April brachte *The Sword and the Trowel* einen zweiten Artikel unter der Überschrift »The Down-Grade« heraus. Darin setzte Shindler seinen historischen Rückblick auf den Niedergang des Puritanismus fort. Er gab den kirchlichen Führern die Schuld an dem Abgleiten. Selbst solche, die in ihrer Lehre noch orthodox waren, kämpften nicht ernsthaft genug (Judas 3), sondern verteidigten den Glauben nur halbherzig, sagte Shindler. Als Beispiel nannte er Philip Doddridge (1702-1751), den auch heute noch bekannten Dichter der Lieder »O Happy Day« und »Grace 'Tis a Charming Sound«. Doddridge war nach Shindler »ebenso gesund wie liebenswert; aber vielleicht hatte er nicht genügend nachgedacht; oder er hatte vielleicht eher zuviel nachgedacht, und das dann nicht entschieden und mutig genug in die Tat umgesetzt.«[9]

Doddridge war der Prinzipal jener Akademie, wo die meisten non-konformistischen Pastoren im achtzehnten Jahrhundert ausgebildet wurden. Shindler urteilte, daß »(Doddridges) Liebenswürdigkeit ihm Dinge zu tun erlaubte, die Leuten strengerer Wesensart nicht getan hätten. Er verband sich manchmal allzu fraternisierend sogar in bezug auf den Kanzeltausch mit Leuten, deren Orthodoxie angezweifelt werden mußte. Das wirkte sich auf viele junge Leute aus und bewirkte, daß die Menschen im allgemeinen immer unempfindlicher für die zunehmenden Abweichungen wurden.«[10] Mit anderen Worten: Shindler empfand, daß durch Doddridges Toleranz gegenüber unorthodoxen Lehrern den Theologiestudenten die schreckliche Wahrheit verschleiert wurde, daß diese Leute sich eines schweren Irrtums schuldig gemacht hatten. So setzte er die Studenten den todbringenden Auswirkungen dieser Häresie aus. Shindler beeilte sich aber hinzuzufügen, niemand »kann auch nur auf die Idee kommen, Doddridge selbst der Häresie zu verdächtigen«. Wegen dieser von Doddridge eingeführten Toleranz erlag die Akademie schließlich dem Socinianismus und löste sich schon in der nächsten Generation auf.[11]

Shindler zitierte Hosea 4,9: »... so wird wie das Volk der Priester sein«, und schrieb dazu: »Nur wenig Gutes kann von diesen Predigern erwartet werden, und nur wenig Hoffnung besteht für die Hörer, die solche Meinungen gutheißen.«[12] Er warnte vor der Toleranz und meinte, es sei besser, einmal zu vorsichtig zu sein:

> In zu vielen Fällen scheint die Dreistigkeit der Skeptiker den Eifer für das Evangelium verdrängt zu haben, und das leere Stroh theologischer

> Spekulationen wird dem gesunden Brot evangelischer Wahrheit vorgezogen. Einige scheinen nicht danach zu streben, möglichst fest und treu in der Wahrheit zu wandeln, sondern auszuprobieren, wie weit sie sich davon entfernen können. Für sie ist die göttliche Wahrheit wie ein Löwe oder Tiger, um den sie einen weiten Bogen machen. Unser Rat ist: Gehe nicht zu nahe an den Abgrund, du kannst ausgleiten und hinabstürzen. Bleibe auf festem Grund; wage dich nicht auf brüchiges Eis![13]

Er nannte dann ein besonderes Beispiel, wo Toleranz zum Desaster wurde: »Das Kuckucksei des Darwinismus wurde in einer Kirchenbank der alten Kapelle in der High Street von Shrewbury ausgebrütet.« Dort wurde Charles Darwin zum erstenmal mit dem Skeptizismus in Berührung gebracht, und zwar von einem Pastor, der vom Socinianismus verzaubert war. Auch in der Kapelle, in der einst Matthew Henry, der berühmte Autor eines Kommentars zur ganzen Bibel, seinen Dienst tat, wird seit Jahren der reinste Socinianismus gelehrt.[14]

Auch die Baptisten hatten nach Shindler ihren Anteil an den Gemeinden auf dem »Down-Grade«. Er nannte einige von ihnen aus der Grafschaft Kent, die dem Socinianismus verfallen waren, wie Dover, Deal, Wingham und Yalding.

Aber, so fügte er hinzu, es gäbe einige bemerkenswerte Ausnahmen von der Regel. Solche Gemeinden waren willens, für den Glauben zu kämpfen und die Lehre von der Gnade und Souveränität Gottes aufrechtzuerhalten. Diesen gelang es, dem Schicksal des »Down-Grade« zu entgehen. Sie waren seltene Beispiele für den »Up-Grade« (Aufstieg) und standen, wie Shindler sagt, in starkem Kontrast zum allgemeinen »Down-Grade«.

Wie konnten so viele bibelgläubige Gemeinden auf die abschüssige Bahn geraten? Und warum kommt das in der Geschichte der Menschen immer wieder vor? Shindler geht diesen Fragen nach:

> Zu jedem falschen Weg führt immer ein erster falscher Schritt. Können wir ihn erkennen, so sind wir in der Lage, ihn und seine Folgen zu vermeiden. Wo nun liegt dieser Punkt, an dem wir von der königlichen Straße der Wahrheit abweichen? Was ist der erste falsche Schritt? Ist es der Zweifel an dieser Lehre oder die Infragestellung dieser Geisteshaltung oder die skeptische Haltung gegenüber anderen Artikeln des orthodoxen Bekenntnisses? Wir glauben es nicht. Diese Zweifel und diese Skepsis sind aus etwas entstanden, was schon vorausgegangen ist.[15]

Worin besteht dieses »etwas«? Was war der gemeinsame Nenner bei allen, die in den »Down-Grade« geraten sind?

> Der erste falsche Schritt ist der Mangel an dem nötigen Glauben an die göttliche Inspiration der Heiligen Schrift. Solange ein Mensch sich vor der Autorität des Wortes Gottes beugt, wird er sich keinen Gedanken gestatten, der gegen diese Lehren verstößt. »Zum Gesetz und zum Zeugnis«, so geht er an jede Lehre heran. Er hält das ganze Buch wert und untersucht alles, um richtig zu handeln. Darum haßt er jeden falschen Weg. Fängt aber ein Mensch zu fragen an oder gering von der Inspiration und Autorität der Bibel zu denken, so ist er ohne Kompaß, der ihn leitet und ohne Anker, der ihn hält.
>
> Bei genauem Hinblick auf die Zeitläufe und ihre Bewegungen, wie wir sie kurz geschildert haben, wird eins deutlich: Wo immer Prediger und Gemeinden an der Wahrheit festgehalten haben, daß die Heiligen Schriften uns von Gott als unfehlbare und autoritative Richtschnur für Praxis und Leben gegeben wurden, da sind sie niemals ernsthaft auf Abwege geraten. Wo man aber statt dessen Vernunftsschlüsse über die Offenbarung stellte und sie nach unseren Meinungen interpretierte, führte das zu jedem möglichen Irrtum und Unheil.[16]

Shindler stellte eine enge Beziehung zwischen Calvinismus und hoher Wertschätzung der Bibel fest, indem er meinte, die große Mehrheit derer, die an der Autorität der Schrift festhielten, seien »mehr oder weniger calvinistisch in der Lehre«.[17]

In der Spalte »Notizen« derselben Ausgabe von The *Sword and the Trowel* fügte Spurgeon noch hinzu: »Uns geht es weit mehr um die zentralen biblischen Wahrheiten als um den Calvinismus als System; aber wir sind von der konservativen Kraft des Calvinismus überzeugt, die den Menschen hilft, an den vitalen Wahrheiten festzuhalten.«[18]

Beide, Spurgeon und Shindler, sagten ganz klar, daß eine hohe Wertschätzung der Schrift mit einer hohen Anschauung von der Souveränität Gottes Hand in Hand gehen. Darüber hinaus stellte Shindler fest, daß Gemeinden, die an profunder Lehre festhalten, gesund und blühend bleiben, wohingegen solche, die dem Socinianismus verfallen, unausweichlich verkümmern und sterben. Shindler zitiert den Pastor Job Orton, einen Mann mit offensichtlich socinianistischen Neigungen, der trotzdem eine Warnung an solche Pastoren verfaßt hatte, die mit dem Liberalismus flirteten:

> Schon lange habe ich entdeckt, und je länger ich lebe, um so deutlicher wird es mir: Wenn Pastoren ihre Leute mit munteren und hübschen Dingen unterhalten, sich auf allgemeine Appelle beschränken, im Grunde nur Moral predigen, ohne sie herzlich und eindringlich durch evangelikale Motivationen zu stärken – dabei die wesentlichen Bestandteile des Evangeliums außer acht lassen, nie oder selten die Gnade Gottes vor ihnen entfalten, dazu die Liebe Christi, die Er in unserer Erlösung bewiesen hat; auch nicht auf die Notwendigkeit der Wiedergeburt und der Heiligung und auf die beständige Abhängigkeit von dem Heiligen Geiste Gottes hinweisen, damit wir Beistand und Kraft für die Aufgaben eines christlichen Lebens erhalten – dann befinden sich ihre Gemeinden in einem erbärmlichen Zustand. Einige schwinden ganz und gar dahin. Das sehen wir bei einigen in unserer Nachbarschaft, wo sich noch vor fünfzig Jahren fünfmal so viele versammelten … Ein fataler Leichengeruch schwebt über diesen Versammlungen. Sie folgen dem Treiben dieser Welt, machen jede Torheit mit; die Familie zählt im allgemeinen ebensowenig wie die persönliche Gottseligkeit. Man kann kaum irgendwo Leben und Hingabe entdecken.[19]

Shindler fügt etwas sarkastisch hinzu: »Es scheint, als ob Orton die Torheit seines ›Down-Grade‹-Kurses erkannt hatte und nun bemüht war, davon Zeugnis abzulegen, um andere von diesem Wege abzuhalten.«[20]

Dann beschloß er seinen Artikel mit dem Hinweis auf die zentrale Bedeutung und die Allgenugsamkeit des Wortes Gottes:

> Aber lassen wir Menschen und Meinungen – das Wort Gottes bleibt ewig bestehen; und für alle, die sich überwinden, Gottes Boten zu sein und Gottes Botschaft an die Menschen zu richten, gilt: »Wer mein Wort hat, rede mein Wort in Wahrheit! Was hat das Stroh mit dem Korn gemein? spricht der HERR.«
>
> Der Herr helfe uns, damit auch wir seien »fest, unbeweglich, allezeit überströmend in dem Werke des Herrn«, da auch wir wissen, daß unsere »Mühe nicht vergeblich ist in dem Herrn«.[21]

Mit diesem zweiten Teil endete die Serie.

Shindler fügte für die Juniausgabe von *The Sword and the Trowel* noch einen dritten Artikel hinzu. Darin analysiert er einen Fall von Häresie aus Amerika, in den einige Professoren des Theologischen Seminars Andover in Andover bei New York verwickelt waren. Andover war hundert Jahre früher gegründet worden, weil sich der Socinianismus in Harvard ausgebreitet hatte. Die Gründer »waren gesunde Calvinisten, und das College war zu dem speziellen Zweck gegründet worden, die Menschen in diesem Glauben auszubilden«.[22] Shindler beschuldigte »die fünf Herren, die jetzt die professoralen Lehrstühle einnehmen«, sie hätten »den Glauben der Gründer gravierend verändert«. Sie taten das in betrügerischer Absicht, sagt Shindler. Nachdem sie durch Unterschrift die Lehrgrundsätze der Schule anerkannt hatten, unterminieren sie diese jetzt durch ihre Lehre, die einige von ihnen »progressive Orthodoxie« nennen. Shindler beurteilte das so: »In der Tat, die *Progression* ist dermaßen bemerkenswert, daß man die ›Orthodoxie‹ überhaupt nicht mehr sehen kann.«[23] Dann fuhr er fort, die von diesen Menschen verbreiteten Häresien aufzuzählen, die zwar im ausgehenden neunzehnten Jahrhundert noch nicht so kraß waren, aber doch schon ernsthafte Beschädigungen des Glaubens darstellten.

Shindler erblickte in der Andover-Tragödie ein Lehrbeispiel für den »Down-Grade«, und er zögerte nicht, bei dieser Gelegenheit anhand der amerikanischen Baptisten zu zeigen, daß sich die Baptistenunion in England auf dem gleichen Abwärtstrend bewegte.

Drei Monate später schrieb Charles Haddon Spurgeon selbst über den »Down-Grade«. Die Kontroverse hatte gerade erst begonnen.

Down-Grade III

Im August stand in *The Sword and the Trowel* ein Artikel von Spurgeon mit dem Titel »Noch ein Wort betreffs des ›Down-Grade‹«. Der Ton dieses Artikels war dringlicher als die Shindlerschen. Diese hatten offenbar zwei grundsätzlich verschiedene Antworten provoziert – Mißvergnügen bei solchen, die Shindlers Analyse für zu pessimistisch hielten und herzliche Zustimmung bei denen, die ebenfalls um die Trends im englischen Evangelikalismus besorgt waren.

Von denen, die mit Shindlers Warnrufen übereinstimmten, kamen weitere Beispiele für Abfall und Nachgiebigkeit in früher gesunden Gemeinden. Spurgeon las diese, und sein Zorn schwoll an. Einer schrieb, zwei Pastoren hätten ihn ausgelacht, »weil ich meinte, wir sollten um Regen beten«. Eine Frau berichtete Spurgeon, daß »eine wunderbare Verheißung aus Jesaja, die sie sehr getröstet hatte, von ihrem Pastor als nicht-inspiriert bezeichnet worden war«.[24] Die Redaktion des *The Sword and the Trowel* wurde mit solchen Meldungen überschwemmt.

Vom ersten Satz an war Spurgeon militanter und eindringlicher, als es Shindler in den früheren Artikeln gewesen war. In den Wochen, die seit den ersten beiden Artikeln vergangen waren, gelangte Spurgeon offenbar zu der Einsicht, *The Sword and the Trowel* habe den Ernst des »Down-Grade« bisher nicht genügend erfaßt:

> Unsere ernste Überzeugung ist, daß die Dinge in vielen Gemeinden viel schlimmer sind, als es bisher den Anschein hatte, und daß es rapide abwärts geht. Lest die Veröffentlichungen aus den Kreisen der Dissidenten; es ist, als fragten sie: Wieviel weiter kann man noch gehen? Welche Lehre könnte man noch über Bord werfen? Welche weitere Wahrheit könnte man zum Objekt des Zweifels machen? Eine neue Religion wurde installiert, die mit Christentum sowenig zu tun hat wie Kreide mit Käse; und da es dieser Religion an Moral und Anstand fehlt, gibt sie sich für den alten Glauben mit leichten Verbesserungen aus; und mit diesem Vorwand besetzt sie widerrechtlich Kanzeln, die zur Verkündigung des Evangeliums errichtet wurden.[25]

Anstelle der Evangeliumsverkündigung unterstützte diese »neue und verbesserte« Variante des Christentums die Vergnügungen. Spurgeon zeigte warnend auf, daß sich viele Kirchen in »Spielhäuser« verwandelt hätten, indem man den Inhalten und Techniken des Theaters erlaubte, in das Heiligtum des Herrn einzudringen.

Spurgeon stellte fest, daß es in vielen Gemeinden keine Gebetsversammlungen mehr gab. Geistlicher Eifer schwand dahin, Versammlungen schmolzen zusammen, und der Drang, das Evangelium zu verkünden, würde bald ganz verlöschen. »Leider sind viele zu den vergifteten Bechern zurückgekehrt, an denen sich die nach-puritanische Generation berauscht hatte … Allzuviele Pastoren spielen mit der tödlichen Kobra: ›ein anderes Evangelium‹, das sie als ›die neuen Gedanken‹ ausgeben.«[26]

Wer trug die Hauptschuld an diesem Niedergang? Spurgeon meinte, es seien die Pastoren: »Der Fall ist beklagenswert. Gewisse Pastoren produzieren Ungläubige. Erklärte Atheisten sind zehnmal weniger gefährlich als solche Prediger, die Zweifel säen und dem Glauben in den Rücken fallen … Deutschland wurde durch seine Prediger ungläubig, und England folgt seinen Spuren.«[27]

Spurgeon gab sich keine Mühe, seine Verachtung gegenüber den Modernisten zu verbergen: »Diese Zerstörer unserer Gemeinden scheinen mit ihrem Werk genauso zufrieden zu sein, wie Affen, wenn sie alles zerfetzt haben. Worüber ihre Väter gewehklagt hätten, dessen rühmen sie sich: daß die Armen und die einfachen Leute der Kirche entfremdet werden, betrachten sie als Kompliment, und den Kummer der Geistlichgesinnten sehen sie als Beweis ihrer Macht an.«[28]

Allen denen, die sich durch solche Offenheit abgestoßen fühlten, schrieb Spurgeon: »Ein deutliches Wort brächte gerade jetzt eine ganze Menge Gutes. Diese Herren aber möchten in Ruhe gelassen werden. Sie mögen keinen Lärm. Allerdings – Diebe hassen Wachhunde und lieben die Finsternis. Es wird höchste Zeit, daß jemand Alarm schlägt und laut und deutlich sagt, wie und wo Gott die Ehre geraubt und die Menschen um ihre Hoffnung betrogen werden.«[29] Am Ende des Artikels feuerte Spurgeon jene geballte Ladung ab, die zum erstenmal den Gedanken in die Debatte warf, auf den sich der ganze spätere Streit konzentrierte:

> Es erhebt sich jetzt die ernste Frage, wie weit diejenigen, die an dem einmal den Heiligen überlieferten Glauben festhalten, mit denen fraternisieren dürfen, die sich zu einem anderen Evangelium umgewendet haben. Christliche Liebe hat ihre Berechtigung, und Trennungen sind als schmerzliche Übel zu betrachten; aber inwieweit ist eine Verbindung mit denen zu rechtfertigen, die von der Wahrheit abgewichen sind? Die Frage ist schwierig zu beantworten, wenn wir die Balance zwischen beiden Anforderungen halten wollen. Im Augenblick haben die Gläubigen auf der Hut zu sein; sie könnten sonst ihren Beistand und ihre Unterstützung den Verrätern des Herrn gewähren. Es ist eine Sache, die Grenzen denominationeller Beschränkung um der Wahrheit willen zu überspringen: Dieses werden hoffentlich alle frommen Menschen immer mehr tun. Eine völlig andere Taktik läge darin, wollte man uns nötigen, die Verteidigung der Wahrheit denominationellen Interessen und der Einheit unterzuordnen. Zahlreiche leichtgläubige Menschen drücken bei Irrtümern ein Auge zu, solange diese von einem intelligenten Menschen oder einem freundlichen Bruder vorgetragen werden, der doch so viele nette Seiten hat … Mag nun jeder Gläubige für sich selbst urteilen: Wir für unseren Teil haben ein paar zusätzliche Riegel an unserer Tür angebracht und den Auftrag gegeben, die Kette vorzuhängen; denn unter dem Vorwand, mit dem Knecht Freundschaft schließen zu wollen, beabsichtigen sie, den Herrn zu bestehlen.[30]

Spurgeon war jetzt zu der Ansicht gelangt, treue Gläubige könnten Gründe haben, ihre organisatorischen Bindungen von denen zu lösen, die der neuen Theologie Vorschub leisteten. Seiner Einschätzung nach war die Wahrheit des Wortes so stark gefährdet, daß wahre Christen den Befehl aus 1. Korinther 6,17 in Betracht zu ziehen hätten: »Darum geht aus ihrer Mitte aus und sondert euch ab, spricht der Herr, und rührt Unreines nicht an.« Das war kein Ruf in eine neue Denomination. Spurgeon mißtraute ganz deutlich allen Organisationen:

> Wir halten es für hoffnungslos, jemals eine Gruppe bilden zu können, die in der Lage wäre, solche Menschen fernzuhalten, die erbärmlich genug sind, eine Sache zu bekennen und eine andere zu glauben; aber vielleicht ist es möglich, mit allen in informellem Kontakt zu bleiben, die am Christentum ihrer Väter festhalten. Mag man auch nur wenig erreichen, so könnte man doch protestieren. Außerdem machte man sich nicht durch konspiratives Stillschweigen der Komplizenschaft schuldig – soweit das eben möglich ist. Wenn die Evangelikalen für eine Weile zum Untergang verurteilt sind, dann laßt sie kämpfend sterben, in der vollen Gewißheit, daß ihr Evangelium eine Auferstehung erleben wird, wenn die Erfinder der »neuen Ideen« mit unauslöschlichem Feuer brennen werden.[31]

Der Artikel schockierte die evangelikale Welt. Spurgeon, der seit Jahrzehnten weltweit von beinahe allen Evangelikalen hoch geschätzt war, wurde plötzlich mit Kritik aus dem eigenen Lager überschüttet. Was er vorschlug, stand im diametralen Gegensatz zu der übereinstimmenden Ansicht aller Evangelikalen. Da war nur immer von Vereinigung, Harmonie, Verschmelzung und Brüderlichkeit die Rede. Plötzlich erscholl eine einsame Stimme – allerdings die einflußreichste von allen –, die von den wahren Gläubigen verlangte, sie sollten Separatisten werden. Die Kirche war weder darauf vorbereitet, noch war sie willens, diesen Rat anzunehmen – auch nicht von dem »Fürsten unter den Predigern«.

Down-Grade IV

Trotz der Bitten einiger Brüder, er möge sich in seiner Wortwahl mäßigen und seine Anklagen mildern, verschärfte sich der Ton im Septemberartikel des *The Sword and the Trowel* noch weiter. Leserzuschriften auf die früheren Artikel bestärkten Spurgeon nach seiner Meinung in seinen Ansichten. Die Briefe bestätigten seine schlimmsten Befürchtungen. Ja, er meinte fast, sein Alarm sei zu verhalten gewesen und käme zu spät:

> Nach besten Kräften haben wir in Zion wegen der zunehmenden Übel unserer Tage Alarm geschlagen; und wir haben Beweise genug, daß es höchste Zeit war. Briefe von allerorts haben uns gezeigt, daß es um die Kirche gegenwärtig noch schlechter bestellt ist, als wir dachten. Wie es scheint, haben wir uns keiner Übertreibungen schuldig gemacht, sondern hätten eher Berechtigung, ein noch weit schrecklicheres Bild zu zeichnen. Diese Tatsache bereitet uns große Sorge. Hätte man uns überzeugt, wir hätten die Sache falsch beurteilt, so hätten wir alles widerrufen und dafür ernstlich Buße getan, andererseits hätten wir uns gefreut, daß unsere Sorgen zerstreut wurden. Es bereitet uns keine Freude, Anklagen vorzubringen; und es ist kein Vergnügen für unser Herz, offenbar mit so vielen uneins zu sein.[32]

Anstatt auf Spurgeons Mahnungen einzugehen, erklärten die Kritiker diese für verschwommen (obwohl sowohl Shindler als auch Spurgeon alles andere als verschwommen waren). Spurgeon hatte zu der Zeit mit wiederholten Nierenbeschwerden zu kämpfen und konnte auch seinen Predigtdienst nicht ausüben. Einige setzten darum das Gerücht in die Welt, die »Down-Grade«-Artikel seien das Geifern eines Todkranken. Natürlich fühlte sich Spurgeon durch solche Behauptungen persönlich angegriffen:

> Unsere Widersacher halten es für angebracht, spöttische Bemerkungen über unsere Krankheit zu machen. All die ernsten Dinge, über die wir berichteten, seien nur das Produkt unserer körperlichen Schmerzen, und man rät uns zu einer ausgedehnten Ruhepause. Mit vorgetäuschtem Mitleid, in Wirklichkeit aber höchst anmaßend wollen sie von der Wahrheit ablenken, indem sie auf die Schwäche des Zeugen dieser Wahrheit verweisen. Zu solchen Spielchen hätten wir einiges zu sagen: Erstens haben wir unsere Artikel bei bester Gesundheit geschrieben. Sie waren schon im Druck, als noch nicht die geringsten Anzeichen einer bevorstehenden Attacke wahrzunehmen waren. Zweitens: Hätten wir es in dieser Debatte mit Christen zu tun, so nähmen sie – und wären ihre Argumente auch noch so dürftig – niemals die Zuflucht zu persönlichen Angriffen.[33]

Seine Gegner hatten ihn persönlich angegriffen, obwohl sowohl er wie auch Shindler mit peinlichster Sorgfalt vermieden hatten, irgendwelche Personen zum Gegenstand ihrer Kritik zu machen. Weit schlimmer ist, daß dadurch auf die beanstandeten Verhältnisse überhaupt nicht eingegangen wird. »Niemand hat sich die Mühe gegeben, unsere Behauptungen zu widerlegen«, schreibt Spurgeon.[34] Niemand hatte die Beschuldigungen abgestritten. Das konnte allerdings auch niemand. Obwohl nur wenige es zugeben wollten, befand sich der englische Evangelikalismus auf dem »Down-Grade«.

In der lebendigen Bildersprache, die das Markenzeichen Spurgeonscher Predigt war, schrieb er: »Das Haus ist leergeraubt, sogar die Wände stürzen ein; aber die guten Leute liegen im Bett und schätzen die Wärme so sehr und fürchten, man könnte ihnen die Köpfe einschlagen, daß sie nicht nach unten gehen, um den Räubern entgegenzutreten. Sie sind sogar ärgerlich, wenn ein gewisser aufdringlicher Bursche Alarm schlägt und ›Diebe!‹ schreit«.[35]

Spurgeon begann immer ernster darüber nachzudenken, und er sprach immer deutlicher davon, die Gemeinschaft mit denen zu beenden, die er für Feinde des Evangeliums hielt. Jahrzehntelang war er das bekannteste und einflußreichste Mitglied der Baptistenunion gewesen. Doch nun schien es, als hätte er sich um des Gewissens willen allen Ernstes zum Austritt entschlossen.

> Die Meinungsverschiedenheiten werden jeden Tag deutlicher. Eine tiefe Kluft hat sich aufgetan zwischen denen, die der Bibel glauben und denen, die sich zu einem »fortschrittlichen« Schriftverständnis bereitfinden. Inspiration und Spekulation können unmöglich in Frieden beieinander leben. Kompromisse darf es nicht geben. Wir können nicht an der Inspiration des Wortes festhalten und sie gleichzeitig verwerfen; wir können nicht an das Versöhnungswerk glauben und es verwerfen; wir können nicht vom Sündenfall und ebenso von der Evolution des geistlichen Lebens in der menschlichen Natur überzeugt sein; wir können nicht die Bestrafung der Unbußfertigen anerkennen und doch mit der »größeren Hoffnung« liebäugeln. Wir müssen uns entweder hierhin oder dorthin wenden. Entscheidung heißt die jetzt gefragte Tugend. Haben wir uns aber entschieden, so können wir nicht mehr Genossen derer sein, die den anderen Weg gehen.[36]

Offensichtlich hatte Spurgeon gehofft, die Führer der Baptistenunion würden seine Ansicht teilen und sich für eine Erneuerung entscheiden. Die Union hatte niemals eine lehrmäßige Festlegung verlangt. Von Anfang an war man mehr oder weniger nur von der Voraussetzung ausgegangen, alle Mitglieder der Union müßten evangelikal gesinnt sein. Der einzige für alle verbindliche Punkt bezog sich auf die Art der Taufe. Spurgeon hielt das für einen unzureichenden Schutz gegen die Erosion der Wahrheit und appellierte an die Baptistenunion, sich eine neue Verfassung zu geben, durch die die lehrmäßige Integrität der Mitglieder sichergestellt wäre.

Angesichts der drohenden Entwicklung, Spurgeon zu verlieren oder aber die Union zu spalten, begannen die Führer der Mitgliedskirchen nach einem Kompromiß Ausschau zu halten.

Spurgeon aber wollte sich auf keinen Kompromiß einlassen:

> Laßt doch alle, die den schmalen Weg beibehalten wollen, ihn gehen und für ihre Entscheidung leiden; denn die Hoffnung, dem schmalen Weg und gleichzeitig der breiten Straße folgen zu können, ist eine Absurdität. Welche Gemeinschaft hat Christus mit Belial?
>
> Wir gehen soweit, wie wir kommen; dann wollen wir, die wir eines Sinnes sind, auf den Herrn warten, bis wir erkennen, wohin sich Israel wenden soll. In standhaftem Glauben laßt uns unsere Stellung einnehmen, nicht im Zorn, nicht im Geist des Argwohns und der Spaltung, aber in Wachsamkeit und Entschiedenheit. Laßt uns keine Gemeinschaft vorgeben, wo wir sie nicht empfinden, noch unsere Überzeugungen verbergen, die in unseren Herzen brennen. Die Zeiten sind gefährlich, und die Verantwortlichkeit ist eine Last, die jeder individuelle Gläubige zu tragen hat, wenn er nicht zum Verräter werden will. Was eines jeden Platz und Weg ist, wird der Herr ihm offenbaren.[37]

Damit beendete Spurgeon seinen Artikel. Er hatte den Fehdehandschuh hingeworfen. Sein Geist und sein Herz hatten sich entschieden. Er würde sich nicht umstimmen lassen.

Down-Grade V

Die Oktoberausgabe von *The Sword and the Trowel* enthielt den dritten Spurgeonaufsatz über den »Down-Grade«. Dieser trug den Titel »Der Fall ist klar« und bestand zum größten Teil aus Briefauszügen und Antworten, die Spurgeon auf seine früheren Artikel hin erhalten hatte. Dabei zeichneten sich deutlich zwei Meinungen ab. Die einen sahen Schwierigkeiten heraufziehen und versuchten, den Sturm zu stillen. Spurgeon nannte sie »Geschätzte Freunde«, die sich bemühten, »zwischen den feindlichen Parteien hin und her zu laufen und zu erklären, es bestünde keinerlei Ursache zum Krieg, statt dessen müsse unser Motto ›Friede, Friede!‹ lauten«.[38]

Spurgeon beschuldigte sie, »dermaßen liebenswürdig zu sein, daß sie alles nur durch eine rosarote Brille sehen könnten«.[39]

Die andere Gruppe bestand aus Antworten, die Spurgeons Einschätzung des beklagenswerten Zustands der Angelegenheit bestätigten. Da gab es viele Einzelbeispiele für falsche Lehre und Nachgiebigkeit bei solchen, die sich selbst als evangelikal ausgaben.

Wieder fragte Spurgeon: *»Sind Brüder, die orthodox bleiben, bereit, solche Geisteshaltung gutzuheißen und in einer Union zu bleiben, in der etwas Derartiges gelehrt wird?«*[40] Weil er glaubte, die Baptistenunion würde bei ihrem jährlichen Herbsttreffen in Sheffield über dieses Thema beraten, machte er ein letztes Mal seine Stellung deutlich:

> Was zu unternehmen ist, überlassen wir denen, die deutlicher als wir erkennen, wohin sich Israel zu wenden hat. Eins ist uns aber klar: Niemand kann von uns verlangen, einer Union anzugehören, die auch solche umfaßt, die in fundamentalen Fragen gerade das Gegenteil von dem lehren, was uns teuer ist ... Für uns gibt es viele Dinge, über die man reden kann; aber bei anderen würde eine vorgetäuschte Gemeinschaft Hochverrat bedeuten. Mit tiefem Schmerz versagen wir uns der Gemeinschaft mit solchen, die wir sehr lieben und hoch schätzen, weil wir dadurch zu einem Bündnis mit solchen gezwungen wären, mit denen wir keine Gemeinschaft im Herrn haben können.[41]

Aber in Sheffield kam dieses Thema nicht zur Sprache.

Rückzug von der Union

Am 18. Oktober 1887 schrieb Spurgeon an Samuel Booth, den Generalsekretär der Baptistenunion:

> Lieber Freund, verzeih mir, daß ich mich an Dich als den Generalsekretär der Baptistenunion wende, um Dir mitzuteilen, daß ich aus diesem Verbund austreten muß. Ich tue dieses mit dem größten Schmerz; aber mir bleibt keine andere Wahl. Die Gründe habe ich in den Novemberausgaben von *The Sword and the Trowel* dargelegt, und ich hoffe, Du verzeihst mir, daß ich sie hier nicht wiederhole. Ich bitte Dich, mir niemanden zu schicken, der mich umstimmen soll. Ich fürchte, schon allzulange überlegt zu haben; denn von Stunde zu Stunde werde ich überzeugter, nicht zu früh gehandelt zu haben.

Ich möchte noch hinzufügen, daß ich mich auch nicht im geringsten von persönlichen Abneigungen habe leiten lassen, oder daß ich beleidigt wäre. Persönlich ist mir mehr Respekt entgegengebracht worden, als ich zu erwarten hatte. Nur die höchsten Gründe haben mich zu diesem Schritt veranlaßt, und Du weißt, wie lange ich gezögert habe, da ich auf Besserung hoffte. – Stets der Deine!

C. H. Spurgeon[42]

Offensichtlich hatte Spurgeon schon seinen Novemberartikel für *The Sword and the Trowel* verfaßt, als er den Brief an Booth schrieb. Er begann seinen Artikel »Gedanken über die ›Down-Grade‹-Kontroverse« mit diesen Worten: »Mit der Zeit werden viele unserer Leser die Nase voll haben von der ›Down-Grade‹-Kontroverse: Sie können ihrer aber kaum ein Zehntel so müde sein und so darunter leiden wie wir.«[43] Die Angelegenheit besetzte alle seine Gedanken und Gefühle völlig, während er seinen Austritt erwog. Spurgeon erkannte aber, daß ihm keine andere Wahl blieb. Was ihn betraf, war es unmöglich, die Verbindung mit den Feinden des Evangeliums aufrecht zu erhalten: »Gemeinschaft mit bekanntem und wirksamem Irrtum ist Teilhabe an Sünden.«[44] Die Schärfe seiner Rhetorik läßt uns in sein Herz blicken: »Um es schlicht zu sagen, wir können diese Sache nicht eine christliche Union nennen, weil sie zunehmend einer Verschwörung von Übeltätern gleicht. Auch fürchten wir, daß Gott sie als solche betrachtet. Unser Herz ist über diese Tatsachen zutiefst traurig; aber wir können sie nicht anders sehen.«[45]

Spurgeon sah keinen Grund, weshalb wahre Christen sich Leuten anpassen sollten, die an der Autorität und der Allgenugsamkeit der Schrift zweifelten. »Wenn diese Leute solche Dinge glauben, laß sie Gemeinden, Verbände und Bruderschaften untereinander gründen! Warum müssen sie das mit uns tun?«[46]

Er fühlte, er hatte keine Wahl, anders zu handeln, als er gehandelt hatte: »Während der vergangenen Monate sind viele mit der angstvollen Frage an uns herangetreten: ›*Was sollen wir tun?*‹ Ihnen konnten wir nur zur Antwort geben, jeder müsse für sich selbst handeln, nachdem er den Herrn um Weisung gebeten hat. Was uns betrifft, haben wir unsere Handlungsweise im letzten Monatsblatt dargelegt. Wir ziehen uns ab sofort und entschieden von der Baptistenunion zurück.«[47]

Diese Anzeige wirkte auf viele Leser wie ein Schock. Die wenigsten hatten geglaubt, Spurgeon werde seine Drohungen wahrmachen. Friede und Einheit wurden nahezu überall als die höchsten christlichen Tugenden angesehen. Undenkbar erschien es ihnen, daß Charles H. Spurgeon, der bedeutendste und bekannteste englische Evangelikale seiner Zeit, zu einem Schismatiker geworden war. Doch das war die populäre Ansicht über seinen Schritt.

Spurgeon und die Baptistenunion

Doch Spurgeon war nicht aus Launenhaftigkeit oder überstürzt ausgetreten. Am 23. November schrieb er aus Südfrankreich an seinen Pastorenkollegen Mr. Mackay: »Ich war gezwungen, die Union zu verlassen, nachdem meine privaten Proteste bei den Offiziellen, sowie meine wiederholten Appelle an die Allgemeinheit, ohne Erfolg geblieben waren. Von meinem Standpunkt aus konnte ich als ein ernsthafter Mensch keinen anderen Weg als den Austritt erkennen.«[48]

Der private Brief an Mackey wurde an den hundertköpfigen Rat der Union weitergereicht. Achtzig von ihnen trafen sich am 13. Dezember, um Spurgeons Vorwürfe zu diskutieren. Die meisten von ihnen waren zornig über Spurgeons Beschwerden und seinen daraus resultierenden Austritt. Sie beschuldigten ihn, seine Vorwürfe seien das Ergebnis unsorgfältiger Prüfungen, und manche leugneten schlicht, jemals »private Proteste« oder Beschwerden über irgendwelche lehrmäßigen Zustände in der Union von ihm vernommen zu haben.

Einer der Führenden insbesondere wußte es besser: Generalsekretär Booth. Booth und Spurgeon hatten sich oft privat unterhalten und einander viele Briefe über den beklagenswerten Zustand der Union geschrieben. Tatsächlich war Booth es, der Spurgeon gebeten hatte, seine Stimme gegen den Modernismus zu erheben, der die Union zu ruinieren drohte. Booth hat Spurgeon erwiesenermaßen selbst Details über die weitverbreiteten Kompromisse und über Namen von Leuten mitgeteilt, an deren Rechtgläubigkeit Zweifel bestanden.[49] Aber Booth hatte Spurgeon zur Vertraulichkeit über diese Korrespondenz verpflichtet. »Meine Briefe an Dich waren privat und nicht offiziell«, schrieb er, als er fürchtete, Spurgeon werde ihn verraten. »Wenn Du anständig bleiben willst, kannst Du sie nicht verwenden.«[50]

Das Ratsprotokoll zeigt, daß Booth den Rat über den Inhalt seiner Gespräche mit Spurgeon täuschte. Ihnen sagte er: »Wieder sage ich, daß in all meinen Unterhaltungen, die ich mit Mr. Spurgeon geführt habe, niemals Anklagen gegen Brüder zu dem Zweck formuliert wurden, um sie hier vor den Rat zu zitieren. Nie hatte ich die in den Gesprächen behandelten Dinge so verstanden, als sollten sie hier als Anklagen vorgebracht werden.«[51] Während das formal stimmte, war es doch weit von der ganzen Wahrheit entfernt. Immerhin war Booth als erster mit seinen Bedenken zu Spurgeon gekommen. Ihre Unterhaltung über diese Angelegenheiten war weit mehr als nur ein beiläufiges Gespräch. Booth wußte mehr als irgend jemand sonst und teilte auch – nach Spurgeons Ansicht – die wohlbegründeten Besorgnisse des großen Predigers über das Abdriften der Union.

Aber selbst als der Rat der Baptistenunion – einschließlich Booth – Spurgeon verurteilte, er mißdeute die Wirklichkeit, hielt er sich an Booths Bitte und bewahrte die Vertraulichkeit der Korrespondenz. »Spurgeon hätte das Ausmaß seiner Fühlungnahme mit den Offiziellen der Union sehr nachdrücklich darstellen können, wenn er den Briefverkehr mit Booth veröffentlicht hätte.«[52] Statt dessen trug er die falschen Anklagen und die Verurteilung – selbst noch, als auch Booth zu den Verklägern zählte.

»Daß Dr. Booth sagt, ich hätte mich nie beschwert, ist verwunderlich«, schrieb Spurgeon an seine Frau. »Gott weiß das alles, und Er wird mir Recht verschaffen.«[53]

Doch wie sein Biograph ausführt, wurde ihm niemals Recht zuteil. »In manchen Lagern meint man noch heute, er habe grundlose Beschuldigungen vorgebracht, und als er dann Beweise liefern sollte, sei er ausgetreten und weggelaufen. Nichts ist weiter von der Wahrheit entfernt als das. Spurgeon hätte Dr. Booths Briefe drucken lassen können. Ich meine, er hätte es tun sollen.«[54]

Die Baptistenunion klagte Spurgeon an, er habe Jesu Anweisungen von Matthäus 18 übergangen, indem er versäumte, zunächst privat mit denen zu reden, die ihn gekränkt hatten. In einem weiteren Brief an seine Frau antwortete er auf diese Beschuldigung: »Welch eine Farce! Ich soll die Brüder nicht zunächst privat nach Matthäus 18,15 gesprochen haben? Immer wieder habe ich mich mit dem Sekretär und mit dem Präsidenten getroffen; danach ließ ich meine Beschwerden drucken. Und die Union habe ich erst verlassen, als nichts anderes mehr half.«[55]

An Dr. James Culross, den Präsidenten der Union, schreibt Spurgeon:

> Ich bin dem Willen des Herrn in bezug auf private Proteste nachgekommen, indem ich die Präsidenten und den Generalsekretär bei früheren Anlässen aufgesucht habe; auch trug ich meine Beschwerden in schriftlicher Form immer wieder, aber erfolglos, vor. Mir bleibt keine Wahl – ich mußte weggehen. Denn ganz gewiß wird kein vernünftiger Mensch der Ansicht sein, ich sollte überall herumreisen und mit jedem

einzelnen Irrlehrer verhandeln. Ich habe ihnen nichts anzuordnen, außerdem würde man mich für äußerst aufdringlich halten, und das zu Recht. Ich habe es mit der Union zu tun, und mit ihr allein. Und mit ihr habe ich die ganze Zeit über verhandelt.[56]

Indem man Matthäus 18 ins Spiel brachte und dadurch Spurgeon bezichtigte, seine Bedenken nicht in rechter Weise vor die Leiter der Union gebracht zu haben, wich der Rat eindeutig den eigentlichen Schwierigkeiten aus. Dieser schlug vor, eine Viererdelegation zu schicken, die Spurgeon zur Rede stellen sollte. Dazu schrieb man in einem Brief an ihn nach Frankreich, er möge ein Treffen arrangieren. Spurgeon sagte ab und versprach, die Leute nach seiner Rückkehr zu empfangen.

Spurgeon erkannte in der Antwort des Rates ein durchsichtiges Manöver, *ihn* zum Thema zu machen und dadurch von der Kontroverse über die lehrmäßige Kursabweichung der Union abzulenken. Darüber hinaus hatte er peinlichst genau darauf geachtet, niemanden persönlich anzugreifen, und nun benutzte der Rat gerade dieses gegen ihn, indem er ihm vorwarf, niemals Namen oder Details genannt zu haben; alles sei zu unklar, um zu wissen, was er eigentlich meinte. In einem für ihn ungewöhnlichen Verteidigungsbrief an den Herausgeber des Hauptorgans der Union schrieb er:

An den Herausgeber von *The Baptist*

Verehrter Herr, niemals würde ich die Spalten Ihrer Zeitschrift für persönliche Angelegenheiten in Anspruch nehmen, wenn sie nicht von so bemerkenswerter Wichtigkeit wären. In einem Brief an Mr. Mackey schrieb ich: »Ich war gezwungen, die Union zu verlassen, nachdem sowohl meine privaten Vorhaltungen den Offiziellen gegenüber als auch die wiederholten Appelle an die Gesamtheit keinen Erfolg gebracht hatten.« Dieses ist weder unwahr, noch ungenau. Nach einem schmerzlichen Zwischenfall in Leicester (1883 war es dort einem unitarischen Pastor erlaubt worden, in einem Gottesdienst der Baptistenunion zu predigen) machte ich dem Sekretär, dem Präsidenten (Mr. Chown) und anderen Offiziellen schwere Vorwürfe. In dem Waisenhaus, in dem er mich freundlicherweise aufsuchte, bat er mich inständig, dieses als einmaligen Fall zubetrachten, auch hoffte er, ich hätte die ganze Sache nicht richtig verstanden. Ich habe die Angelegenheit nicht weiter verfolgt, weil ich mich möglicherweise tatsächlich nicht richtig verhalten hatte.

Seitdem habe ich mich mehrfach mit dem Sekretär (Booth) über diese Sache unterhalten, was er sicher auch gern bestätigt. Ich meine, entweder er oder Mr. Baynes haben mich jedes Jahr eingeladen, im Rahmen der Union oder bei den Missionsgottesdiensten, die dazu gehörten, zu predigen. Bei jeder dieser Gelegenheiten müssen sie meine Sorgen vernommen haben, ich fürchte sogar, bis sie ihrer überdrüssig waren. Hier bitte ich anzumerken, daß ich die Mission nicht mit der Union gleichsetze; doch weil es nun einmal so ist, und weil die guten Sekretäre, die mich berufen hatten, auch gemeinsam ihre Veranstaltungen planen, denke ich, was ich den einen sage, gilt dann für beide: Es bleibt dabei, daß ich mich von öffentlichen Auftritten bei diesen Gottesdiensten zurückziehe, weil ich nicht sicher bin, dadurch nicht kompromittiert zu werden. Diese Handlungsweise spricht sicher lauter als Worte. Mit Mr. Williams und Dr. Maclaren habe ich ausgiebig korrespondiert, was, zumindest von ihnen aus betrachtet, höchst bewundernswert ist.

Mein Freund, Mr. Williams, sagt, meine Briefe seien mit »privat« gekennzeichnet gewesen, und genau das habe ich Mr. Mackey gesagt. Mr. Booth betrachtete unseren Gedankenaustausch nicht als *offiziell*, auch habe ich ihn niemals dafür ausgegeben. Meine Beschwerden trug ich ihm denn auch vor, als ich noch versuchte, einen Kompromiß zwischen der Sache und meiner Beurteilung derselben zu finden, indem ich mich durch *Arbeiten* an der Union beteiligte, nicht aber durch *Sprechen.* Und ich hätte gewünscht, hierin einen gangbaren Mittelweg gefunden zu haben. Ich könnte nicht genau sagen, wie viele Ratsmitglieder meine Ansichten und Gefühle kannten, hatte ich sie doch bei zahllosen Gelegenheiten geäußert; aber immerhin mehr als genug, um meine Behauptungen gegenüber Mr. Mackey zu rechtfertigen.

Beachten Sie bitte, daß nur der erste Teil des Satzes benutzt wurde, der dadurch größeres Gewicht bekam, als ich beabsichtigt hatte. Das geht auch aus dem nicht veröffentlichen Rest hervor: »... als auch die wiederholten Appelle an die Gesamtheit ...« Meine Briefe über den »Down-Grade« handeln nicht ausschließlich von der Baptisten-Denomination, der ich seit langem zugestehe, weit weniger befleckt zu sein als andere; sie ist aber insofern mitbetroffen, als die wiederveröffentlichten Artikel allen geistlichen Arbeitern gewidmet sind und allen zugeschickt wurden. Dem Organ der Baptistenkirche erschien die Angelegenheit eine »große Seifenblase« zu sein, und es berichtete, einige Pastoren hätten auf dem Weg nach Sheffield das ganze als »riesigen Witz« empfunden. Bei dem Treffen wurde öffentlich keine Notiz davon genommen, außer daß man mich in einer öffentlichen Veranstaltung angriff, ohne mir Gelegenheit zur Erwiderung zu geben. Auf weitere Unfreundlichkeiten durch Einzelpersonen will ich nicht eingehen; doch zeigte mir alles zusammen ganz deutlich, daß niemand meine Appelle zur Kenntnis nehmen wollte. Hätte einer der Brüder sie für beachtenswert gehalten, so hätte er sie vor dem Rat erwähnen und verlangen können, daß die privaten Äußerungen offiziellen Charakter bekämen; aber niemand hielt das für klug. Ich will mich darüber nicht beklagen; aber es darf nicht behauptet werden, ich hätte in dem oben erwähnten Brief nicht die Wahrheit gesagt.

In der Tat scheint die Frage nicht zu lauten: »Sind die Behauptungen Mr. Spurgeons wahr?« sondern statt dessen fragte man: *»Hat er so geschrieben, daß die Offiziellen verpflichtet waren, die Angelegenheit vor den Rat zu bringen?«* Das ist dann etwas ganz anderes, wie jeder mit einemhalben Auge sehen kann. Auf diese Weise kann ich Fragesteller, Antwortgeber und andere durch folgende Theorie entlasten, was ich auch sofort zu tun bereit bin: *Sie* meinten eine Sache, und *ich* meinte eine andere.

Allerdings wäre das eine traurige Ausgangsbasis für eine brüderliche Konferenz. Die Anklage lautet nicht, ich hätte wissentlich die Unwahrheit gesprochen, sondern ich hätte etwas Unwahres gesagt – wie ich annehme, aufgrund mangelnder intellektueller Leistungsfähigkeit meinerseits. Daher sollte man zu dem Schluß kommen, es sei vertane Zeit, wenn man eine Deputation abschickt, um mit einer so schwachsinnigen Person zu konferieren. Ich hoffe, niemandem persönlich zu nahegetreten zu sein. Ich unterstelle nicht einmal irgendwelche Absichten, sondern hege die Erwartung, daß mein Brief aufs ganze gesehen nicht für respektlos gegenüber den ehrenwerten Brüdern angesehen wird, die um eine Konferenz mit mir nachgesucht haben.

Euer ergebener
C. H. Spurgeon Mentone, den 19. Dezember[57]

Die Zeitschrift hat Spurgeons Brief niemals veröffentlicht.

Die Abmahnung durch die Baptistenunion

Spurgeons Weigerung, sich mit der Unionsdelegation in Frankreich zu treffen, entsprang der Sorge, man wolle ihn dadurch einfach als unausstehlich und widersetzlich erscheinen lassen. An Susannah schrieb er: »Denk Dir, vier Doktoren der Theologie machen eine so weite Reise, um mich zu besuchen! Ich war in großer Verlegenheit und wußte nicht, was ich ihnen antworten sollte. Ich kann überhaupt nicht erkennen, was dieses alles bedeutet. Ich liege bis nachts um ein Uhr wach ... Ich fürchte vier Doktoren nicht; aber ich denke, es ist ein schlauer Zug von ihnen. Bedeutet er, daß sie nachgeben, so ist es in Ordnung; wenn es aber darauf hinausläuft, mir das Odium der Unversöhnlichkeit anzuhängen, sieht die Sache anders aus.«[58]

Am 13. Januar kehrte Spurgeon nach London zurück und traf sich mit der Unionsdelegation im Tabernakel. Zu der Gruppe gehörte der Generalsekretär Booth, der scheidende Präsident James Culross und der neugewählte Präsident John Clifford. Alexander Maclaren, das vierte Mitglied der Delegation, – der wahrscheinlich mit Spurgeon sympathisierte –, war krank und konnte nicht dabei sein.[59] Die Männer baten Spurgeon, seinen Rücktritt zu überdenken. Spurgeon schlug vor, die Union solle ihre Glaubensgrundlagen schriftlich fixieren. Das lehnte die Delegation ab. Keine Seite hatte das Gefühl, mit diesem Treffen irgend etwas erreicht zu haben.

Fünf Tage später traf sich die Vollversammlung des Unionsrates wieder. Diesmal nahmen sie Spurgeons Rücktritt an. Danach beschlossen sie eine Mißbilligung gegen ihn und verfaßten eine Resolution, mit der seine Handlungen verurteilt wurden.

Eine erstaunlich große Mehrheit bestätigte die Mißbilligung gegen ihr bekanntestes Mitglied; nur fünf der nahezu einhundert Delegierten stimmten für Spurgeon. Der Rat beschloß folgende Resolution:

> Der Rat nimmt die Schwere der von Mr. Spurgeon vor und nach seinem Rücktritt vorgebrachten Anklagen zur Kenntnis. Er stellt fest, daß durch ihre öffentliche und allgemein gehaltene Art und Weise, in der sie vorgebracht wurden, die Gesamtheit der Union angegriffen wurde. Brüder, denen die Liebe zur Wahrheit genauso teuer ist wie ihm selbst, fühlen sich dadurch dem Argwohn ausgesetzt. Da sich Mr. Spurgeon weigert, die Namen derjenigen zu nennen, auf die sich seine Anklagen beziehen, und Beweise dafür zu liefern, hätten solche Anklagen nach dem Urteil des Rates nicht vorgebracht werden dürfen.[60]

Ein zeitgenössischer Schreiber, Richard Glover, beurteilte die Angelegenheit im *Evangelical Nonkonformist* richtig:

> Die von ihnen angewandte Taktik bestand in dem Versuch, die Verantwortung für die Friedensstörung in der Union Spurgeon zuzuschieben. Sie stellten sich auf den Standpunkt, seine Anklagen seien zu vage, um ernsthafter Untersuchung wert zu sein. Auch habe er versäumt, sie durch Namensnennung schuldig gewordener Pastoren zu untermauern. Wie nützlich sich diese Handlungsweise auch erweisen mag, man kann sie nur als schamlosen und leichtfertigen Umgang mit der Sache bezeichnen.[61]

Tatsache ist, wie wir gesehen haben: Spurgeon konnte Namen nennen. Er hätte Booths Briefe drucken lassen können, um dadurch nicht nur sich selbst zu rechtfertigen, sondern auch Booth die Rolle eines zweiten Zeugen gegen die Häretiker aufzuzwingen. Darüber hinaus hätte er einfach aus den veröffentlichten Werken seiner Mitbaptisten zu zitieren brauchen. »Spurgeon hatte genügend Beweise: Es gab viele Äußerungen bekannter Männer, die in Zeitschriften wie *Christian World, Independent, Freeman, British Weekly* und *Baptist* veröffentlicht waren. Noch heute kann man in den alten Zeitungen von 1887 und 1888 blättern und wird dort reichlich Beweise für die Berechtigung der allgemein gefaßten Spurgeon'schen Klagen finden.«[62]

Warum hat Spurgeon nicht einfach die Namen derjenigen genannt, die den Evangelikalismus verraten hatten? Zum ersten wollte er keinen Wortkrieg gegen Einzelpersonen führen. Er fürchtete, die Debatte würde zu einem persönlichen Streit verkommen: »Wenn wir uns nicht so schrecklich davor fürchteten, persönlich zu werden, könnten wir auf andere Äußerungen der geschätzten Schreiber verweisen, die, wenn sie nicht dem, was sie jetzt geschrieben haben, widersprächen, dieses doch soweit ergänzten, daß wir ihr wahres Herz besser erkennen könnten.«[63] »Die Kriegsführung ist zu persönlich geworden, und manches, was sich dabei ereignet hat – auf das ich aber nicht näher eingehen will –, ist für mich dermaßen schmerzlich, daß ich kein Vergnügen an dem Gedanken finden könnte, damit fortzufahren.«[64]

Viel wichtiger aber war, daß Spurgeon spürte, wie das Geschrei um Namen nichts als der Versuch war, von dem eigentlichen Gegenstand abzulenken; und darum ging es der Baptistenunion. Wie er ausgeführt hatte, gab es in der Union keine lehrmäßigen Festlegungen und daher auch keine Möglichkeit, jemanden wegen falscher Lehre zur Ordnung zu rufen: »Unter diesen Umständen gilt niemand als Irrlehrer, es sei denn, er schwöre der Taufe ab.«[65] So hätte, selbst wenn er Namen nennen würde, nichts gegen Häretiker unternommen werden können, solange die Union nicht willens war, ihre Glaubensgrundsätze festzulegen und von allen Mitgliedern zu verlangen, sich daran zu halten. Und genau das war es, was die Union bis dahin nicht tun wollte.

Spurgeon hoffte von ganzem Herzen, die »Down-Grade«-Kontroverse möchte die Basis der Union aufschrecken, damit diese den Rat zum Handeln zwingt.

Die Schlußübereinkunft

»Kein Glaubensbekenntnis, sondern Christus« war das allgemeine Gefühl unter den Evangelikalen zur Zeit Spurgeons. Es gab viele, die Glaubensbekenntnisse und lehrmäßige Festlegungen als eines Christen unwürdig ablehnten. Und es ist ein berechtigtes Anliegen, wachsam zu sein, daß unser Glaubensbekenntnis nicht über die Schrift gestellt wird. Wenn das geschieht, wird es zu einem Götzen und zu etwas, das wahren Gottesdienst verhindert.

Spurgeon aber verwies darauf, daß, wenn das Glaubensbekenntnis in sich wahr ist – das heißt, wenn es mit der Schrift übereinstimmt und ihr unterworfen bleibt – diese Gefahr nicht besteht:

> Wenn man sagt, »ein Glaubensbekenntnis steht zwischen einem Menschen und seinem Gott«, so ist davon auszugehen, daß es falsch ist; denn Wahrheit, wie endgültig sie auch formuliert sein mag, trennt den Gläubigen nicht von seinem Herrn. Was mich angeht, so schäme ich mich nicht, alles, was ich glaube, in der schlichtesten Weise aufzuschreiben; und die Wahrheit, die ich festhalte, liebe ich, weil ich glaube, sie ist das mir in Seinem unfehlbaren Wort geoffenbarte Herz Gottes. Wie kann dieses mich von Gott trennen, der es mir offenbart hat? Es ist ein Grund meiner Verbindung mit meinem Herrn, daß ich Sein Wort wie Ihn selbst aufnehme und mein Begreifen allem unterwerfe, was ich als von Ihm gelehrt erkenne. Er mag sagen, was Er will; ich nehme es an, weil Er es sagt, und darin erweise ich Ihm die demütige Anbetung meines tiefsten Inneren.
>
> Ich bin nicht in der Lage, jemanden gern zu haben, der sagt, er habe kein Glaubensbekenntnis, weil ich glaube, daß er sich durch seine Äußerung als auf falschem Wege erzeigt. Er sollte ein Glaubensbekenntnis haben. Was genauso sicher ist, er hat eins – er muß eins haben, selbst wenn er dessen Festlegung ablehnt. Sein Unglaube selbst ist in gewisser Weise ein Glaubensbekenntnis.

> Die Ablehnung eines Glaubensbekenntnisses ist ein bequemer Weg, die Ablehnung von Disziplin und den Wunsch nach Liberalismus zu verschleiern. Wonach man strebt, ist eine Union, die, wie Noahs Arche, den Reinen wie den Unreinen Unterschlupf gewährt, sowohl den kriechenden Tieren als auch den fliegenden Vögeln.[66]

Das theologische Klima im England des ausgehenden neunzehnten Jahrhunderts zwang zu der Einsicht, daß Spurgeon recht hatte. Selbst nach der Verurteilung Spurgeons war der Union bewußt, daß sie sich bei ihrer nächsten Vollversammlung am 23. April mit der Ausarbeitung eines Glaubensbekenntnisses zu beschäftigen hatte.

Spurgeon setzte gewisse Hoffnungen auf diese Versammlung und schrieb in *Sword and Trowel* unter »Notizen«:

> Das Volk Gottes sollte in dieser Zeit unablässig beten. Die Baptistenunion trifft sich am 23. April zu einer Vollversammlung, und die große Frage, mit der sie es dann zu tun haben wird, lautet: »Braucht diese Union eine evangelikale Basis oder nicht?« Wir hoffen, daß diese Frage in aller Ruhe diskutiert wird und daß es zu der richtigen Entscheidung kommt. Ganz gewiß sollte die Union wie jede andere christliche Körperschaft ihren Glauben öffentlich bekannt machen. Was immer sie glauben mag, laß sie dazu stehen![67]

Spurgeon drängte vor allem auf Klarheit. Er schickte an den Herausgeber des *Baptist* einen Brief, in dem es heißt: »Was immer der Rat beschließen mag, er möge vor allen Dingen eine Sprache vermeiden, die dazu berechtigt, zwei sich widersprechende Ansichten zu vertreten. Laßt uns einfach und deutlich reden. *Es gibt tiefgreifende Differenzen* – laßt uns das ehrlich eingestehen.«[68]

Iain Murray sagte dazu: »Dieses war haargenau die Taktik, der der Rat nicht folgte.«[69] Dieser traf sich vor der Unionsversammlung im April und verfaßte eine kurze, etwas vage, aber im Grunde evangelikale Darstellung der Lehre. Als diese allerdings vor der Versammlung verlesen werden sollte, wurde sie durch eine Erklärung eingeleitet, deren Aussage darin bestand, daß die Union keinerlei Recht habe, lehrmäßige Standards ihrer Mitglieder einzufordern. Es kam noch schlimmer: In einer angefügten Fußnote hieß es, einige Brüder in der Union hätten sich nicht an die übliche Auslegung in bezug auf die Auferstehung und das letzte Gericht gehalten.[70]

Trotzdem hielten viele Evangelikale – Spurgeons Bruder James eingeschlossen – bei dieser Versammlung die verlesene Erklärung für einen akzeptablen Kompromiß. Allen war klar, daß die Union nicht weitergehen wollte.

Ein Befürworter der »Neuen Theologie«, Charles Williams (nicht der berühmte Novellist), brachte die Versammlung dazu, das Kompromißpapier anzunehmen. Er benutzte die Gelegenheit, ein leidenschaftliches Plädoyer für die liberalen Ideen zu halten. James Spurgeon stimmte Williams Resolution, nicht aber seiner Rede zu.[71] *Der Baptist* meldete: »Der Ernst, der Mut und die Mannhaftigkeit der Rede Mr. Spurgeons beeindruckte die Hörerschaft zutiefst und wirkte sich auf die grundsätzliche Einmütigkeit bei der Stimmabgabe aus.«[72] Die Resolution wurde mit 2000 : 7 Stimmen angenommen.

Ein Mann namens Henry Oakley war damals anwesend. Jahre später erinnerte er sich an den Tumult in dem Auditorium:

> Ich war anwesend im City Temple, als der Antrag vorgestellt, erläutert und zur Abstimmung vorgeschlagen wurde. Ich meine, der City Temple war bis auf den letzten Platz gefüllt. Ich war schon früh hingegangen; aber ich fand nur noch einen Stehplatz im Seitenschiff der rückwärtigen Empore. Ich lauschte den Reden. Die einzige, an die ich mich noch genauer erinnern kann, war die von Mr. Williams. Er zitierte Tennyson, um einer liberalen Theologie das Wort zu reden und den Zweifel zu rechtfertigen. Dann kam der Augenblick der Stimmabgabe. Als der Antrag auf Verurteilung gestellt wurde, ging ein Wald von Fingern in die Höhe. »Wer stimmt dagegen?« fragte der Vorsitzende, Dr. Clifford. Ich habe keine einzige Hand gesehen, aber die Geschichte berichtet, es seien *sieben* gewesen. Schon bevor das Wahlergebnis verkündet war, brach beinahe die ganze Versammlung in tumultartige Freudenbezeigungen aus und klatschte wie wild. Bei einigen Älteren machte sich die aufgestaute Feindseligkeit Luft; bei vielen der jüngeren Leute brach sich ihr vehementer Widerstand gegen die – wie sie es nannten – »Fußfesseln fortschrittsfeindlicher Dunkelmänner« Bahn. Es war eine eigenartige Szene. Ich nahm alles unter Tränen wahr. Ich stand in der Nähe eines »Spurgeon-Mannes« (aus dessen Seminar), den ich gut kannte. Mr. Spurgeon hatte sich seiner angenommen und ihn aus erbärmlichsten Verhältnissen gerissen. Er war vor Freude ganz aufgeregt wegen der Verurteilung seines großen und hochherzigen Meisters. Ich sage, es war eine eigenartige Szene. Fast die ganze Versammlung geriet au-

> ßer Rand und Band vor Vergnügen über die Verdammung des größten, nobelsten und bedeutendsten Führers ihres Glaubens.[73]

Höchstwahrscheinlich sahen jedoch nicht alle an jenem Tage anwesenden Evangelikalen so klar wie Oakley. Sie mögen ihre Zustimmung nicht als eine zweite Verurteilung Spurgeons erkannt haben. Ganz gewiß wollte James Spurgeon seinen Bruder nicht angreifen, als er der Erklärung zustimmte. Er war aber – wie die meisten Evangelikalen jener Tage – so sehr auf Harmonie bedacht, daß er fälschlicherweise glaubte, eine Erklärung, wie auch immer, sei so etwas wie ein Sieg für seine Partei.

Charles Spurgeon wußte es besser. Er schrieb an einen Freund: »Mein Bruder meint, einen Sieg errungen zu haben; aber ich glaube, wir sind hoffnungslos verraten und verkauft. Mir bricht das Herz. Gewiß, er tat das genaue Gegenteil von dem, was ich getan hätte. Doch ist er nicht zu tadeln; denn er folgte dem, was er für richtig hielt. Bete für mich, daß mein Glaube nicht wankt.«[74]

Nachlese

G. Holden Pike schrieb: »Die folgenden Jahre zeigten, daß der gewonnene Frieden (durch die Abstimmung in der Versammlung) nicht jener bleibende Frieden war, den viele erhofft hatten. Die Erschütterungen innerhalb der Union … wurden nie mehr ungeschehen gemacht.«[75] Wie Charles Spurgeon schon immer gewarnt hatte, war nichts gewonnen, wenn man mit den Feinden des Evangeliums Kompromisse schließt. Höchstens der Niedergang der Baptistenunion wurde dadurch beschleunigt. Die Befürworter der »Neuen Theologie« wurden durch das Abstimmungsergebnis ermutigt. Sie hatten fortan das Sagen in der Union.

Spurgeon schrieb:

> Die Resolution mit ihrer Fußnote, mit der Interpretation ihrer Initiatoren und die Wiederwahl des alten Rates zeigen deutlich, was im besten Fall getan werden kann, wenn alle guten Willens sind. Aber reicht das? Verstehen alle unter dem Text das gleiche? Ging es nicht bei der ganzen Angelegenheit nur darum, beiden Seiten ein wenig zu gefallen? Und liegt nicht darin der Fehler, und wird sie dadurch nicht verurteilt?[76]

Spurgeon begriff, was die meisten Evangelikalen, die bei jenem Treffen abstimmten, nicht verstanden hatten: Die in letzter Minute angebrachten

Abänderungen machten die Behauptung, jetzt eine lehrmäßige Festlegung zu besitzen, ganz und gar zunichte:

> Die erwähnten Punkte sind wahrhaftig elementar genug, und wir wundern uns nicht, daß einige Brüder ausriefen: »Möge Gott denen beistehen, die diese Dinge *nicht* glauben! Wo müssen die sich befinden?« In der Tat, gegen die aufgelisteten Glaubenssätze wurde wenig Einspruch erhoben; der Einspruch richtete sich gegen den Glauben an diese Dinge als unverzichtbare Voraussetzung für die Mitgliedschaft. Es ist, als hieße es: »Ja, wir glauben an die Gottheit des Herrn Jesus; aber wir würden niemanden von unserer Gemeinschaft ausschließen, der unseren Herrn nur für einen Menschen hält. Wir glauben an die Versöhnung; aber wenn ein anderer sie ablehnt, braucht er darum nicht von uns ausgeschlossen zu werden.«[77]

Spurgeon haßte Trennungen. Er wollte kein Spalter sein. Aber sein Gewissen erlaubte ihm nicht, mit den Feinden des Evangeliums verbunden zu bleiben. Am Ende schloß er, Trennung von der Union sei tatsächlich der beste Weg, wahre Einheit zu unterstützen: »Nichts hat auf die Dauer die Einheit der Wahrhaftigen mehr unterstützt, als die Trennung von den Unaufrichtigen.«[78]

Spurgeon erkannte die Trennung als eine biblische *Notwendigkeit* für sich. »Ob andere es tun oder lassen, ich habe die Kraft des Wortes begriffen: ›Geht aus von ihnen und sondert euch ab‹, und so habe ich sowohl die Union wie auch die Association ein für allemal verlassen … Darin wurde ich nicht nur durch meine Überzeugung bestärkt, sondern auch durch die Erfahrung, daß der Versuch, mit dem Bösen umzugehen, völlig zwecklos ist. Das einzige ist, daß man sich persönlich von ihm trennt.«[79]

Spurgeon versuchte nicht, aktiv andere aus der Union herauszuziehen; allerdings konnte er nicht verstehen, warum Leute, die der Schrift die Treue halten wollten, weiterhin Wert darauf legten, zu einer Organisation zu gehören, die so offensichtlich in den Niedergang taumelte:

> Zahllose gute Brüder bleiben auf vielfache Weise mit denen verbunden, die das Evangelium unterminieren; und sie nennen ihr Verhalten einen Weg der Liebe, den der Herr ihnen vergelten wird, wenn Er erscheint. Das können wir nicht verstehen. Wahre Gläubige haben gegenüber denen, die bekennen, Christen zu sein und doch das Wort des Herrn verleugnen und die Fundamente des Evangeliums verwerfen,

> die Pflicht und die Schuldigkeit, sich von ihnen zu trennen. Wenn behauptet wird, man solle alle Anstrengungen unternehmen, die zu einer Reformation führen, so stimme ich damit überein; wenn man aber erkennt, daß alles nutzlos ist, was bringt es dann? Wo die Basis einer Vereinigung den Irrtum gestattet, ihn geradezu einlädt, und wo man sich deutlich dafür entschieden hat, diese Basis nicht zu ändern, da bleibt innerhalb derselben nichts mehr zu tun übrig, was das Übel bei der Wurzel packen könnte. Die Bemühungen einer evangelikalen Partei innerhalb dieser Vereinigung könnte das Böse eine Zeitlang unterdrücken oder vielleicht zudecken; aber da ja der Kompromiß an sich eine Sünde ist, kann auf die Dauer nichts Gutes dabei herauskommen. In einer Gemeinschaft zu bleiben, in der die Gemeinsamkeit nur darin besteht, daß man hofft, die Sachen irgendwie ordnen zu können, ist genauso, als wenn Abraham in Ur oder in Haran mit der Hoffnung geblieben wäre, er könne die Sippe, aus der er gerufen wurde, bekehren.
>
> Komplizenschaft mit dem Irrtum wird auch dem besten Mann die Kraft zu einem wirkungsvollen Protest dagegen rauben ... Unser gegenwärtiger ernster Protest richtet sich nicht gegen diesen oder jenen Menschen, gegen diesen oder jenen Irrtum, sondern ist grundsätzlicher Natur.[80]

Die »Down-Grade«-Kontroverse war für Spurgeon bis zu seinem Tode am 31. Januar 1892 ein unendlicher Kummer. Enge Freunde, ja selbst Studenten seines Pastorenkollegs wandten sich gegen ihn. Doch erklärte er bis zum Ende, daß er seinen Standpunkt nicht bereue.

Sicher war es für Spurgeon selbst und sogar noch für seine frühen Biographen schwierig, die Bedeutung der »Down-Grade«-Kontroverse richtig einzuschätzen. In seinen letzten Lebensjahren stand der Streit so sehr im Vordergrund, daß er für die meisten Beobachter die wahre Bedeutung der Spurgeon'schen Haltung verdunkelte. Spurgeon war der erste Evangelikale von internationalem Rang, der dem Modernismus den Kampf ansagte. Die Baptistenunion war seither nicht mehr, was sie einmal war; aber die evangelische Allianz, eine überkonfessionelle Gemeinschaft, stand zu Spurgeon und gewann an Bedeutung. Spurgeons Handlungsweise öffnete den Evangelikalen weltweit die Augen für die Gefahren des Modernismus und des Niedergangs.

Robert Shindler, der Autor der ursprünglichen »Down-Grade«-Artikel in *The Sword and the Trowel* schrieb eine Spurgeon-Biographie, die noch im

Todesjahr des großen Predigers veröffentlicht wurde. Dort ruft er eine Szene aus jenen Jahren wieder ins Gedächtnis, in der Spurgeon gebeten wurde, sich an die evangelische Allianz zu wenden. Er schreibt:

> Als Mr. Spurgeon sich zum Reden erhob, schlug ihm von seiten der Zuhörerschaft eine schier überwältigende Wärme und Herzlichkeit entgegen. Wir hatten nahe genug an der Tribüne einen Platz bekommen, um Zeuge der mächtigen Emotionen werden zu können, die seine Seele erschütterten, und die Tränen zu sehen, die an seinen Wangen herabflossen, als er den Vorrednern lauschte. Und obwohl nur sehr wenige seiner Baptistenbrüder anwesend waren, fehlte es nicht an herzlicher Sympathie, die sein Herz erfreut und seine Seele getröstet haben müssen. Seit jenen Tagen wurde es immer deutlicher, und die folgenden Monate und Jahre werden es zweifellos noch klarer machen, wie nötig der Protest war, zu dem er wegen seiner Treue Gott und dem Evangelium gegenüber gezwungen wurde.
>
> Der Herr reinige seine Kirche aus Gnaden von aller falschen Lehre und von allen Verrätern im Heerlager Israels! Und möge der Geist aus der Höhe auf alles Fleisch ausgegossen werden, damit aller Welt Enden sehen und begreifen mögen und jubeln über die Rettung unseres Gottes![81]

ANHANG 2

Charles Finney und der amerikanische evangelikale Pragmatismus

Charles Finney wurde 1792 in Connecticut geboren, verbrachte aber die meiste Zeit seiner Kindheit in Oneida, New York. Seine Eltern waren keine Christen, und er wuchs in ziemlicher Unkenntnis der christlichen Lehre auf. Er erinnert sich an keinerlei Predigt oder Evangeliumsverkündigung in jener Gegend New Yorks (die er eine »Wüste« nannte) – obwohl die Geschichte zumindest von einer starken evangelikalen Gemeinde in diesem Stadtteil zu berichten weiß.[1] Von der Religion seiner Kinderzeit sagte er später, sie sei von einer Art gewesen, »die nicht dazu angetan war, meine Aufmerksamkeit auf sich zu lenken«.[2] Er beschreibt den einzigen Prediger, an den er sich aus seiner Jugend erinnert, wie folgt:

> Ich saß auf der Empore und beobachtete, daß er sein Manuskript in der Mitte der Bibel liegen hatte. Seine Finger steckten an den Stellen, wo er die Bibelverse finden konnte, die er während der Predigt zitieren wollte. Daher mußte er die Bibel mit beiden Händen halten, was jegliches Gestikulieren mit seinen Händen unmöglich machte. Im Fortgang der Predigt pflegte er nun eine Schriftstelle nach der anderen vorzulesen, wodurch ebenfalls ein Finger nach dem anderen befreit wurde, bis schließlich alle Finger beider Hände »herausgelesen« waren. Damit hatte er dann auch bald das Ende der Predigt erreicht. Sein Vortrag war im Ganzen leidenschaftslos und monoton, und obwohl die Leute seinen Lesungen sehr aufmerksam und ehrerbietig lauschten, muß ich bekennen, daß sie mir wenig Ähnlichkeit mit einer Predigt zu haben schienen.[3]

Finney charakterisierte das, was der Pastor zu sagen hatte, als »eine trokkene Lehrdiskussion« und fügte hinzu: »Und diese Predigt war in der Tat genausogut wie Predigten, die ich andernorts hörte; aber man möge beurteilen, ob solche Predigt dazu angetan ist, einen jungen Menschen zu unterweisen oder zu interessieren, der von Religion nichts wußte, noch sich darüber Gedanken machte.«[4]

Finney entschied sich, Jura zu studieren und machte sein Praktikum in Adams, New York, wo er sich zum erstenmal aktiv mit einer Gemeinde auseinandersetzen mußte. Der örtliche Presbyterpastor, George W. Gale, ein junger Mann, der nur zwei Jahre älter war als Finney, gewann Interesse an dem Jurastudenten. Gale machte ihn zum Chordirigenten in der Gemeinde und begann, ihn in seinem Anwaltsbüro zu besuchen, um über geistliche Dinge zu sprechen.

Finney notierte Bibelstellen in seinem Juralehrbuch, bis er um eine Bibel bat und anfing, sie zu studieren. Aber wieder, so sagt Finney, sei die Predigt ein Hindernis für ihn gewesen. »Gale schien der Ansicht zu sein, seine Hörer seien Theologen, bei denen er all die großen und fundamentalen Lehren des Evangeliums voraussetzen konnte. Ich muß aber sagen, daß ich eher verwirrt als erbaut von seinen Predigten war.«[5]

Finney setzte den jungen Pastor während ihrer Unterhaltungen im Anwaltsbüro mit lehrmäßigen Fragen unter Druck: »Was meinte er mit Buße? War sie nur das Gefühl, daß einem die Sünden leidtaten? War sie im Grunde eine passive Herzenshaltung oder enthielt sie ein willensmäßiges Element? Wenn sie eine Sinnesänderung war, in welcher Hinsicht war sie es dann?«[6] und so weiter. Man gewinnt aus der Natur der Finney'schen Fragen den Eindruck, daß Gales Predigten gar nicht so völlig abgehoben waren, wie Finney sie später geschildert hat. Vielmehr zeigt sich ganz deutlich, daß Gales Dienst begann, den gewünschten Effekt zu erzielen.

Finneys dramatische Bekehrung

Während seiner Zeit in Adams bekehrte sich Finney auf spektakuläre Weise. Seltsamerweise kam Finney trotz seiner dramatischen, überwältigenden und revolutionären Bekehrung niemals zu der Erkenntnis, daß eine Bekehrung einzig das Werk Gottes ist. So wie Finney die Geschichte erzählt, wird ganz deutlich, daß er glaubte, sein Wille sei der bestimmende Faktor bei seiner Errettung gewesen: »An einem Sabbatabend im Herbst 1821 *nahm ich mir vor, die Frage der Rettung meiner Seele auf der Stelle zu regeln, um mit Gott Frieden zu schließen.«*[7] Offensichtlich unter starkem inneren Zwang stehend ging Finney in den Wald, wo er versprach, »Gott sein Herz zu geben oder bei dem Versuch dazu zu sterben«.[8]

Finney wurde dort im Wald errettet. Zunächst erschien es wie eine normale Bekehrung. Finney selbst wußte nicht recht, was geschehen war; aber er hielt sich zu dem Herrn. Sein Herz war »wunderbar still und friedevoll«. Das überwältigende Gefühl der eigenen Sünde, das er gespürt hatte, war völlig verschwunden. Er fragte sich sogar, ob er vielleicht »den mahnenden Heiligen Geist ganz und gar wegvergrämt hätte«.[9] Aber später am Abend hatte er in seinem Anwaltsbüro ein Erlebnis, das er als »mächtige Taufe des Heiligen Geistes« beschrieb. »Der Heilige Geist kam auf mich herab, in einer Weise, die durch Leib und Seele hindurchzugehen schien. Ich hatte den Eindruck, als wenn eine elektrische Welle immerfort durch mich hindurchfloß.«[10]

Trotz all dieser Erfahrungen war Finneys Geist an jenem Abend so verwirrt, daß er Jahre später schrieb: »Obwohl ich diese Taufe empfangen hatte ... ging ich ins Bett, ohne sicher zu sein, Frieden mit Gott zu haben.«[11]

Finneys Zweifel waren plötzlich und auf geheimnisvolle Weise am nächsten Morgen gewichen, und später am selben Tag entschied er, Gott wolle, daß er predige, und zwar sofort. »Nachdem ich diese Taufe des Geistes empfangen hatte, war ich sehr willig, das Evangelium zu predigen. Nein, ich entdeckte, daß ich unwillig zu irgend etwas anderem war. Ich hatte kein Bedürfnis mehr, als Jurist zu arbeiten ... Mein ganzes Herz war mit Jesus erfüllt und mit Seinem Heil, und die Welt erschien mir bedeutungslos.«[12]

Berufen zum Predigen?

Es war, wie ich meine, ein großes Unglück, daß Finney sofort nach seiner Bekehrung ein Predigeramt übernehmen wollte. Ohne jeglichen soliden christlichen Einfluß in seiner frühen Kindheit wußte er beinahe nichts von der Bibel und deren Aussagen. Finney hatte wohl ein brillantes Gedächtnis und konnte in theologischen Debatten seinen Standpunkt vertreten – auch gegen einen wohltrainierten Mann wie Gale. Seine juristischen Studien hatten Finney logisches Denken gelehrt, ihn aber auch mit einer Riesenmenge falscher Voraussetzungen erfüllt. Finneys Haltung zu Gerechtigkeit, Schuld, Gericht, Übertretung, Vergebung, Verantwortlichkeit, Souveränität und vielen, vielen anderen Begriffen stammte aus seinem Jurastudium und nicht aus der Schrift.

Wo immer Finney predigte, reagierten die Menschen enthusiastisch. Augenblicklich schienen seinen Aufrufen Zeichen von Erweckung zu folgen. Mit seinem Ruf verbreitete sich auch sein Einfluß. Finney forderte die konventionelle Lehre mutig heraus und förderte in überzeugender Weise sein ziemlich neuartiges Lehrgebäude. Er begann zu predigen, wo immer er ein Auditorium fand. Und es dauerte nicht lange, bis er mit den etablierten Kirchen zusammenstieß. »Hier war ein junger Mann, erst zwei

Jahre Pastor, erst vier Jahre ein Christ, ohne traditionelle Bildung und ohne Predigterfahrung außer der eines Missionars, der plötzlich zum Schlag gegen die Kirchen ausholte. Er war von Natur extravagant in seinen Behauptungen, anmaßend und rauh in seinem Verhalten, der es vorzog, mit der Egge über die Gefühle der Menschen herzufahren, anstatt ihre Herzen mit sanftem Lockruf zu schmelzen.«[13]

Dazu muß angemerkt werden, daß, als Finney auftrat, viele Gemeinden von wahrer Orthodoxie zu kaltem Hyperkalvinismus abgedriftet waren. *Hyperkalvinismus* ist der Glaube, die Einladung zum Evangelium gelte nur den Erwählten. Hyperkalvinisten glauben nicht, das Evangelium solle vorurteilsfrei verkündet und das Heil allen frei angeboten werden. Im Grunde widersetzen sie sich dem eigentlichen Wesen des Evangeliums. Viele Gemeinden hatten sich in Finneys Tagen durch hyperkalvinistische Tendenzen selbst mattgesetzt. Finneys eigener Pastor, George Gale, scheint hyperkalvinistisch gedacht zu haben. Finney beschreibt Gales Predigten so: »Er schien niemals zu erwarten oder auch nur die Absicht zu haben, jemand durch irgendeine seiner Predigten zur Bekehrung zu bringen.«[14]

Finney schloß, daß der Glaube seines Pastors an die menschliche Verlorenheit und an die göttliche Souveränität mit Evangelisation unvereinbar war. Er schrieb: »Tatsache ist, diese Lehren waren für ihn eine vollkommene Zwangsjacke. Wenn er Buße gepredigt hatte, so konnte er sich nicht hinsetzen, bevor er sicher war, den Leuten den Eindruck vermittelt zu haben, daß sie nicht Buße tun konnten. Wenn er sie zum Glauben aufrief, so mußte er sicherstellen, daß alle begriffen hatten: Ohne Veränderung ihres Wesens durch den Heiligen Geist konnten sie überhaupt nicht glauben. Und so war seine Orthodoxie eine unentrinnbare Fußfalle sowohl für ihn selbst wie auch für seine Hörer.«[15]

Finneys Aversion gegen die Orthodoxie

Finney unterschied nicht zwischen kalvinistischer Orthodoxie und Hyperkalvinismus.[16] Demzufolge zerstörte er die orthodoxe Lehre und verwarf den Kalvinismus samt und sonders. Er studierte die Lehre nur oberflächlich und installierte ein eigenes theologisches System, das seinem Sinn für Logik entgegenkam. So wandte er die juristischen Erkenntnisse des neunzehnten Jahrhunderts, wie sie in Amerika galten, auf alle biblischen Lehren an. »Ich habe über diesen Gegenstand (die Versöhnung) nirgends außer in meiner Bibel gelesen«, schrieb er, »und was ich dort darüber fand, habe ich so ausgelegt, wie ich es bei einer gleichen oder ähnlichen Passage in einem Gesetzbuch auch getan hätte.«[17] Er schloß, daß Gottes Gerechtigkeit fordere, daß auch Seine Gnade gleicherweise allen gelte. Er folgerte, daß Gott gerechterweise unmöglich der ganzen Menschheit Adams Ungehorsam zurechnen könne. Seiner Meinung nach würde ein gerechter Gott niemals die Menschen verdammen, weil sie von Natur Sünder sind: »Die Bibel beschreibt die Sünde als Gesetzesübertretung. Welches Gesetz haben wir übertreten, indem wir diese (sündige) Natur ererbten? Welches Gesetz verlangt von uns, eine andere als die uns eigene Natur zu haben? Gibt es einen Grund, weswegen wir den ewigen Zorn Gottes verdienen, weil wir Adams sündige Natur ererbt haben?«[18] So ließ Finney die klare Lehre der Bibel (Römer 5,16-19) zugunsten menschlicher Überlegungen fallen.

Schlimmer noch: Finney leugnete, daß der heilige Gott die Sünden der Menschen Christus zuschreiben und Christi Gerechtigkeit den Glaubenden zuerkennen würde. Er schloß, diese Lehren – klar im dritten, vierten und fünften Römerkapitel gelehrt – seien »eine theologische Fiktion«.[19] Damit allerdings leugnete er das Herzstück evangelikaler Theologie.

Unglücklicherweise überdeckte Finneys früher Erfolg bei seinen Predigten die ernsten Mängel seiner Theologie. Finney selbst gab zu, daß das Presbyterium bei seiner kirchlichen Prüfung für das Predigtamt »alle Fragen vermied, die selbstverständlich den Widerspruch meiner Ansichten zu ihren offenbart hätten«.[20] Dieses Gremium war offensichtlich durch Finneys wachsende Popularität als Erweckungsprediger eingeschüchtert worden. Einer der Prüfer fragte trotzdem, ob Finney das Westminster-Glaubensbekenntnis anerkenne. Später bekannte Finney, er habe dieses Bekenntnis bis dahin nie gelesen. Doch antwortete er dem Presbyterium in einer Weise, der sie eine Bestätigung ihrer Lehrauffassung entnahmen. »Ich entgegnete ihnen, ich sähe das Bekenntnis – soweit ich es verstanden hätte – als Lehrgrundlage an.«[21] Später, nachdem Finney das Bekenntnis gelesen hatte, entdeckte er zu seinem Schrecken, daß es zu vielem, was er glaubte, im Widerspruch stand. »Sobald ich die eindeutigen Lehren dieses Glaubensbekenntnisses kennengelernt hatte, … versäumte ich keine Gelegenheit, meine anderslautenden Auffassungen kundzutun«, schrieb er.[22]

Bei der Ablehnung hyperkalvinistischer Tendenzen geriet er völlig ins gegenteilige Extrem. »In der Religion gibt es nichts, was über die üblichen Kräfte der Natur hinausgeht«, meinte er.[23] »Eine Erweckung ist weder ein Wunder noch hängt sie irgendwie von einem Wunder ab. Sie ist einzig das philosophische Ergebnis der rechten Anwendung der dazu nötigen Mittel – so wie jeder andere Effekt durch die Anwendung der geeigneten Mittel hervorgerufen werden kann … Eine Erweckung ist ein genauso natürliches Ergebnis des Gebrauchs geeigneter Mittel, wie eine Ernte auf den Einsatz der dazu nötigen Mittel folgt.«[24]

Der Erfolg rechtfertigt die Mittel?

Finney war der erste einflußreiche Evangelist, der meinte, der Erfolg rechtfertige die Mittel: »Der Erfolg irgendeiner Maßnahme zur Förderung einer Erweckung demonstriert deren Weisheit … Folgt die Segnung offensichtlich bei der Einführung der Maßnahme, so ist unwiderlegbar bewiesen, daß die Maßnahme klug war. Zu behaupten, eine solche Maßnahme richte mehr Schaden als Nutzen an, ist lästerlich. Gott kennt sie ja, und Seine Absicht ist es, die *größtmögliche Menge* an Gutem daraus hervorgehen zu lassen.«[25]

Finneys Einfluß auf die evangelikale Bewegung in Amerika war grundlegender Art. Er war der erste, der Bekehrte aufforderte, bei Evangelisationsversammlungen »nach vorne zu kommen«, um dadurch anzuzeigen, sie hätten Christus angenommen. Er war einer der ersten, die den Begriff »Erweckung« für Evangelisationsfeldzüge gebrauchte. Finney war es, der die Nachversammlungen für Heilsverlangende einführte. Er drückte auch dem amerikanischen Predigtstil seinen Stempel auf, indem er junge Prediger ermutigte, zu improvisieren, Anekdoten zu erzählen und mehr im Unterhaltungston als streng lehrmäßig zu sprechen, wie es bis dahin die Prediger taten. All diese Ideen – heute bei Evangelisationen gang und gäbe – gehörten zu den »neuen Maßnahmen«, die Finney einführte.

Natürlich waren nicht alle Neuerungen Finneys falsch. Er forderte, daß Prediger direkt, klar, zwingend, ernst und angreifend bei ihren Botschaften waren. Er riet ihnen, über Sünder nicht in der dritten Person zu reden, sondern sie mit »du« anzureden, um ihre Gewissen direkter zu erreichen. Er drang auf eine sofortige Bekehrung im Gegensatz zu der damals vorherrschenden Meinung, nach der man Sündern riet, auf Gott zu warten, bis Er ihnen Buße und Glauben schenke. Entsprechend der Schrift und der Predigt Jesu rief Finney die Sünder zu Buße und Glauben auf – und nicht dazu, untätig darauf zu hoffen, daß Gott sie bekehre.

Finneys Dienst konzentrierte sich auf den Westen des Staates New York. Selbst zu Finneys Lebzeiten war diese Gegend als »das ausgebrannte Gebiet«[26] bekannt, weil wiederholte Wellen religiösen Feuereifers jedes wahre Verlangen nach dem Evangelium ausgetilgt hatten. In seiner Frühzeit schien Finney allerdings in der Lage gewesen zu sein, die Flammen immer wieder neu entfachen zu können. Mit der Zeit aber machten die Erregung und die Glut der vermeintlichen »Erweckung« einem um so härteren Unglauben und weitverbreitetem Agnostizismus Platz. Das »ausgebrannte Gebiet« wurde weiter versengt und wurde verhärteter als je zuvor. Tatsächlich hat jener Teil unseres Landes *nie wieder* eine weitere Erweckung erfahren.

Einer, der mit Finney bei den Erweckungen zusammenarbeitete, schrieb 1834 an ihn:

> Laß uns die Felder besehen, wo Du und andere und auch ich selbst an der Erweckung gearbeitet haben, und wie es jetzt um ihren moralischen Stand bestellt ist! Wie sah es dort nach weniger als drei Monaten, nachdem wir sie verlassen hatten, aus? Ich habe die Felder wieder und wieder besucht und im Geist geseufzt, als ich den traurigen, erkalteten, fleischlichen, selbstzufriedenen Zustand erblickte, in den die Gemeinden gefallen waren – gefallen, schon sehr bald, nachdem wir von ihnen gegangen waren.[27]

B. B. Warfield schrieb:

> Es gibt kein kraftvolles Zeugnis mehr ... außer dem von Asa Mahan (Finneys langjährigem Freund und Mitarbeiter), der uns – kurz gesagt – berichtete, daß alle, die von diesen Erweckungen berührt wurden, im Nachhinein einem traurigen Abfall erlegen sind: Die Leute sind wie eine erkaltete Kohle, die nicht wieder zum Glühen gebracht werden kann; die Pastoren waren all ihrer geistlichen Kraft beraubt; und die Evangelisten? Er sagt: »Unter allen – und ich kannte sie fast alle persönlich – weiß ich von keinem, Bruder Finney und Vater Nash ausgenommen, der nicht nach wenigen Jahren seine Salbung verloren hat und für das Amt eines Evangelisten ebenso untauglich war wie für das eines Pastors.«
>
> So sind die großen »Erweckungen des Westens« zu einem Desaster geworden ... Immer wieder, wenn er plante, eine der Gemeinden zu besuchen, wurden ihm Delegationen entgegengeschickt oder andere Mittel angewendet, um das zu verhindern, weil man abwenden wollte, was man für eine Anfechtung hielt.[28]

»Selbst noch eine Generation später«, bemerkt Warfield, »scheuen diese gebrannten Kinder das Feuer.«[29]

Ein enttäuschendes Ende

Finney wurde entmutigt, als seine Methoden fehlschlugen. Er wurde Pastor der Broadway Tabernacle Congregational Church in New-York-City und später Präsident des Oberlin-Colleges in Ohio. Er verwandte all seine Energie auf die Fortentwicklung seiner perfektionistischen Lehren und auf die Arbeit im College.

Später schrieb Finney im Rückblick auf seine Zeit als Evangelist: »Ich war oft das Instrument, durch das Christen sehr stark überführt wurden und in einen zeitweiligen Zustand von Buße und Glauben gerieten … (Aber) weil ich versäumte, darauf zu dringen, daß sie Christus so gut kennenlernten, daß sie bei Ihm blieben, pflegten sie natürlich alsbald in ihren früheren Status zurückzufallen.«[30] Im Bewußtsein des Versagens seiner evangelistischen Methoden schloß Finney – immer noch der gleiche Pragmatist –, perfektionistische Lehren seien der *wahre* Schlüssel zu erfolgreichem Dienst. Im Rückblick meinte er, ihm wäre Erfolg beschieden gewesen, wenn er eine starke, aber auf Furcht begründete perfektionistische Botschaft gebracht hätte. Hätte er lange genug gelebt, so würde er erfahren haben, daß auf Perfektionismus gegründeter Samen größeren geistlichen Schaden hervorbringt als ein flaches Evangelium.

Ein Zeitgenosse Finneys sagte:

> Während zehn Jahren wurde berichtet, jährlich hätten sich Hunderte, vielleicht sogar Tausende, tiefgreifend bekehrt. Jetzt muß aber zugegeben werden, daß sich (bei Finney) nur verhältnismäßig wenige richtig bekehrt haben. Es wird sogar von ihm selbst erklärt, »der größte Teil von ihnen sind eine Schande für die Religion«. Als Ergebnis dieses Abfalls sind große, schreckliche und unzählige praktische Übel in viele Gemeinden eingedrungen.[31]

So bezieht sich Finneys fortdauernder und weitreichender Einfluß leider nicht auf zahllose gerettete Seelen oder vom Evangelium erreichte Sünder. Solche Effekte waren, wie es scheint, beinahe nur sehr oberflächlich und verschwanden oft, sobald Finney die Stadt verließ. Finneys bare Gesetzlichkeit ist es, die einen so verheerenden Einfluß auf die amerikanische evangelikale Theologie und die Methodologie der Evangelisation gewonnen hat. In der Kirche unserer Generation gärt noch heute der von Finney hineingetragene Sauerteig, und der moderne evangelikale Pragmatismus ist der Beweis dafür.

Anhang 3

Fleischliche und geistliche Weisheit

Dieser Anhang ist ein Auszug aus dem Selbstgespräch über die Kunst des Menschenfischens von Thomas Boston. Boston war ein evangelikaler Pastor aus dem schottischen Ettric zu Beginn des siebzehnten Jahrhunderts. Er war ein fruchtbarer Autor der puritanischen Schule, von dem wir mehrere wichtige Werke kennen, unter anderen: Die menschliche Natur in ihrer vierfachen Gestalt *und* Der Haken am Ganzen oder Die Souveränität und Weisheit Gottes geoffenbart in den Anfechtungen des Menschen. *Beide Bücher werden noch heute gedruckt. Die Dauerhaftigkeit der Bostonschen Werke sind ein leuchtendes Zeugnis für die zeitlose Natur der dort mitgeteilten Wahrheiten, wie auch aus diesem Auszug deutlich wird. Obwohl der Ausdruck* Pragmatismus *vor zweihundert Jahren noch nicht verwendet wurde, führt Boston in diesem Abschnitt einen heftigen Angriff gegen die pragmatische Handhabung des christlichen Auftrags. Er schreibt:*

Der Befehl unseres Herrn: »Kommt mir nach, und ich werde euch zu Menschenfischern machen!« (Matth. 4,19) bedeutet das Aufgeben unserer eigenen Weisheit. Menschliche Weisheit kann nicht unser Führer sein (Matth. 16,24); wir müssen uns selbst verleugnen. Paulus lehnte es ab, in Weisheit der Rede zu predigen (1. Kor. 1,17) – noch wollte er den Regeln fleischlicher Weisheit folgen. Darum, o meine Seele, entsage deiner eigenen Weisheit. Suche die Weisheit von oben; suche das Wort des lebendigen Gottes zu predigen und nicht dein eigenes. Wenn du dich für diese Richtung entscheidest, daß du darum betest, nicht gemäß deiner Weisheit und deiner natürlichen Vernunft zu predigen, wirst du Gottes deutlichen Segen empfangen.

Wähle nicht den Weg natürlicher Vernunft, noch folge den Regeln fleischlicher Weisheit. Deren Sprache lautet fortgesetzt: »Schone dich! Achte auf deine Ehre und dein Ansehen bei den anderen! Wenn du offen sprichst, werden sie dich einen Unruhestifter und deine Predigt reaktionär nennen. Jede Gemeinde wird dich wie ein Monster fürchten, das sie gern alle in die Hölle predigt; und so wirst du nirgends zu Hause sein. So mancher, der in der Gemeinde großen Einfluß hat, wird dich niemals leiden können. Darüber hinaus gewinnt man mit direkter Predigtweise die Menschen nicht;

sie stiftet von Anfang an Ärgernis. Statt dessen solltest du alles so nach und nach vorbringen und dabei ein wenig sanft verfahren – zumindest am Anfang. Denn dieses Geschlecht ist nicht in der Lage, eine solche Lehre, wie du sie predigst, zu ertragen.«

Aber höre, und folge den Regeln der Weisheit, die von oben kommt: »Die Weisheit dieser Welt ist Torheit bei Gott« (1. Kor. 3,19). Was bei Menschen in hohem Ansehen steht, ist bei Gott nichts. Die Weisheit von oben lehrt uns Selbstverleugnung (Matth. 16,24; Lukas 14,26). Wir dürfen nicht Ehre, Ansehen, Zustimmung oder andere irdische Verlockungen suchen. Die himmlische Weisheit lehrt uns, daß die Menschen uns nennen mögen, wie sie wollen, wir müssen trotzdem tun, wie Gott zu Jesaja sagt: »Rufe aus voller Kehle, halte nicht zurück! Erhebe deine Stimme gleich einer Posaune und tue meinem Volke seine Übertretung kund, und dem Hause Jakob seine Sünden!« (Jes. 58,1). Die göttliche Weisheit sagt: »(Es sind) nicht viele Weise nach dem Fleische, nicht viele Mächtige, nicht viele Edle« berufen (1. Kor 1,26). »Sondern das Törichte der Welt hat Gott auserwählt, auf daß er die Weisen zu Schanden mache; und das Schwache der Welt hat Gott auserwählt, auf daß er das Starke zu Schanden mache; und das Unedle der Welt und das Verachtete hat Gott auserwählt und das, was nicht ist, auf daß er das, was ist, zunichte mache« (Verse 27.28). »Und du sollst meine Worte zu ihnen reden, mögen sie hören oder es lassen; denn sie sind widerspenstig« (Hes. 2,7). Gottes Weisheit wird dich Regeln lehren, die denenfleischlicher Weisheit diametral entgegengesetzt sind. So bedenke, was die fleischliche Weisheit und was die Weisheit von oben sagt:

Fleischliche Weisheit	**Geistliche Weisheit**
Dein Körper ist schwach, quäle ihn nicht. Er kann diese Mühe, Arbeit und Anstrengung nicht aushalten. So schone dich.	Dein Körper gehört Gott genauso wie dein Geist. Halte ihn nicht davor zurück, Gott durch ihn zu verherrlichen: »Denn ihr seid für einen Preis erkauft; verherrlicht nun Gott in eurem Leibe« (1. Kor. 6,20). Paulus sagte: »(Ich war) in Arbeit und Mühe, in Wachen oft, in Hunger und Durst, in Fasten oft, in Kälte und Blöße« (2. Kor. 11,27). Aber »er gibt den Müden Kraft, und den Un-

Fleischliche Weisheit	Geistliche Weisheit
	vermögenden reicht er Stärke in Fülle dar« (Jes. 40,29). Das hast du erfahren.
Arbeite an flüssiger und beredter Sprache; ein gehobener Stil gefällt den klugen Leuten. Sonst werden sie von deiner Predigt nichts halten.	Christus sandte dich, »das Evangelium zu predigen, nicht in Redeweisheit« (1. Kor. 1,17). Sprich nicht »in Vortrefflichkeit der Rede oder Weisheit« (2,1). Deine Botschaft sollte »nicht in überredenden Worten der Weisheit« sein (Vers 4).
Versuche, einigermaßen sanft und beruhigend zu predigen. Greife nicht die besonderen Sünden des Landes oder der Personen an, vor denen du predigst.	»Rufe aus voller Kehle, halte nicht zurück! Erhebe deine Stimme gleich einer Posaune und tue meinem Volk seine Übertretung kund und dem Hause Jakob seine Sünden!« (Jes. 58,1). »Besser offener Tadel als verhehlte Liebe« (Spr. 27,5). »Befleißige dich, dich selbst Gott bewährt darzustellen als einen Arbeiter, ... der das Wort der Wahrheit recht teilt« (2. Tim. 2,15).
Wenn du nicht vorsichtig zu Werke gehst, könnten sich deine Hörer ärgern, und du brockst dir Kummer ein. Und welch eine Torheit wäre es, mutig gegen ein Geschlecht wie dieses vorzugehen, dessen Ansichten ganz und gar unannehmbar sind!	»Wer einen Menschen straft, wird hernach mehr Gunst finden, als wer mit der Zunge schmeichelt« (Spr. 28,23). Ich habe das erfahren. »Siehe, ich habe dein Angesicht hart gemacht gegenüber ihrem Angesicht, ... Fürchte dich nicht und erschrick nicht vor ihrem Angesicht, denn ein widerspenstiges Haus sind sie« (Hes. 3,8-9). Die Erfahrung bestätigt dieses ebenfalls.

Fleischliche Weisheit	Geistliche Weisheit
Es ist gefährlich, freimütig zu reden und auf Einzelheiten einzugehen: Darin mögen mehr Gefahren lauern, als du ahnst.	»Wer in Vollkommenheit wandelt, wandelt sicher« (Spr. 10,9). »Wer vollkommen wandelt, wird gerettet werden« (Spr. 28,18).
Du wirst als Tor oder als Schreckgespenst angesehen. Man wird dich einen Streithahn nennen, und du wirst deinen guten Ruf und dein Ansehen verlieren. Das mußt du verhindern. Die Menschen werden dich hassen und verabscheuen. Warum solltest du dich dem aussetzen?	»Wenn jemand unter euch sich dünkt, weise zu sein in diesem Zeitlauf, so werde er töricht, auf daß er weise werde« (1. Kor. 3,18). »Wir sind der Welt ein Schauspiel geworden ... Wir sind Narren um Christi willen« (4,9-10). »Ein Knecht ist nicht größer als sein Herr. Wenn sie mich verfolgt haben, werden sie auch euch verfolgen« (Joh. 15,20). Wer wird sich darum kümmern, was die Leute sagen? Immerhin haben sie von Jesus gesagt: »Er hat einen Dämon und ist von Sinnen« (Joh. 10,20). Er sagte: »Wenn jemand mir nachkommen will, der verleugne sich selbst und nehme sein Kreuz auf und folge mir nach« (Matth. 16,24). »Wenn die Welt euch haßt, so wisset, daß sie mich vor euch gehaßt hat«, sagt unser Herr (Joh. 15,18).
Insbesondere große Leute fühlen sich gekränkt, wenn man ihnen nicht höflich begegnet und ihnen schmeichelt. Und wenn kluge und bedeutende Menschen auf einen herabblicken, wie könnte man dann die geringste Selbstachtung haben?	»Daß ich nur ja für niemand Partei nehme! Und keinem Menschen werde ich schmeicheln. Denn ich weiß nicht zu schmeicheln; gar bald würde mein Schöpfer mich wegnehmen« (Hiob 32,20-21). »Hat wohl jemand von den Obersten an ihn geglaubt, oder von den Pharisäern?« (Joh. 7,48). »Nicht viele Weise nach dem Fleische, nicht viele Mächtige, nicht

Fleischliche Weisheit	Geistliche Weisheit
	viele Edle« sind erwählt (1. Kor. 1,26). »Vor Königen will ich reden von deinen Zeugnissen und mich nicht schämen« (Ps. 119,46).
Unsere Leute sind gerade der unterdrückenden Hierarchie der Staatskirche entronnen. Da mögen sie es gar nicht, wenn gewisse Sünden aufgedeckt und alte Wunden aufgerissen werden. Einige Lehren können sie nicht ertragen. Leichter annehmbare Lehren werden besser für sie sein. Halte Negatives von ihnen fern; solche Lehren möchten sie verletzen. Sie bringen nichts Gutes.	»Du sollst meine Worte zu ihnen reden, mögen sie hören oder es lassen; denn sie sind widerspenstig« (Hes. 2,7). »Du sollst das Wort aus meinem Munde hören und sie von meinetwegen warnen. Wenn ich zu dem Gesetzlosen spreche: Du sollst gewißlich sterben; und du warnst ihn nicht und redest nicht, um den Gesetzlosen vor seinem gesetzlosen Wege zu warnen, um ihn am Leben zu erhalten, so wird er, der Gesetzlose, wegen seiner Ungerechtigkeit sterben, aber sein Blut werde ich von deiner Hand fordern« (Hes. 3,17-18). »Was der HERR mir sagen wird, werde ich reden« (1. Kön. 22,14).
Wenn du tatsächlich solche Dinge predigst, erfordert es die Klugheit, behutsam vorzugehen. Wenn dein Gewissen dich reden heißt, dann mache es ein wenig verdeckt, damit die Leute nicht allzu sehr beleidigt werden. Dieses ist besonders im Hinblick auf solche wichtig, die noch jung im Glauben sind. Suche nach guten Gelegenheiten, ihnen harte Wahrheiten zu sagen und mach es so sanft wie möglich; man will doch junge Gläubige nicht abschrecken!	»Rufe aus voller Kehle, halte nicht zurück!« (Jes. 48,1). »Verflucht sei, wer das Werk des HERRN lässig treibt« (Jer. 48,10). »Wir haben den geheimen Dingen der Scham entsagt, *indem wir nicht in Arglist wandeln*, noch das Wort Gottes verfälschen, sondern durch die Offenbarung der Wahrheit uns selbst jedem Gewissen der Menschen empfehlen vor Gott« (2. Kor. 4,2). Petrus hielt die erste Predigt des christlichen Zeitalters vor Ungläubigen und sag-

Fleischliche Weisheit	Geistliche Weisheit
	te den jüdischen Fragestellern: »Diesen ... habt ihr durch die Hand der Gottlosen ans Kreuz geheftet und umgebracht« (Apg. 2,23). »Ich muß ... wirken, ... solange es Tag ist; es kommt die Nacht, da niemand wirken kann« (Joh. 9,4).
Sei besonders freundlich zu denen, die den meisten Einfluß in der Gemeinde haben – zumindest, bis du fest im Sattel sitzt und dir ein komfortables Einkommen gesichert hast. Sonst wirst du es schwer haben, eine Stelle zu finden; denn alle Gemeinden werden sich vor dir fürchten. Wovon willst du dann leben? So steht furchtlose Predigt einer bequemen Lebensführung stark im Wege. Eine klügere Verhaltensweise würde dir außerdem einen weitgrößeren Bekanntheitsgrad einbringen.	»Die Person ansehen ist nicht gut, und um einen Bissen Brot kann ein Mann übertreten« (Spr. 28,21). »Der Wille des Herrn geschehe!« (Apg. 21,14). Gott hat »verordnet Zeiten, und die Grenzen ihrer Wohnung (hat er) bestimmt« (Apg. 17,26). »Mein Ratschluß soll zustande kommen, und all mein Wohlgefallen werde ich tun« (Jes. 46,10). »Gott läßt Einsame in einem Hause wohnen; ... die Widerspenstigen aber wohnen in der Dürre« (Ps. 68,6). »Ein treuer Mann hat viel Segen; wer aber hastig ist, reich zu werden, wird nicht schuldlos sein« (Spr. 28,20). »Menschenfurcht legt einen Fallstrick; wer aber auf den HERRN vertraut, wird in Sicherheit gesetzt« (Spr. 29,25).

So siehst du, wie fleischliche Weisheit – obwohl sie überzeugend und mit vielen vernünftigen Beweisen spricht – der Weisheit von oben völlig entgegengesetzt ist (siehe Jak. 3,15-18). Sie verheißt denen, die ihr folgen, große Fortschritte; aber sie hält nicht immer, was sie verspricht. Sie droht denen, die sie ablehnen, mit großen Schwierigkeiten; aber ihre Drohungen werden auch nicht immer wahr. Sie macht Maulwurfshaufen zu Bergen und Berge zu Maulwurfshaufen. Darum verwirf die Weisheit der Welt; denn sie ist Torheit bei Gott!

Fleischliche Schlauheit würde uns die fürchten lehren, die nur den Leib töten können – und selbst das können sie heute kaum tun. Weltliche Weisheit brächte uns dazu, wahre Gottesfurcht von uns zu werfen. Aber bedenke dieses und stärke dich damit: »Menschenfurcht legt einen Fallstrick; wer aber auf den HERRN vertraut, wird in Sicherheit gesetzt« (Spr. 29,25). Suche nie zeitlichen Vorteil, indem du deine Seele in Gefahr bringst, sondern »Harre auf den HERRN und bewahre seinen Weg, und er wird dich erhöhen, das Land zu besitzen. Wenn die Gesetzlosen ausgerottet werden, wirst du zusehen« (Ps. 37,34). Denn Sein Weg ist der sicherste Weg, wenn auch alle fleischliche Weisheit anders redet und Seine Wege die blanke Torheit nennt. Vor allem denke daran, »Das Törichte Gottes ist weiser als die Menschen, und das Schwache Gottes ist stärker als die Menschen« (1. Kor. 1,25).

»Das Törichte der Welt hat Gott auserwählt, auf daß er die Weisen zu Schanden mache; und das Schwache der Welt hat Gott auserwählt, auf daß er das Starke zu Schanden mache« (Vers 27). »… auf daß euer Glaube nicht beruhe auf Menschenweisheit, sondern Gotteskraft« (Verse 2.5).

»Denn das Wort vom Kreuz ist denen, die verloren gehen, Torheit; uns aber, die wir errettet werden, ist es Gottes Kraft. Denn es steht geschrieben: Ich will die Weisheit der Weisen vernichten, und den Verstand der Verständigen will ich hinwegtun. Wo ist der Weise? Wo der Schriftgelehrte? Wo der Wortstreiter dieses Zeitlaufs? Hat nicht Gott die Weisheit der Welt zur Torheit gemacht? Denn weil ja in der Weisheit Gottes die Welt durch die Weisheit Gott nicht kannte, *so* gefiel es Gott wohl, durch die Torheit der Predigt die Glaubenden zu erretten« (1. Kor. 1,18-21).

»Fürchte dich nicht, denn ich bin mit dir; schaue nicht ängstlich umher, denn ich bin dein Gott; ich stärke dich, ja, ich helfe dir, ja, ich stütze dich mit der Rechten meiner Gerechtigkeit. Siehe, es sollen beschämt und zu Schanden werden alle, die wider dich entbrannt sind; es sollen zu nichts werden und umkommen alle deine Widersacher« (Jes. 41,10-11).

Anmerkungen

Vorwort zur deutschen Ausgabe

1. S. Kierkegaard: Der Augenblick, Verlag E. Diedrichs, Düsseldorf 1970, S. 44
2. S. Kierkegaard: Tagebücher, Bd. 5, Verlag E. Diedrichs, D'dorf, 1974, S. 372
3. »idea« 27/96, S. 27
4. C-Report, Juli '96, S. 8

Vorwort

1. »Vorwort«, *The Sword and the Trowel* (1888), S. III.
2. Jamie Buckingham, »Wasted Time«, *Charisma* (Dezember 1999), S. 98.
3. Elmer L. Towns, *An Inside Look at 10 of Today's Most Innovative Churches* (Ventura, Calif.: Regal, 1990), S. 249.
4. *Preaching and Preachers* (Grand Rapids, Mich.: Zondervan, 1971), S. 33.
5. »The Sanctity of the Moral Law«, *Collected Writing of John Murray*, 4 Bände (Edinburgh: Banner of Truth, 1976), Band I, S. 193.
6. *Preaching and Preachers* (Grand Rapids, Mich.: Zondervan, 1971), S. 140.
7. Iain Murray, *The Forgotten Spurgeon* (Edinburgh: Banner of Truth, 1966), S. 163.

Kapitel 1 – Christentum im Niedergang

1. »Holding Fast the Faith«, *The Metropolitan Tabernacle Pulpit*, Band 34 (London: Passmore and Alabaster, 1888), S. 78. Diese Predigt wurde am 5. Februar 1888 auf dem Höhepunkt der Down-Grade-Kontroverse gehalten, also gerade nach der Verurteilung Spurgeons durch die Baptistenunion. (siehe Anhang 1)
2. Susannah Spurgeon and J. W. Harrald, Hrsg., *The Autobiography of Charles H. Spurgeon*, 4 Bände (London: Passmore and Alabaster, 1897), Band IV, S. 255.
3. *The Autobiography of Charles H. Spurgeon*, 4 Bände (London: Passmore and Alabaster, 1897), Band IV, S. 257.
4. George Barna, *Marking the Church* (Colorado Springs, Colo.: NavPress, 1988), S. 41.
5. Ebd., S. 13.
6. Ebd., S. 23.
7. Eine hilfreiche Gegenüberstellung zwischen *Erfolg* und *vollkommen Dienst* bietet Jon Johnston, *Christian Excellence: Alternative to Succes* (Grand Rapids, Mich.: Baker, 1985).
8. *Preaching and Preachers* (Grand Rapids, Mich.: Zondervan, 1971), S. 35.
9. Ebd., S. 42.
10. Marvin R. Vincent, *Word Studies in the New Testament*, 4 Bände (New York: Scribner's, 1990), Band 4, Seite 321.

11. »Holding Fast the Faith«, a.a.O., S. 78, 83.
12. Ebd., S. 83, 84.
13. Ebd., S. 81.

Kapitel 2 – Die benutzerfreundliche Kirche?

1. »Another Word Concerning the Down-Grade«, *The Sword and the Trowel* (August 1887), S. 397, 398.
2. Zitiert in John Dart, »Protestant Churches Join the Fold, Fill Pews with Saturday Services«, *Los Angeles Times* (15. September 1991), B3.
3. Elmer L. Towns, *An Inside Look at 10 of Today's Most Innovative Churches* (Ventura, Calif.: Regal, 1991), S. 1, 15, 16.
4. George Barna, *Marking the Church* (Colorado Springs, Colo.: NavPress, 1988), S. 51.
5. Ebd., S. 33.
6. Ebd., S. 45.
7. Russell Chandler (11. Dezember 1989), A1.
8. Mike McIntyre, *The San Diego Union* (6. November 1988), D8.
9. »Designed by the Holy Spirit to Forever Change Christian Television«, *Religious Broadcasting* (Oktober 1992), S. 4, 5.
10. »In Spirit and in Truth«, *Religious Broadcasting* (Dezember 1992), S. 12.
11. Dieser Abschnitt ist einer der deutlichsten Beweise, daß der Heilige Geist eine göttliche Person ist. In Vers 3 sagt Petrus, Ananias habe den Heiligen Geist belogen. In Vers 4 spricht er zu Ananias: »Nicht Menschen hast du belogen, sondern Gott.« Der Heilige Geist *ist* Gott. Indem Ananias die Apostel belog, beging er eine noch größere Sünde gegen den Heiligen Geist.
12. *Konditionale Unsterblichkeit* lehrt, daß der menschlichen Seele als solcher keine Unsterblichkeit innewohnt; daher werden die Verdammten »vernichtet«, das bedeutet das Ende ihrer Existenz, während die Gerechten Unsterblichkeit empfangen. *Anihilationismus* sieht alle Seelen als mit Unsterblichkeit begabt an, doch verlieren die Bösen diese nach dem Gericht.
13. »Progressive Theology«, *The Sword and the Trowel* (April 1888), S 158.
14. James Davison Hunter, *Evangelicalism: The Coming Generation* (Chicago: University of Chicago, 1987), S. 40.
15. George Barna, *The Barna Report* (Ventura, Calif.: Regal, 1992), S. 52.

Kapitel 3 – Das Zeitalter des »Show-Business«

1. »Another Word Concerning the Down-Grade«, *The Sword and the Trowel* (August 1887), S. 398.
2. Neil Postman, *Amusing Ourselves to Death* (New York: Penguin, 1985), S. 63.
3. *The Root of the Righteous* (Harrisburg, Penn.: Christian Publ., 1955), S. 32, 33.
4. R. Gustav Niebuhr, »Mighty Fortresses: Megachurches Strive to Be All Things to All Parishioners«, *The Wall Street Journal* (13. Mai 1991), A6.

5. Robert Johnston, »Heavenly Gifts: Preaching a Gospel of Acquisitiveness, a Showy Seet Prospers«, *The Wall Street Journal* (11. Dezember 1990), A1-8.
6. Ebd., A8.
7. *A Theology of Church Growth* (Grand Rapids, Mich.: Zondervan, 1981), S. 23, 24.
8. C. Peter Wagner, Hrsg., Donald A. McGavran, *Understanding Church Growth*, (Grand Rapids, Mich.: Eerdmans, 1990^3), S. 265-281. Hier behaupten Wagner und McGravran, sich eine bestimmte Zahl vorzunehmen, sei ein essentieller Bestandteil biblischer Gemeinde-Wachstums-Methoden: »Sich Mitglieder-Ziele zu setzen, entspricht Gottes Absichten. Sich Ziele im Dienst unseres großen Auftrags zu setzen, gefällt Gott. ... Die Schrift steht zuverlässig auf seiten sorgfältiger Gemeinde-Wachstums-Planung« (Seite 270). Doch die einzig von ihnen zitierte Schriftstelle (Apg. 18,4.5.9) sagt nichts über Ziele, weder zahlenmäßig noch anderer Art.
9. »For Such a Time as This« (ohne Ortsangabe, 1970), zitiert in C. Peter Wagner, »Pragmatic Strategy for Tomorrow's Mission«, in A. R. Tippet, Hrsg., *God, Man and Church Growth* (Grand Rapids, Mich.: Eerdmans, 1973), S. 147.
10. C. Peter Wagner, Hrsg,, Donald A. McGavan, *Understanding Church Growth*, (Grand Rapids, Mich.: Eerdmans, 1990^3), S. VIII, IX.
11. Ebd., S. IX.
12. Ebd., S. IX.
13. *Leading Your Church to Growth* (Ventura, Calif.: Regal, 1984), S. 201.
14. *Your Church Can Growth* (Ventura, Calif.: Regal, 1976), S. 160, 161.
15. Ebd., S. 161 (Im Original hervorgehoben).
16. George Barna, *Marking the Church* (Colorado Springs, Colo.: NavPress, 1988), S. 145 (Hervorhebung vom Autor).
17. Ebd., S. 31, 32.
18. Tim Stafford, »Testing the Wine from John Wimber«, *Christian Today* (8. August 1986), S. 18.
19. *The Third Wave of the Holy Spirit* (Ann Arbor, Mich.: Vine, 1988), S. 87.
20. *Church Growth: State of the Art* (Wheaton, Ill.: Tyndale, 1986), S. 33.
21. Ebd., S. 33.
22. *Leading Your Church to Growth* (Ventura, Calif.: Regal, 1984), S. 201.
23. *God Tells the Man Who Cares* (Harrisburg, Penn.: Christian Publications, 1970), S. 71.
24. Ebd., S. 70.
25. »What is the Matter with Preaching?« *Harpers Magazine* (Juli 1928), S. 135.
26. Ebd., S. 135.
27. Ebd., S. 135.
28. Ebd., S. 136.
29. George Barna, *The Frog in the Kettle* (Ventura, Calif.: Regal, 1990), S. 94, 95.
30. »A Dirge for the Down-Grade, and a Song for Faith«, *The Metropolitan Tabernacle Pulpit*, Band 35 (London: Passmore and Alabaster, 1888), S. 267, 268.

Kapitel 4 – Alles für jedermann

1. »Restoration of Truth and Revival«, *The Sword and the Trowel* (Dezember 1887), S. 606.
2. *People* (16 März 1992), S. 68.
3. Ebd., S. 68.
4. George Barna, *Marking the Church* (Colorado Springs, Colo.: NavPress, 1988), S. 33.
5. Zitiert in Mike McIntyre, »Marketing the Maker«, *The San Diego Union* (6. November 1988), D8.
6. John W. Fraser, Übersetzer, *The First Epitle of Paul to the Corinthians* (Grand Rapids, Mich.: Eerdmans, 1960), S. 196 (Hervorhebung vom Autor).
7. James Davison Hunter, *Evangelicalism: The Coming Generation* (Chicago: University of Chicago, 1987), S. 63.
8. »Soul Saving Our One Business«, *The Metropolitan Tabernacle Pulpit*, Band 25 (London: Passmore and Alabaster, 1879), S. 674-676.

Kapitel 5 – Die Torheit Gottes

1. »Restoration of Truth and Revival«, *The Sword and the Trowel* (Dezember 1887), S. 607.
2. Grand Rapids, Mich.: Eerdmans, 1987
3. »The Fourfold Treasure«, *The Metropolitan Tabernacle Pulpit*, Band 17 (London: Passmore and Alabaster, 1879), S. 281.

Kapitel 6 – Die Kraft Gottes zur Errettung

1. »Another Word Concerning the Down-Grade«, *The Sword and the Trowel* (August 1887), S. 398, 399.
2. Doug Murren, The Baby Bommerang (Ventura, Calif.: Regal, 1990), S. 217, 218.
3. Ebd., S. 102, 103.
4. *Selling Jesus: What's Wrong with Marketing the Church* (Downers Grove, Ill.: InterVarsity, 1992), S. 83, 84.
5. *Romans 1-8* (Chicago: Moody Press, 1991).
6. George Barna, *Marking the Church* (Colorado Springs, Colo.: NavPress, 1988), S. 42, 43.
7. »Paul the Ready«, *The Metropolitan Tabernacle Pulpit*, Band 38 (London: Passmore and Alabaster, 1892), S. 578.
8. *The Gospel According to Jesus* (Grand Rapids, Mich.: Zondervan, 1994); *Faith Works: The Gospel According to the Apostels* (Dallas, Tex.: Word, 1993).
9. *Table Talk*, Theodoer G. Tappert, Hrsg. im Helmut T. Lehmann, Hrsg., *Luther's Work*, 55 Bände (Philadelphia: Fortree, 1967), Band 54, S. 308, 309.
10. D. Murren, The Baby Bommerang (Ventura, CA: Regal, 1990), S. 215, 217.

11. Ebd., S. 215, 217.
12. »Attemps at the Impossible«, *The Sword and the Trowel* (Dezember 1888), S. 619.
13. »Progressive Theology«, *The Sword and the Trowel* (April 1888), S 157, 158.
14. Zitiert in »Notes«, *The Sword and the Trowel* (August 1888), S. 445. Jahre zuvor hatte ein ehemalige Fleischer, der Laienevangelist Varley, hauptsächlich dafür gesorgt, daß D.L. Moody zum ersten Mal nach England kam. Varley und Spurgeon kamen aus ganz unterschiedlichen Traditionen, da Varley zu den Plymouth Bretheren gehörte. Jahrelang hatte sich Spurgeon recht kritisch über die Plymouth Bretheren und ihre exklusiven Tendenzen geäußert. Aber Varleys ausführliche und eloquente Verteidigungsschrift für Spurgeon war einer der Höhepunkte der Down-Grade-Kontroverse.

Kapitel 7 – Paulus auf dem Areopag

1. »Another Word Concerning the Down-Grade«, *The Sword and the Trowel* (August 1887), S. 398.
2. F. C. Conybeare, »Areopagus«, *A Dictionary of the Bible*, James Hastings, Hrsg. (New York: Scribner's, 1898), Band I, S. 144.
3. »By All Means Save Some«, *The Metropolitan Tabernacle Pulpit*, Band 20 (London: Passmore and Alabaster, 1874), S. 248.
4. Ebd., S. 248.
5. *The Great Evangelical Disaster* (Westchester, Ill.: Crossway, 1984), S. 142. Schaeffer fügte hinzu: »Leider müssen wir heute sagen, daß sich im allgemeinendas evangelikale Establishment die Art des zur Zeit geltenden Zeitgeistes zu eigen gemacht hat. Ich sage dieses immer wieder mit Tränen – und wir dürfen jedenfalls weder Hoffnung noch Gebet aufgeben. Wir müssen trotz tiefer Trauer anerkennen, daß so viele, zu denen wir so grundsätzlich im Widerspruch stehen, Brüder und Schwestern in Christus sind. Aber im wahrsten Sinn des Wortes ist das evangelikale Establishment zutiefst weltlich geworden«.

Kapitel 8 – Die Souveränität Gottes bei der Errettung

1. »A Sermon for the Time Present«, *The Metropolitan Tabernacle Pulpit*, Band 33 (London: Passmore and Alabaster, 1887), S. 605, 606. Diese Predigt wurde am 30. Oktober 1887 gehalten.
2. Packer, *Evangelism and the Sovereigntry of God* (Downers Grove, Ill.: OnterVarsity, 1961), S. 27, 28.
3. Charles G. Finney, *Sytematic Theology* (Whittier, Calif.: Colporter Kemp, Reprint 1944), S.489.
4. Finney führte 1849-1851 in London eine ausgedehnte Evangelisation durch und kehrte 1859-1860 zu einem Dienst auf die britischen Inseln zurück. Er hinterließ auf gewissen Gebieten des englischen Evangelikalismus bleibende

Spuren. Seine Systematic Theology wurde 1851 in England veröffentlicht. Das Werk wurde noch bis 1878 in England gedruckt – das war zehn Jahre vor Ausbruch der Down-Grade-Affäre.

5. Zitiert in Iain Murray, *The Forgotten Spurgeon* (Edinburgh: Banner of Truth, 1966), S. 176.
6. Zitiert von Spurgeon in »The Case Proved«, *The Sword and the Trowel* (Oktober 1887), S. 512.
7. *The Autobiography of Charles H. Spurgeon*, 4 Bände (London: Passmore and Alabaster, 1897), Band I, S. 167.
8. Ebd., S. 172.
9. Ebd., S. 172.
10. Ebd., S. 168, 169.
11. Packer, a.a.O., S. 86.
12. Ebd., S. 87-90.

Kapitel 9 – Ich will Meine Kirche bauen

1. »Our Reply to Sundry Critics and Enquirers«, *The Sword and the Trowel* (September 1887), S. 463.
2. Siehe *The Master's Plan for the Church* (Chicago: Moody Press, 1991).
3. »This Must Be a Soldier's Battle«, *The Sword and the Trowel* (Dezember 1889), S. 634.
4. *Preaching and Preachers* (Grand Rapids, Mich.: Zondervan, 1971), S. 35.
5. Chicago: Moody Press, 1983.
6. »Notes«, *The Sword and the Trowel* (Oktober 1888). Reprint in *The Down Grade Controversy* (Pasadena, Tex.: Pilgrim, ohne Jahresangabe), S. 67.

Kapitel 10 – Nachwort

1. »Notes«, *The Sword and the Trowel* (Oktober 1888). Reprint in *The Down Grade Controversy* (Pasadena, Tex.: Pilgrim, ohne Jahresangabe), S. 76.
2. »Recycling the Compromise of Liberalism«, *Tabletalk* (Mai 1992), S. 51.
3. Ebd.
4. Ebd.
5. »Evangelical Megashift«, *Christian Today* (19. Februar 1990), S. 13.
6. Ebd.
7. Ebd.
8. Ebd.
9. Ebd., S. 14.
10. »Notes«, *The Sword and the Trowel* (Oktober 1888), a.a.O., S. 66.
11. Ebd., S. 40.
12. »Evangelical Megashift«, *Christian Today* (19. Februar 1990), S. 14.
13. »Notes«, *The Sword and the Trowel* (Oktober 1888), a.a.O., S. 76.

Anhang 1 – Spurgeon und die »Down-Grade-Kontroverse«

1. Robert Shindler »The Down Grade«, *The Sword and the Trowel* (März 1887), S. 122.
2. Ebd.
3. Ebd., S. 123.
4. Ebd., S. 124.
5. Ebd., S. 125.
6. Ebd.
7. Ebd., S.126.
8. Ebd.
9. Robert Shindler »The Down Grade« (Zweiter Artikel), *The Sword and the Trowel* (April 1887), S. 166.
10. Ebd., S. 167.
11. Ebd.
12. Ebd., S. 168.
13. Ebd.
14. Ebd.
15. Ebd., S. 170.
16. Ebd.
17. Ebd.
18. Ebd., S. 195.
19. Ebd., S. 171, 172.
20. Ebd., S. 172.
21. Ebd.
22. Robert Shindler »Andover Theology«, *The Sword and the Trowel* (Juni 1887), S. 274.
23. Ebd.
24. »Another Word Concerning the Down-Grade«, *The Sword and the Trowel* (August 1887), S. 399.
25. Ebd., S. 397.
26. Ebd., S. 398.
27. Ebd., S. 399.
28. Ebd., S. 399, 400.
29. Ebd., S. 400.
30. Ebd., S. 400.
31. Ebd., S. 400.
32. »Our Reply to Sundry Critics and Enquirers«, *The Sword and the Trowel* (September 1887), S. 461.
33. Ebd., S. 462.
34. Ebd., S. 461.
35. Ebd., S. 465.
36. Ebd., S. 465.
37. Ebd., S. 465.

38. *The Sword and the Trowel* (Oktober 1887), S. 509.
39. Ebd., S. 510.
40. Ebd., S. 513.
41. Ebd., S. 515.
42. Zitiert in G. Holden Pike, *The Life and Work of Charles Haddon Spurgeon*, 6 Bände (London: Cassell and Company, ohne Jahresangabe), Band 6, S. 287.
43. *The Sword and the Trowel* (November 1887), S. 557
44. Ebd., S. 559..
45. Ebd., S. 558.
46. Ebd., S. 559, 560.
47. Ebd., S. 560.
48. *Letters of Charles Haddon Spurgeon*, (Edinburgh: Banner of Truth, 1992), S. 183.
49. Lewis Drummond, *Spurgeon: Prince of Preachers* (Grand Rapids, Mich.: Baker, 1985), S. 671.
50. Ebd., S. 697.
51. Ebd.
52. Iain Murray, *The Forgotten Spurgeon* (Edinburgh: Banner of Truth, 1966), S. 145.
53. Susannah Spurgeon and J. W. Harrald, Hrsg., *The Autobiography of Charles H. Spurgeon*, 4 Bände (London: Passmore and Alabaster, 1897), Band IV, S. 257.
54. J. C. Carlisle, *C. H. Spurgeon – An Interpretve Biography* (London: Religious Tract Society, 1933), S. 247.
55. Susannah Spurgeon and J. W. Harrald,a.a.O., S. 256.
56. Ebd., S. 263.
57. Zitiert in G. Holden Pike, *The Life and Work of Charles Haddon Spurgeon*, 6 Bände (London: Cassell and Company, ohne Jahresangabe), Band 6, S. 292, 293.
58. Susannah Spurgeon and J. W. Harrald, a.a.O., Band IV, S. 257.
59. »Notes«, The Baptist (Februar 1888), S. 84.
60. Ebd., S. 84.
61. Zitiert in Lewis Drummond, *Spurgeon: Prince of Preachers* (Grand Rapids, Mich.: Baker, 1985), S. 700.
62. J. C. Carlisle, *C. H. Spurgeon – An Interpretve Biography* (London: Religious Tract Society, 1933), S. 248.
63. »The Case Proved«, *The Sword and the Trowel* (Oktober 1887), S. 27.
64. »The Baptist Union Censure«, *The Sword and the Trowel* (Februar 1888), S. 83.
65. Ebd., S. 81.
66. Ebd., S. 82.
67. Ebd., S. 197, 198.
68. »Notes«, *The Sword and the Trowel* (März 1888), S. 148.
69. Iain Murray, *The Forgotten Spurgeon* (Edinburgh: Banner of Truth, 1966), S. 147.
70. Zitiert in Lewis Drummond, *Spurgeon: Prince of Preachers* (Grand Rapids, Mich.: Baker, 1985), S. 704.

71. »A Welcome Conclusion«, *The Baptist* (Mai 1888), S. 230.
72. Ebd., S. 231.
73. Zitiert in Iain Murray, *The Forgotten Spurgeon* (Edinburgh: Banner of Truth, 1966), S. 149, 150.
74. Ebd., S. 148.
75. Zitiert in G. Holden Pike, *The Life and Work of Charles Haddon Spurgeon*, 6 Bände (London: Cassell and Company, ohne Jahresangabe), Band 6, S. 302.
76. »Notes«, *The Sword and the Trowel* (Juni 1888). Reprint in *The Down Grade Controversy* (Pasadena, Tex.: Pilgrim, ohne Jahresangabe), S. 56.
77. »Attemps at the Impossible«, *The Sword and the Trowel* (Dezember 1888), S. 618.
78. »Notes«, *The Sword and the Trowel* (Mai 1888). Reprint in *The Down Grade Controversy* (Pasadena, Tex.: Pilgrim, ohne Jahresangabe), S. 55.
79. Ebd., S. 56.
80. Ebd., S. 66.
81. *From the Usher's Desk to the Tabernacle Pulpit: The Life and Labors of Charles Haddon Spurgeon* (New York: A. C. Armstrong and Son, 1892), S. 274.

Anhang 2 – Charles Finney und der … Pragmatismus

1. B.B. Warfield, *Perfectionism*, 2 Bde. (New York: Oxford, 1932), Band 2, S. 10.
2. Charles G. Finney: *An Autobiography* (Old Tappan: N. J. Revell, ohne Jahresangabe), S. 78.
3. Ebd., S. 6.
4. Ebd., S. 6, 7.
5. Ebd., S. 7.
6. Ebd., S. 8.
7. Ebd., S. 12 (Hervorhebung vom Autor).
8. Ebd., S. 16.
9. Ebd., S. 17.
10. Ebd., S. 20.
11. Ebd., S. 22.
12. Ebd., S. 25, 26.
13. B.B. Warfield, a.a.O., Band 2, S. 21.
14. Charles G. Finney, a.a.O., S. 59.
15. Ebd., S. 59, 60.
16. Finney schrieb: »Ich habe überall entdeckt, daß sich der Hyper-Kalvinismus als ein großer Stolperstein sowohl für die Kirche als auch für die Welt erwiesen hat. Eine in sich selbst sündige Natur, eine totale Unfähigkeit, Christus anzunehmen und Gott zu gehorchen, Verdammnis zu ewigem Tode wegen der Sünde Adams und wegen der sündigen Natur und ähnliche und sich daraus ergebende Dogmendieser speziellen Schule wurden zum Stolperstein für Gläubige und zum Ruin für Sünder (S. 368-369). Aber die von Finney aufgezählten Lehren sind nicht hyperkalvinistisch – sie sind einfach kalvinistische Or-

thodoxie – und in den meisten Fällen reine biblische Lehre. Finney wirft sie alle über Bord und lehnt somit das Herzstück biblischer Theologie ab.

Die eigenartige, von Finney erfundene Theologie ist voller Probleme – besonders im Gebiet der Heiligung. Finney entwickelte eine radikale Form des Perfektionismus, die darauf viele fanatische Ideen unter seinen Nachfolgern entstehen ließ. B.B. Warfield verfaßte in seinem zweibändigen Werk *Perfectionism* eine sorgfältige, aber vernichtende Kritik der Finney'schen Theologie. (Band 2, S. 1-215).

Was Finney nicht genügend beachtet hatte, war die Tatsache, daß die beständigsten Erweckungen des achtzehnten Jahrhunderts in Amerika – einschließlich der Großen Erweckung – alle durch kalvinistische Lehren hervorgebracht worden waren. Jonathan Edwards, George Whitefield, David Brainerd und die frühen Baptisten waren alle strenge Kalvinisten, doch eiferten sie für eine agressive Ausbreitung des Evangeliums. Leider war Finney allzu schnell bereit, dieses Erbe beiseite zu werfen und sein eigenes theologisches Gebräu zu verbreiten. Der pragmatische Ansatz, mit dem Finneys System steht oder fällt, hat sich bis zum heutigen Tag erhalten, selbst bei solchen Christen, die Finneys lehrmäßigen Neuerungen ablehnend gegenüberstehen.

17. Charles G. Finney, a.a.O., S. 42.
18. Ebd., S. 339.
19. Ebd., S. 56-58.
20. Ebd., S. 51.
21. Ebd.
22. Ebd., S. 59.
23. *Revivals of Religion* (Old Tappan: N. J. Revell, ohne Jahresangabe), S. 4.
24. Ebd., S. 5.
25. Ebd., S. 211 (Im Original hervorgehoben).
26. Seltersamerweise hat Finney selbst diesen Ausdruck mitgeprägt. In seinen Memoiren spricht er von diesem Gebiet als von dem »verbrannten Distrikt«, wegen des Widerstands, der seinen eigenen Erweckungsbemühungen entgegenschlug. Charles G. Finney, a.a.O., S. 778.

    Eine faszinierende weltliche Analyse dieser Region und seiner historischen Erweckung wurde von Whitney R. Cross verfaßt, *The Burned-Over District: The Social and Interlectual History of Tenthusiastic Religion in Western New York, 1800-1850* (New York: Harper Torchbooks, 1950).
27. Zitiert in B.B. Warfield, a.a.O., Band 2, S. 26.
28. Ebd., S. 26, 27.
29. Ebd., S. 28.
30. Ebd., S. 24.
31. Ebd., S. 23.